Tworuschka
Grundwissen Islam

Monika Tworuschka

Grundwissen Islam

Religion, Politik und Gesellschaft

Aschendorff Münster

Sonderausgabe
Nicht im Buchhandel

© 2003 Aschendorff Verlag GmbH & Co. KG, Münster

Das Werk ist urheberrechtlich geschützt. Die dadurch begründeten Rechte, insbesondere die der Übersetzung, des Nachdrucks, der Entnahme von Abbildungen, der Funksendung, der Wiedergabe auf fotomechanischem oder ähnlichem Wege und der Speicherung in Datenverarbeitungsanlagen bleiben, auch bei nur auszugsweiser Verwertung, vorbehalten. Die Vergütungsansprüche des § 54, Abs. 2, UrhG, werden durch die Verwertungsgesellschaft Wort wahrgenommen.

Druck: Druckhaus Aschendorff, Münster

ISBN 3-402-03424-7

Inhalt

6

Umschrift:
  th = stimmloses englisches th (thing)
  dj = stimmhaftes dsch (Djungel)
  kh = stimmloses ch (Nacht)
  z = französisches z
  s = stumpfes stimmloses s
  d = dumpfes stimmloses d
  T = dumpfes stimmloses t
  Z = dumpfes stimmloses z
  y = deutsches j
Die in Klammern angegebenen Zahlen bezeichnen Suren und Verse
des Korans. Die Verszählung entspricht der Übersetzung von Rudi
Paret (vgl. S. 97). Jedoch wurden unterschiedliche Übersetzungen
verwendet, zum Teil auch eigene vorgenommen.

Vorbemerkung zur aktuellen Situation

Seit den Anschlägen in den USA hat sich die gesamte Weltpolitik verschoben, unsere Wahrnehmung des Islams hat eine neue Dimension erfahren. Die meisten Muslime und Islamkenner betonen zwar zu Recht, dass solche Anschläge dem Geist des Koran widersprechen. Doch vereinzelte Stimmen in der islamischen Welt versuchen Selbstmordattentate und andere Terrorakte, wenn auch aus unterschiedlichen Gründen, zu entschuldigen, ja sogar zu bejubeln. Trotz der Gewissheit, dass der Islam hier von Terroristen missbraucht wird, macht sich Unsicherheit breit. Nennen sich die Helfer und Hintermänner solcher Anschläge nicht selber Muslime? Lassen sich Islam und unsere Vorstellung von Demokratie und offener Gesellschaft in Einklang bringen? Unterschwellig macht sich daher bei vielen die Befürchtung breit, dass der Islam in seinem Wesen doch zutiefst gewalttätig und antidemokratisch sei. Andererseits hat nach den September-Anschlägen auch ein breites Informationsbedürfnis über den Islam eingesetzt, in Kirchen und Moscheen fanden gemeinsame Gebete und erneute Dialogbemühungen statt. Auch Politiker betonten die grundsätzliche Friedfertigkeit des Islams bei gleichzeitiger Kampfansage an den Terrorismus.

Ist der Islam eine Religion des Terrors oder ein missverstandener Glaube?

Im Grunde hatte die Radikalisierung einiger islamischer Kräfte, die in ihren menschenverachtenden Anschlägen im Namen des Islam ihren traurigen Höhepunkt erfahren hat, schon wesentlich früher begonnen. Bereits seit den 1970er Jahren hatte sich im geistigen und politischen Kräftespiel der islamischen Welt eine deutliche Veränderung vollzogen. Immer häufiger hörte man damals vom Erstarken des Islam als wirtschaftlicher und politischer Faktor, sei es bei der Erdölpolitik, der Revolution im Iran, dem Golfkrieg, der Palästinafrage und dem Afghanistankrieg oder anderen lokalen Konflikten im Nahen Osten. Welche Kräfte bestimmten diesen Aufbruch des Islam und lassen in dieser sonst so säkularisierten Zeit eine Religion zur weltpolitischen Bedeutung gelangen? Zweifelsohne wird man dieses Erwachen einerseits mit einem wachsenden Selbstwertgefühl der Länder der Dritten Welt, die sich mit ihrer eigenen Geschichte und der westlichen Zivilisation auseinander setzen, in Zusammenhang bringen müssen.

Hier gilt es auch die Frage zu stellen, ob sich die westliche Welt, an ihrer Spitze die USA, wirklich mit der islamischen Welt und den dort seit dem 19. Jahrhundert nachweislich existierenden Reformbestrebungen auseinander gesetzt hat. Oder hat sie nicht vielmehr ihr Engagement in der Region weitgehend auf Wirtschaftsinteressen und politische Kräftespiele beschränkt, ohne beispielsweise die Achtung der Menschenrechte eines Landes zum Kriterium der Bündniswürdigkeit oder Waffenlieferung zu erheben? Handelt es sich bei der Auseinandersetzung mit der islamischen Welt um einen Kampf der Kulturen? Oder benötigte der Westen nach dem Zerfall des sowjetischen Großreiches ein neues Feindbild? Besteht nicht auch eine gewisse Gefahr darin, sich ausschließlich an den gegenwärtigen spektakulären politischen und religiösen Brennpunkten zu orientieren? Werden die nichtgewalttätigen Aspekte des Islams, die eindeutig überwiegen, in unseren Medien überhaupt hinreichend beschrieben? Ich hatte vor einigen Jahren große Probleme, für einen Artikel über einen namhaften islamischen Menschenrechtler ein Publikationsorgan zu finden. Kann es sein, dass unsere Wahrnehmung des Islams schon seit Jahrhunderten von bewussten oder unbewussten Vorprägungen bestimmt wird, so dass wir ihn gar nicht objektiv betrachten können? Ist es sogar denkbar, dass die Attentate des 11. Septembers – so schrecklich und einmalig sie auch sein mögen – für manche Zeitgenossen eine Bestätigung ihres ohnehin schon negativen Islambildes waren?

Unsere Wahrnehmung des Islam

Zu unserem „Wissen" vom Islam gehören teilweise Klischeebilder, Voreinstellungen, Vor- und Vorausurteile. Weit mehr als durch Fachbücher wirken Religionen durch Kommunikatoren, Medien und Rezipienten fort. Religionen werden öffentlich gebraucht. Aus der Vielzahl solcher Vorstellungen und Bilder seien in erster Linie die folgenden genannt. Sie alle haben unser Islambild mitgeprägt:

⇨ unsere Sprache, sowohl die Alltagssprache wie auch zum Teil die wissenschaftliche Terminologie
⇨ die Massenmedien
⇨ die Unterrichtsmaterialien
⇨ die geschichtliche Erfahrung
⇨ die Populärkultur
⇨ Kunst, Literatur und Wissenschaft

Sprache

Islam und Islamisches sind Bestandteile unserer Sprache. Es gehört nicht nur zum deutschen Geschichtsschulbuchwissen, dass die deutsche Sprache viele arabische Lehnwörter in den Bereichen Kunst, Wissenschaft und Alltagsleben besitzt: Algebra, Ziffer/Chiffre in der Mathematik; Zucker, Kaffee, Orange, Marzipan, Kandis, Muskat, Pfeffer, Zimt in der Ernährung; Tarif, Scheck, Magazin in der Wirtschaft, den Begriff Razzia aus dem Polizeialltag.

Der Wortschatz der deutschen Sprache ist durch die jeweiligen aktuellen Bezüge des Islam deutlich angewachsen. Wohl jeder kennt die Begriffe: Shiiten, Scheich, Kadi, Ayatollah, Mullah, Imam, Taliban, Djihad usw., auch wenn viele inhaltlich nicht genug damit verbinden mögen.

Die angebliche „orientalische Genussfreudigkeit" führte seit dem 18. Jh. dazu, dass Vergnügungsstätten, Theater, Bäder, später auch Kinos gern mit orientalischen Namen bezeichnet wurden. Am häufigsten ist *Alhambra*. Ähnlich verhält es sich mit *Mekka*. Diese heiligste der islamischen Städte wurde zum Inbegriff für alles Erstrebenswerte, Gute, Attraktive. Aachen wird in den Medien gern zum

„Mekka der Reiterfreunde". Wie nahe Heiliges und Unheiliges beieinander liegen, demonstriert andererseits die Rede vom „Mekka der Exhibitionisten", wie das Magazin „Stern" vor Jahren einmal ein Vergnügungslokal auf der Reeperbahn nannte.

Die bloßen Begriffe Islam/Araber sowie der umgangssprachlich übliche, wenngleich sachlich falsche Ausdruck Mohammedaner sind von einem Kranz von „standardisierten Assoziationen" umgeben. Der Linguist Dietz Bering spricht von regelrechten „Kennwörtern", wenn ein und dieselbe Eigenschaft immer wieder durch dasselbe Wort benannt wird. Solche Kennwörter, die häufig in einer längeren geschichtlichen Tradition stehen, schaffen hartnäckige Assoziationen. Die genannten Wörter rufen bei vielen Zeitgenossen automatisch „fanatisch", wenn nicht terroristisch ab. Nicht erst der spezifische Kontext setzt einen standardisierten Assoziationsmechanismus in Gang, sondern oft bereits das isolierte Wort selbst.

Betrachtet man die Sprache, mit der in vielen Geschichtsbüchern die Eroberungen des islamischen Reiches beschrieben wurden, so fällt auf, dass häufig von der Ausbreitung des islamischen Glaubens die Rede war, auch wenn es sich dabei um die Ausbreitung des islamischen Staates handelte. Schließlich war auch die rhetorische Strategie, z.B. die Wortwahl, in vielen Büchern ein Indiz dafür, dass der Islam als besonders gewalttätig eingeschätzt wird. Abgesehen davon, dass nicht selten das Schlagwort „mit Feuer und Schwert" verwandt wird, beschrieben die Autoren islamische Geschichte gern mit Begriffen und Metaphern, die Aktivität, Fanatismus und Gewalt implizieren. Die Muslime „bedrohen, dringen vor, erschüttern als Völkerwanderung, brausen heran, wälzen sich plündernd heran, stürzen sich auf, unterwerfen, erobern, überfluten in unübersehbaren Scharen, überrennen die Völker am Mittelmeer, brechen wie ein Wettersturm hinter der grünen Fahne ihres Propheten hervor, tragen den heiligen Krieg über die Grenzen Arabiens hinaus, stürmen in allen Himmelsrichtungen, unternehmen kühne Kriegszüge, während der Glaubenssatz ihres Propheten wie eine Brandfackel wirkt". Die Bücher der Folgezeit stellten teilweise deutliche Verbesserungen dar. Trotzdem blieb das Thema Gewalt ein neuralgischer Punkt.

Diese Sprache fand auch in der Presse ihre Entsprechung. Hier sei nur ein Beispiel genannt: „Saddam Hussain hat seinen Krummdolch an die Halsschlagader der westlichen Industriegesellschaften gesetzt." (Theo Sommer, in: *Die Zeit* vom 31.8.1990, zitiert bei Heinz Halm)

In vielen Zusammenhängen lässt sich kein klarer Trennstrich zwischen einem eher beschreibenden Begriff und einem emotional wertenden Stereotyp ziehen. Nicht nur Gruppenbezeichnungen mit eindeutig negativer Bedeutung (Neger, Itaker, Kümmeltürke) können abwertende Empfindungen frei setzen, sondern auch vermeintlich neutrale Begriffe wie Farbiger, Araber, Muslim oder Türke.

Sprachwissenschaftler unterscheiden zwischen denotativen und konnotativen Assoziationen. Denotative Assoziationen sind bildhafte Vorstellungen von Merkmalen oder Handlungen, die für das Objekt als Element einer Klasse konstitutiv sind, während mit konnotativen Assoziationen Vorstellungen über Eigenschaften und Verhaltensweisen gemeint sind, die nicht notwendiges Merkmal der Klasse sind, zu der die vorgestellte Person oder Sache gehört.

Der Sprachwissenschaftler Werner Schönbach wies bereits 1970 nach, dass die Bezeichnungen „Fremdarbeiter" und „Gastarbeiter" zwar ähnliche denotative Vorstellungen hervorrufen, die Konnotationen zu dem Begriff „fremd" jedoch eindeutig negativer waren als zu dem Wort „Gast".

Es gibt jedoch auch verallgemeinernde Aussagen, die zutreffen. Die Aussage „Der Muslim isst kein Schweinefleisch" trifft zu, weil das Schweinefleischverbot zu den wesentlichen Merkmalen des Islam gehört. Diese Aussage ist auch dann noch richtig, wenn man erfährt, dass es einzelne Muslime gibt, die dieses Gebot nicht einhalten. Stellt man hingegen die verallgemeinernde Behauptung auf „Muslime sind fanatisch", dann nimmt man eine Wertung vor und unterstellt den Angehörigen dieser Religion eine Eigenschaft, die nicht notwendig zu den wesentlichen Eigenschaften des Islam gehört. Fanatismus findet sich bei Gläubigen aller Religionen, bei orthodoxen Juden ebenso wie bei fundamentalistischen Christen und Hindus sowie bei Anhängern säkularer Ideologien.

Massenmedien

Zeitungen und Zeitschriften, Hörfunk, Fernsehen, Film: Diese Massenmedien üben einen nicht zu unterschätzenden Einfluss auf die öffentliche Meinung aus. Die Darstellung des Islam in den Massenmedien ist oft zu Recht beklagt worden. Historische Untersuchungen fehlen weitestgehend, so dass man auf neuere Beispiele ausweichen muss. Im Anschluss an das *Kölner Islam-Schulbuchanalyseprojekt* veranstalteten der 1996 verstorbene islamische Gelehrte Abdoldjavad Falaturi und der Religionswissenschaftler Udo Tworuschka zusammen mit der Deutschen Welle das Symposion „Der Islam in den Medien" (1991). Anwesend waren neben Wissenschaftlern eine Reihe hochrangiger ARD-Nahostkorrespondenten, die über entscheidende journalistische Mechanismen aufklärten.

Ein weiterer wichtiger Beitrag, das Islambild des Westens zu analysieren, stellt das Projekt Tübinger Religionswissenschaftler „Islam in den Medien" dar, das seit Anfang 1990 besteht. Ziel des Medienprojekts war die Archivierung und quellenkritische Erschließung von audiovisunellen Medien.

Gerade in der Berichterstattung über den Islam konnte eine Tendenz in den Massenmedien vermutet werden, die in der Gesellschaft bereits vorhandene Vereinfachungsstrategien und Vorurteile aufzunehmen und zu verstärken. Man ging der Frage nach, wie man über den Nahen Osten dachte und denkt, wie es einerseits zu der romantischen Faszination kam, die sich lange Zeit mit dem Islam verband. Welche überlieferten Denkmuster und Argumentationsmuster wurden dabei– bewusst oder unbewusst– benutzt? Welches Verhältnis besteht zwischen den Inhalten, den Massenmedien und den von ihnen transportierten Botschaften? Und welche Rolle spielen Islam und Christentum als Religionen im Szenario einer Kriegsberichterstattung? Es ging weder um Idealisierung noch Herabsetzung der einen oder anderen Religion und Kultur als vielmehr um eine Reflexion des Eigenen, in dem sich das Fremde widerspiegelt.

Zusammenfassend kann gesagt werden, dass bei bestimmten Berichten über den Islam in den Medien das vermeintlich Bedrohliche, Fanatische, Gewaltsame nicht nur in Worten betont, sondern auch durch folgende Mittel zum Ausdruck gebracht wurde und wird:

⇨ suggestive   Formulierungen

⇨ visuelle Zeichen wie Schleier, Kopftuch, Bart und Turban als vermeintliche Symbole der Rückständigkeit

⇨ dargestellte Handlungen (mit Schwertern und Gewehren abgebildete Gläubige, blutige Schlachtszenen)

⇨ mediale Merkmale, die das Unbekannte betonen (arabische Schrift)

⇨ die fremd klingende arabische Sprache als auditives Zeichen
⇨ Embleme wie Schwert oder Halbmond

Beklagt wurde in dem Projekt ebenfalls das Fehlen eines „Wissenschaftsjournalismus, der kulturwissenschaftliche Forschungsergebnisse mit der Professionalität transportiert, die für die Naturwissenschaften bereits Standard ist". Analysiert wurde u.a. die TV-Produktion „Das Schwert des Islam" von Peter Scholl-Latour. Rezeptionsanalytische Überlegungen beschäftigten sich mit dem „Bild des Islam auf der Straße". Die „Musik als Suggestionsmittel" wurde in den Fernsehproduktionen untersucht. Eine vergleichende Metapheranalyse deckte Parallelen im Feindbild Kommunismus und Islam auf.

Ein weiteres einschlägiges Forschungsprojekt setzte sich im Rahmen des Marburger Graduiertenkollegs „*Religion in der Lebenswelt der Moderne*" (1993–95) mit Religion in den Printmedien auseinander. In diesem Zusammenhang war eine Auswertung des Nachrichtenmagazins „Der Spiegel" bemerkenswert unter der Überschrift „Blutiger Islam. 20 Jahre ,Spiegel-Fechten' gegen den Ansturm auf das Abendland".

Untersuchungen über die Folge der September-Attentate auf das Islambild stehen noch aus.

Schulische Vermittlung: Schulbücher

Der Islam ist bemerkenswerterweise seit über 350 Jahren Thema deutscher Schulbücher. In seinem Bilderbuch „Orbis Sensualium Pictus" aus dem Jahre 1658 will der große Didaktiker und spätere Bischof der Böhmischen Brüdergemeinde Amos Comenius „aller vornehmsten Welt-Dinge und Lebensverrichtungen" (prefatio) darstellen. Zu diesem universalen Bildungsgut gehören auch die Religionen. Die Darstellung des Islam enthält zahlreiche aus der langen Polemikgeschichte bekannte Verzerrungen und Irrtümer historischer Fakten. Mohammed, (ein Kriegsmann) erdachte ihm eine neue Religion/zusammengemischt aus dem Judenthum, Christenthum und Heidenthum". Weiterhin typisch: Mohammeds angebliche Epilepsie sowie die Legende von der abgerichteten Taube, die Körner aus dem Ohr des Propheten pickt. Das Volk, das von diesen Körnern nichts weiß, hält die Taube für einen Boten Gottes, der

Mohammed Weisungen ins Ohr flüstert. Anschließend gibt Comenius eine kurze Beschreibung der islamischen Hauptmerkmale: Polygamie, Beschneidung, Minarett, rituelle Waschungen, Alcoran als Gesetzbuch, Christus ist nicht Sohn Gottes.

In der Aufklärungspädagogik (z.B. Johann Bernhard Basedow, Begründer des Philanthropinums in Dessau) wird die Gemeinsamkeit der drei monotheistischen Religionen auf der Grundlage der religio naturalis gelehrt. Im Streit um die Konfessionalität des Religionsunterrichts Mitte des 19. Jh. fordern manche die Abschaffung des Religionsunterrichts bzw. die Einführung einer bekenntnisneutralen „Religionskunde". Nicht *in,* sondern *über* Religion – und das heißt zugleich auch *Religionen* – soll unterrichtet werden. In diesem Kontext werden unterschiedliche Modelle entwickelt. Die „Religionsgeschichtliche Schule" innerhalb protestantischer Theologie wirkte sich ebenfalls auf die Thematisierung des Islam aus. Wer die Entwicklung der Weltreligionendidaktik nach 1970 kennt, wird das nicht unproblematische Leitmotiv der „Gegenwartsrelevanz" des Islam vor allem nach 1914 kaum überraschend finden. Der Neutestamentler und Talmud-Spezialist Paul Fiebig schrieb in seinem Aufsatz „Der Islam im evangelischen Religionsunterricht" aus dem Jahre 1915: „Die Welt des Islam steht im gegenwärtigen Weltkriege auf unserer Seite. Es ist daher (sic!) eine Frage von weittragentster Bedeutung, ob und inwieweit der christliche und evangelische Religionsunterricht in Deutschland Kenntnis verbreiten kann und soll." Fiebig rückt zahlreiche Klischees zurecht. Selbst das heiße Eisen des fälschlich so übersetzten „Heiligen Krieges" versucht Fiebig dadurch zu relativieren, indem er diesem die islamische Toleranzforderung zur Seite stellt. Der Beitrag endet mit einer überschwänglichen Fußnote: „Grün ist jetzt in besonderem Maße auch jedes Deutschen Lieblingsfarbe, die Farbe der Hoffnung, dass uns und unseren Verbündeten dereinst selam zuteil werde, ein ehren-, ein ruhmvoller und langandauernder Friede, so Gott will! Inschallah."

Über 1 1/2 Jahrzehnte wurde in dem Kölner Schulbuchprojekt unter der Leitung von Abdoldjavad Falaturi und Udo Tworuschka das Islambild in deutschen Schulbüchern untersucht. Auf der Basis einer Bestandsaufnahme und Analyse sämtlicher in der Bundesrepublik Deutschland zugelassenen Schulbücher aller Fächer, die sich mit dem Islam und den islamischen Ländern befassten, wurde versucht die Darstellungsweise des Islams herauszuarbeiten und Verbesserungsmöglichkeiten aufzuzeigen. Die Analyse ergab, dass bestimmte Inhalte überproportional betont wurden: Gewalt, Krieg, Stellung der Frau, Fatalismus. Andere für den Islam wichtige Themen wie die Barmherzigkeit Gottes, die verantwortungsvolle Rolle des Menschen als Khalifah wurden deutlich weniger häufig erwähnt.

Das Ziel des Projektes lag darin, auf dem Wege der Verbesserung vorurteilshafter, falscher Schulbuchtexte zu einem guten und friedlichen Zusammenleben deutscher und muslimischer Kinder und ihrer Familien zu gelangen. Das Forschungsprojekt wollte einen Beitrag zur Integrationshilfe leisten. Einerseits sollten deutsche Schüler befähigt werden, das Phänomen „Islam" in religiöser, kultureller, politischer und wirtschaftlicher Hinsicht besser zu begreifen und damit zu einem tieferen Verständnis der Probleme der Muslime, vor allem auch der muslimischen Mitschüler zu gelangen. Der Einfluss der Schulbücher auf die Urteils- und Meinungsbildung sowie die Geisteshaltung der Schüler gegenüber fremden Kulturen und Religionen kann nicht unterschätzt werden.

Andererseits sollte den muslimischen Schülern durch eine angemessene Darstellung ihrer Religion und Kultur Identifikationshilfe geboten werden, da sich die ausländischen Schüler durch eine verstärkte Einbeziehung islamischer Themen nicht länger als Randgruppe fühlen mussten.

Die Erfahrungen dieses aufwändigen Projektes waren die Grundlage für ein darauf aufbauendes europäisches Projekt: „Islam in textbooks". Die Ergebnisse aus acht europäischen Ländern liegen inzwischen gedruckt vor. Die Zielsetzung beider Projekte erforderte die Mitwirkung von glaubensbewussten, kultivierten und weltoffenen Muslimen, die damals Gelegenheit hatten, Ergänzungen und Korrekturen sowie ihre islamische Sichtweisen einzubringen.

Das Schulbuchprojekt hat nachweislich im deutschen Raum seit den 80er- Jahren zu deutlich besseren Schulbüchern geführt, die auch das islamische Selbstverständnis stärker berücksichtigten. Bedauerlicherweise trifft die Verbesserung nicht für alle Bücher zu. Bis in unsere Tage gibt es Schulbuchpublikationen, die von den Ergebnissen der Schulbuchanalyse unberührt zu sein scheinen und daher die alten Klischees und Halbwahrheiten tradieren. Außerdem sind an manchen Schulen weiterhin ältere Bücher und Auflagen in Gebrauch. Selbst Neuauflagen setzen nicht zwangsläufig eine Neubearbeitung aller Kapitel voraus.

An der Friedrich-Schiller-Universität Jena wurden drei Jahre lang mit Unterstützung der Deutschen Forschungsgemeinschaft die religionstradierenden Medien des deutschen Islam untersucht: Bücher, Zeitschriften, Kinderbeilagen, Faltblätter usw. In diesem Zusammenhang spielten auch die Aussagen der Muslime über das Christentum und den Westen eine Rolle. Wie nicht anders zu erwarten war, ist auch das islamische Verständnis von Christentum und Christen nicht vorurteilsfrei. Die Ergebnisse sind über das Internet abrufbar (www.uni-jena.de/theologie).

Der Hinweis auf die drei Forschungsprojekte zeigt beispielhaft: Beide Seiten – der Islam und der Westen – haben geschichtlich gewachsene Vor-Urteile gegenüber einander.

Geschichtliche Erfahrungen

Seit seiner Entstehung wurde der Islam von der christlichen Welt vorwiegend als eine fanatische und gewalttätige Religion begriffen. Ob es sich um die Kreuzzüge oder den Golfkrieg handelt, ob die Muslime zu Luthers Zeiten vor Wien standen oder sich heute als Arbeitsmigranten, Asylsuchende oder sogar als „unauffällige Schläfer" präsentieren: Immer glaubt sich das Abendland in Gefahr, stets bricht Endzeitstimmung aus. Das westliche Trauma vom unheilvollen Islam, der sich „mit Feuer und Schwert" durch den so genannten „heiligen Krieg" ausbreitet, existiert, seitdem beide Religionen einander begegnet sind.

Auf islamischer Seite ist an die Stelle der ursprünglichen Bewunderung, die einige Reformer des 19. Jahrhunderts für das christliche Europa hegten, eine in den letzten Jahrzehnten noch zunehmende Angst, Verunsicherung und Ablehnung getreten. Die Erfahrungen mit dem europäischen Kolonialismus und Imperialismus waren teilweise so traumatisch, dass positive Begegnungsphasen vergessen wurden.

Oft wird außer Acht gelassen, dass wir es nicht mit wirklichen geschichtlichen Erfahrungen zu tun haben, sondern mit späteren Interpretationen geschichtlicher Ereignisse. Die Schlacht von Tours und Poitiers 732, bei der Karl Martell angeblich das Abendland vor der Islamisierung rettete, war aus islamischer Sicht eine militär-strategisch nicht sehr bedeutsame Razzia auf feindlichem Gebiet. Die Kreuzzüge wiederum, die aus christlicher Sicht in einem religiös ideologischen Gesamtzusammenhang standen, hatten zunächst für die islamische Welt nicht annähernd die gleiche existenzielle Bedeutung. Erst nach den Erfahrungen der Kolonialzeit nahm auf islamischer Seite die Tendenz zu, die Kreuzzüge als eine imperialistische europäische Aggression zu werten.

Umgekehrt kommen auch die Europäer nicht von ihren Urteilen der Vergangenheit los und ziehen sie zur Interpretation der Gegenwart heran. Auch die der Mitte des 19. Jahrhunderts einsetzenden Bildungsreisen europäischer Schriftsteller in den Orient wurden oft nicht genügend genutzt, um ein authentisches Bild zu schaffen. Oft suchten sie bewusst oder unbewusst eine Bestätigung ihres eigenen vorgefassten Bildes vom Islam. Positive Orientbilder verdanken wir Goethe, dessen Satz „Wer sich selbst und andere kennt, wird auch hier erkennen, Orient und Okzident sind nicht mehr zu trennen" auch heute noch aktuell ist. Ein weiteres positives Beispiel stellt Lessings „Nathan der Weise" dar, der den Sultan Saladin als Vorbild islamischer Toleranz rühmt und preist.

Wir haben uns zu sehr daran gewöhnt, militärische und wirtschaftliche Macht als die einzig entscheidenden Faktoren der Geschichte zu begreifen. Epochen gemeinsamer Kultur wie im islamischen Spanien scheinen weniger in der Erinnerung zu bleiben als die Negativbeispiele. Es kann nicht sinnvoll sein, nur über vergangene Fehler der Begegnungsgeschichte nachzudenken. Ohne die Vergangenheit zu vergessen, sollte man versuchen, aus Fehlern zu lernen und für das dritte Jahrtausend eine Epoche der Verständigung einzuleiten.

Populärkultur

Die Populärkultur bietet ein noch intensiv zu untersuchendes Material für die deutsche Religionstradierung des Islam. Filme, Fernsehserien, Printmedien unterschiedlicher Genres wie Abenteuer, Crime usw. transportieren auch den Islam in die deutsche Alltagswirklichkeit. Hier nur wenige Schlaglichter: Karl May hat mit seinem Gesamtwerk einen nicht zu unterschätzenden Beitrag für das Islambild der Deutschen geliefert (Christel Ratsch, „Das Islambild im Werk Karl Mays", in: KVRG 1, 1983). Bestsellerromane wie „Der Medicus" von Noah Gordon entfalten ein faszinierendes Bild vom zivilisatorisch dem Abendland weit überlegenen mittelalterlichen Islam in Persien. Islam in Kriminalromanen, -hörspielen und -filmen: Auch das ist ein noch viel intensiver zu beleuchtendes Thema. Islam in der Kinder- und Jugendliteratur: „Theos Reise" von Catherine Clément als Buch und WDR-Hörspiel ist hier ebenso zu nennen wie der von der Autorin dieses Buches verfasste im islamischen Milieu spielende Kinderkrimi „Der geheimnisvolle Besucher" (Patmos 2001) oder das Hörspiel „Komplott am Nil" (WDR, Redaktion Lilipuz, 1998, Wiederholung Januar 2002). Nicht zu unterschätzen ist der Auftritt einiger (türkischer) Muslime in der Lindenstraße, die eine weitere Facette unseres Islambildes beisteuern. Überhaupt wäre es eine interessante Aufgabe der „Daily" oder „Weekly Soaps", einen Beitrag zur Vermittlung fremder Religionen und Kulturen zu leisten.

Stichwortartig noch einige Bemerkungen zur *Werbung*. In der Werbung für Tabakwaren und Schokolade trat seit dem 18. Jh. die typisch türkische Moscheeform – Kuppel und schlankes Minarett – auf. Und vor einigen Jahren warb der Toilettenpapierhersteller „Hakle" für sein „Hakle-Feucht-Papier" mit dem Slogan: „Jetzt werden orientalische Sitten eingeführt." Dabei wurde lobend und recht ausführlich auf die islamischen Reinheitsvorstellungen hingewiesen.

Über den Zusammenhang von Werbung als Vermittlungsinstanz und zugleich Ausdruck gesellschaftlicher Normen und Wertvorstellungen ist nachzudenken. Waren, Gebrauchsgüter erhalten symbolische Bedeutung, dienen dem Gebrauch und der ersatzweisen Vermittlung von Glück. Die Problematik von Haben- und Sein-Bedürfnissen taucht auf.

Theologie

Ich gehe bis zur Reformation, auf Martin Luther zurück. Seine Dämonisierung des Islam als Teufelswerkzeug zieht sich wie ein roter Faden durch weite Strecken der protestantischen Theologiegeschichte – sogar noch bis in die Gegenwart. In den beiden Schriften „Vom Kriege wider die Türcken" und „Heerpredigt wider den

Türcken" aus dem Jahre 1529 wird der Islam als Feind Gottes und Lästerer Christi, ja als Teufel bezeichnet. Leitmotiv: Wer einen Türken erwürgt, vergießt damit kein unschuldiges Blut. Der Türke wird mit dem Antichristen gleichgesetzt, steht zusammen mit Papst und dem Heidentum. Der Islam gilt als Werkzeug des Satans und Instrument des unmittelbar bevorstehenden Jüngsten Gerichts. Gemessen an den Maßstäben seiner Zeit hat Luther eine Auseinandersetzung mit dem Islam auf sehr geringem Niveau geführt.

Es gibt bislang keine Gesamtdarstellung der Rezeption des Islam in der deutschen Theologie, die wissenschaftlichen Ansprüchen genügt, weder in der protestantischen, der katholischen, noch jüdischen. Den Teilbereich der koranischen Christologie hat kürzlich Martin Bauschke in seiner Jenaer theologischen Dissertation „Jesus – Stein des Anstoßes" (2000) bearbeitet. Auch die Geschichte der Islamrezeption in der römisch-katholischen Theologie ist noch nicht geschrieben.

Literatur, Kunst und Wissenschaft

Eine ausführliche Behandlung des Themenfeldes würde den Rahmen dieses Buches sprengen. Daher beschränken sich folgende Stichpunkte auf wenige ausgewählte Aspekte:

⇨ Hinzuweisen ist auf die Verbindung islamischer und abendländischer, also auch deutscher Kultur mit dem antiken Erbe. Arabische Gelehrte befassten sich mit den Werken der griechischen Philosophen, Ärzte und Naturwissenschaftler, übertrugen sie ins Arabische, setzten sich in ihren eigenen Schriften mit ihnen auseinander und vermehrten sie um neue Erkenntnisse. Als Bestandteile des arabischen Bildungsgutes kamen jene Schriften in das Abendland, wo im 11. und 12. Jh. die Wegbereiter des Humanismus und der Renaissance nach den Werken der antiken Autoren fahndeten. Die arabischen Versionen griechischer Autoren wurden in das Lateinische übertragen. Der islamische Beitrag zu den Fundamenten der abendländischen Bildung hat später nachhaltige und vielfältige Einflüsse auf die deutsche Geisteskultur und ihren Übergang in die Neuzeit gehabt.

⇨ Die erzählende Literatur des Mittelalters unter dem Einfluss der Kreuzzüge tradierte Orient und Islam: im Rolandslied, im Versroman „König Rother", in Wolfram von Eschenbachs „Wille-halm".

⇨ Das Türkenproblem (1453–1683) hatte polemische Türkenpre-digten und unflätige „Türkenlieder" im Gefolge.

⇨ Reiseberichte von den Beschreibungen der Pilgerfahrten nach Je-rusalem in der frühen Neuzeit.

⇨ Erste arabistische Studien, Werke über Mohammed und Koran-übersetzungen erscheinen seit dem 17. Jahrhundert.

⇨ „Tausendundeine Nacht" übt eine fast unübersehbare Wirkung auf die Weltliteratur aus.

⇨ Vor allem die deutsche Klassik und Romantik rezipieren arabi-sche und islamische Motive. Erstmals schildert Lessing in seinem „Nathan der Weise" (1779) die drei „abrahamitischen" Religio-nen ohne Vorurteil, gesteht ihnen das gleiche Recht zu. Saladin, der große Sultan, wurde von Lessing als Muster staatsmännischer Weisheit und menschlicher Milde geschildert. Wieland und Her-der sind ebenso exemplarisch zu nennen wie vor allem Goethe, der ein Mohammed-Drama plante. Goethes „West-Östlicher Di-wan" und die daran angefügten „Noten und Abhandlungen" de-monstrieren ein großes Wissen des Dichterfürsten in islamischen Fragen, mehr aber noch seine große Sympathie: „Wenn Islam Ergebung in Gottes Willen heißt,/in Islam leben und sterben wir alle." Schließlich muss Friedrich Rückert erwähnt werden, der praktisch alle wichtigen Zeugnisse arabischer Poesie übertrug.

⇨ Der „Orientalismus" des 18./19. Jahrhunderts führt dazu, dass sich verschiedene Künstler, Architekten, Maler, Musiker und Schriftsteller mit dem Orient und Islam auseinandersetzten. Vie-le deutsche Architekten waren vom „orientalischen Baustil" in-spiriert. Zu den herausragenden Beispielen zählt zum Beispiel das Türkische Palais von Dresden, die maurischen Räume Lud-wigs II. in den Schlössern von Neuschwanstein und Linderhof sowie Einbauten orientalischer Architektur in die Industrieland-schaft, z.B. das einer mamelukischen Moschee nachgebildete Dampfmaschinenhaus in Potsdam.

Wie uns die Muslime sehen

Seit dem 19. Jahrhundert fühlen sich Muslime durch die wach-sende Einflussnahme europäischer Staaten im Nahen und Mittleren

Osten in ihrer religiösen, kulturellen und politischen Selbstständigkeit beeinträchtigt. Als Kolonialismus in einem neuen Gewand betrachtet man die Bestrebungen des Westens, die islamischen Länder in wirtschaftlicher Abhängigkeit zu halten, um den eigenen Wohlstand zu sichern und Kontrolle über Rohstoffquellen zu erhalten.

Das islamische Bild des Westens ist daher oft negativ: Ebenso wie bei uns eine Angst vor dem angeblich aggressiven Islam besteht, sieht sich der Islam einer ständigen Bedrohung aus dem Westen ausgesetzt. Pauschal gilt die westliche Gesellschaft als dekadent und von religiösem und sittlichem Verfall bedroht. Dem westlichen Vorurteil von der Unterdrückung der Frau steht die islamische Vorstellung gegenüber, die westliche Frau sei moralisch zu freizügig, erniedrigt und sexuell ausgebeutet sowie für den ständigen Zerfall der Familien verantwortlich.

In islamischen Medien wird die europäische Kultur also auch häufig pauschal als unmoralisch und gottlos und aggressiv beschrieben, die mit allen Mitteln versucht, den Islam zu berauben und zu demütigen.

Eine neue Dimension erhielt die Angst vor dem Westen, als Muslime nach den September-Anschlägen um die Sicherheit ihrer Kultstätten bangten und teilweise nicht wagten, in orientalischer Kleidung auf die Straße zu gehen.

Literatur: Medienprojekt Tübinger Religionswissenschaft: Der Islam in den Medien, Gütersloh 1994 – M. Vogt: „Blutiger Islam" oder 20 Jahre „Spiegel"-Fechten gegen den Ansturm auf das Abendland, in: L. Friedrichs, M. Vogt (Hg.): Sichtbares und Unsichtbares, Facetten von Religion in deutschen Zeitschriften, Würzburg 1996 – U. Tworuschka: Der Islam als Bestandteil deutscher Religionstradierungen. In: Wolf-Dietrich Bukow, Erol Jildiz (Hg.): Islam und Bildung, Opladen 2002. G. Rotter: Die Welten des Islams. Neunundzwanzig Vorschläge das Unvertraute zu verstehen, Frankfurt/Main 1993 – Heinz Halm: Fundamentalismus – ein leeres Etikett, in: G. Rotter, a.a.O., S. 211–218.

Der Islam: Entstehung, Geschichte und Glaubensgrundlagen

Mohammed

Vorbemerkung

Im Jahre 1976 fand die Premiere des ersten Films über das Leben des Religionsgründers Mohammed und die Entstehung des Islam statt. Der Film des syrischen Regisseurs Mustafa Akkad „Die Botschaft" (ursprünglicher Titel: Mohammed, der Gesandte Gottes), der von einer gemeinsamen marokkanischen, libyschen und kuwaitischen Produktionsgesellschaft finanziert und dessen Drehbuch verschiedenen islamischen Religionsgelehrten zur Begutachtung vorgelegt worden war, löste schon während der Dreharbeiten heftige Reaktionen aus. Marokko distanzierte sich von dem Vorhaben, das dann in Libyen trotz des Vorbehalts führender Geistlicher beendet wurde. Vom Start an wurde der Film mit wachsender Kritik begleitet, was schließlich zu seinem Verbot in fast allen islamischen Ländern führte. Welche Gründe machen es im 20. Jahrhundert noch immer fast unmöglich, einen Film über Mohammed zu drehen? Für westliche Kinobesucher war der Film sicherlich keine Sensation. Schließlich gibt es ja seit „König der Könige" (1927) zahlreiche Jesus- bzw. Bibelverfilmungen und Schauspiele, die nicht alle so behutsam inszeniert waren wie Akkads „Die Botschaft", der sogar zwei Versionen mit islamischen und europäischen Schauspielern drehte, damit in der Fassung für islamische Länder die wichtigen Persönlichkeiten nicht von Nichtmuslimen dargestellt wurden. Die Hauptkritik von islamischer Seite sah nicht nur in der Verkörperung des Propheten selbst, der in dem Film ohnehin nicht gezeigt wurde, sondern auch in der Darstellung seiner Gefährten durch Schauspieler die Gefahr einer Trivialisierung. Auch befürchtete man, dass schon kleine Fehler und Ungenauigkeiten in der Filmfassung den Islam in den Augen islamischer und nichtislamischer Zuschauer disqualifizieren könnten. Ferner wurde eingewandt, dass ein solches Unternehmen, wenn das Medium Film erst einmal anerkannt sei, fragwürdige Nachfolger finden könne. Als Negativbeispiele galten dabei einige Jesusfilme, wie z.B. »Jesus Christ Superstar«. An dieser Diskussion wird deutlich, dass es trotz Annäherung und Dialog in neuerer Zeit immer noch grundlegende Unterschiede in der westlichen und islamischen Mohammed-Betrachtung gibt und dass das islamische Misstrauen gegenüber westlicher Kritik, das sich vor allem gegen einen allzu freizügigen Umgang mit Religion und die Entsakralisierung des täglichen Lebens richtet, nur langsam und schwer abgebaut werden kann.

Weit größere Empörung als der genannte Film rief Salman Rushdies Roman „Die Satanischen Verse" (1989) hervor, denn der Roman stellte grundsätzlich die Glaubwürdigkeit des Propheten in Frage. Mohammed wurde als Mahound bezeichnet – ein Ausdruck, der auf die Kreuzzüge zurückgeht. Der islamische Prophet erscheint als Betrüger und Bastard, wird in obszöner Sprache verunglimpft. Auch wurde ihm ein homosexuelles Verhältnis zum Erzengel Gabriel angedichtet, und seine Ehefrauen werden zu den Huren im ersten Bordell der Stadt in Beziehung gesetzt. Muslime auf der ganzen Welt empfanden dies als abscheulichen Religionsfrevel, „schlimmer als Pornografie". Der frühere Rektor der Al-Azhar-Moschee sagte vor vielen Jahren zu dem anglikanischen Bischof in Ägypten, „das größte Ärgernis, das die Christen bei ihren muslimischen Freunden erregen, ohne es eigentlich zu wissen, entstünde daraus, dass es ihnen völlig an Verständnis für die Verehrung mangele, die der Prophet Mohammed im Leben der Muslime genieße". (Zitiert bei Annemarie Schimmel: Und Mohammed ist Sein Prophet, Düsseldorf u.a. 1981, S.7)

In der westlichen Berichterstattung stand das als zu Recht als Verletzung der Menschenrechte empfundene, von Khomeini verhängte Todesurteil gegen Salman Rushdie im Mittelpunkt. Wenig Verständnis erhielt daher Annemarie Schimmel, die als engagierte Islamkennerin betonte, dass nicht nur Theologie, Recht und religiöses Empfinden, sondern auch Scham, Anstand und Ehre nach islamischem Verständnis durch dieses Buch in den Schmutz gezogen worden seien. Sofort geriet sie in den Verdacht, das Todesurteil zu befürworten.

Was wir von Mohammed wissen

Mohammed wurde um 569/570 n. Chr. in Mekka geboren und gehörte zu einer weniger wohlhabenden, aber angesehenen Sippe der Hashimiten vom Stamme der Quraishiten. Mohammeds Vater

Abdallah starb noch vor der Geburt des Sohnes, und seine Mutter
Amina, als er sechs Jahre alt war. Er wurde kurze Zeit von seinem
Großvater Abd al-Muttalib erzogen, dann von seinem Onkel Abu
Talib, der ihn auf eine Geschäftsreise mitnahm. Im Alter von 25
Jahren lernte er die wohlhabende Kaufmannswitwe Khadidja kennen, deren Handelsgeschäfte er zuverlässig wahrnahm. Sie wurde
seine Frau, obwohl sie wesentlich älter war als er. Er bewahrte ihr
immer eine tiefe Zuneigung und nahm, solange sie lebte, keine andere Frau. Sie gebar sieben Kinder, von denen nur eine Tochter, Fatima, am Leben blieb und selber Nachkommen hatte.

Der Wendepunkt in Mohammeds Leben trat ungefähr im Alter
von 40 Jahren ein, also um das Jahr 610. Er fing an, intensiver nach
dem Sinn des Lebens zu fragen, und nahm an dem oberflächlichen
Treiben und unsozialen Verhalten der mekkanischen Gesellschaft
Anstoß. Denn manche reichen Kaufleute nutzten ihre Macht aus
und übervorteilten die sozial Schwachen. Dadurch gerieten viele
Menschen in Not. Mohammed zog sich immer wieder zu einsamen
Andachtsübungen am Berge Hira zurück und erhielt dort von dem
himmlischen Boten Gabriel den Auftrag: „Lies!" Die Menschen
sind von Gott abgefallen, und das Jüngste Gericht steht bevor. Nach
dem Erlebnis auf dem Berg Hira kamen die Offenbarungen regel-
mäßig zu Mohammed. Er empfing sie voller Freude, ob sie bei den
Menschen Zufriedenheit oder Ärger auslösten. Bald darauf fing
Mohammed an, seine mekkanischen Mitbürger zu ermahnen und
vor dem baldigen Gericht Gottes zu warnen. Hauptinhalte seiner
Predigt in dieser Zeit waren der Glaube an den einen gütigen
Schöpfergott und der Aufruf zu einem besseren und sozialeren
Lebenswandel angesichts des nahe bevorstehenden Jüngsten Ge-
richts:

„Im Namen Allahs des barmherzigen Erbarmers. Das eifrige
Streben nach Mehrung des Reichtums beherrscht euch, bis ihr die
Gräber erreicht. Gewiss! Ihr erfahrt es bald nochmals, ihr erfahrt
es bald, wie töricht ihr gewesen seit." (102, 1–5)

„Was meinst du wohl von dem, der das Gericht für Lüge erklärt?
Das ist derselbe, der die Waise von sich wegstößt und die Seinen
nicht dazu anhält, dem Armen etwas zu essen zu geben. Wehe den
Betenden, die auf ihr Gebet nicht achten, die von den Leuten
gesehen werden wollen und die Hilfeleistungen verweigern!"
(107)

Zunächst fand die Botschaft wenig Anklang. Seine ersten Anhänger waren Khadidja und sein junger Vetter Ali. Anschließend folgten ihm zu einem großen Teil jüngere Leute aus vornehmen, teils auch aus weniger einflussreichen Familien. Auch Angehörige der unteren sozialen Schichten, wie z.B. freigelassene Sklaven, schenkten ihm Gehör. Die Mekkaner bestritten die Echtheit von Mohammeds göttlicher Sendung und warfen ihm vor, er sei nur ein Dichter (69, 41 f.), der unter dem Einfluss von Dämonen stünde (52, 29f.), und ein Besessener (17, 47), der nicht Gottes-, sondern Menschenwort verkünde (25, 4–6). Mohammed lehnte die Aufforderung ab, wie andere Propheten die Echtheit seiner Sendung durch Wunder zu bestätigen. Er entgegnete, dass nur Gott die Macht besitzt, Wunder zu tun (29, 50), Propheten könnten nur mit Gottes Erlaubnis Wunder wirken (13, 38); außerdem ließen sich verstockte Menschen auch nicht durch Wunder zum Glauben bringen. Mohammed nennt seine Botschaft Islam. Das bedeutet Hingabe an den einen Gott. Derjenige, der sich Gott hingibt, ist ein Muslim. Weitere wichtige Glaubensinhalte sind Gebet, Fasten und Freigebigkeit gegenüber den Armen.

In den folgenden Jahren nahm die Feinschaft in Mekka auf eine Weise zu, die vor allem die Sklaven unter seinen Anhängern bedrohte. Der Hauptgrund für die Ablehnung des Propheten ist in der wichtigen Rolle der Stadt Mekka zu sehen, die zugleich Handelsmetropole und religiöses Zentrum war. Mohammeds Predigt bedrohte den polytheistischen Kult und die Wallfahrtsfeste, die sich um das mekkanische Heiligtum, die Kaaba, konzentrierten und den führenden Familien wirtschaftliche Vorteile brachten. Seine Anhänger wurden daher beschimpft und verfolgt. Sie waren nicht nur mannigfachen Schikanen und Folterungen ausgesetzt. Es kam auch zu Boykottmaßnahmen, welche die muslimische Gemeinschaft zeitweise zwang, vor den Toren Mekkas in der Verbannung zu leben. Nur Mohammed selbst genoss den Schutz seines Onkels Abu Talib, der sich vor ihn stellte, obwohl er sich selbst nie zu Mohammeds Botschaft bekannte.

Als der Widerstand in Mekka auf unerträgliche Weise zunahm, fanden einige Anhänger Mohammeds zeitweise bei dem christlichen Herrscher in Abessinien, dem heutigen Äthiopien, Asyl. In der Zwischenzeit erfuhr die muslimische Gemeinde in Mekka weitere Schikanen und Boykottmaßnahmen.

Nach Abu Talibs Tod war auch Mohammed selbst in Mekka nicht mehr sicher. Es kam zu Verhandlungen mit Abgesandten aus der Stadt Yathrib (später Medina: Madinat an Nabi = Stadt des Propheten). Diese Abgesandten bekannten sich zu Mohammeds Botschaft und benötigten einen Schiedsrichter für ihre Stammesstreitigkeiten.

Im Jahr 622 siedelte Mohammed mit seinen Getreuen nach Medina über. Dieses Jahr der Hidjra (Auswanderung) gilt bis heute als das Jahr eins der muslimischen Zeitrechnung.

In der medinensischen Phase zeigte sich Mohammed weniger als religiös inspirierter Gerichtsprediger, sondern als Staatsmann und Politiker. Neben der Erfüllung seiner religiösen Aufgaben ging es ihm darum, für seine Mitauswanderer (Muhadjirun) und die neuen Verbündeten (Ansar) ein gemeinsames Leben in gutem Einvernehmen zu sichern; denn das Ausscheiden der jungen muslimischen Gemeinde aus dem mekkanischen Stammesverband war für die damalige Zeit ein folgenschwerer Schritt.

Daher erließ er 623 die Gemeindeordnung von Medina. Die in dieser Zeit geoffenbarten Suren beschäftigen sich zunehmend mit Fragen des sozialen Zusammenlebens. Die Mekkaner blieben weiterhin erbitterte Gegner.

Nachdem Mohammed die beiden sich befehdenden Stämme vereint hatte, bekannte sich ein großer Teil der Bevölkerung zu seiner neuen Lehre. Einige zögerten allerdings noch und bezweifelten die Echtheit seiner Sendung.

Schließlich musste Mohammed auch den politischen und militärischen Kampf gegen Feinde des Islams nach außen und gegen innere Gegner führen.

Die Mekkaner blieben weiter erbitterte Widersacher. Im März 624 errangen die Verbündeten Mohammeds einen strahlenden Sieg bei Badr, dem bald eine Niederlage bei Uhud folgte. Es kam zu weiteren Auseinandersetzungen, u.a. einer Belagerung Medinas. In Medina kam es später auch zu Konflikten mit der dortigen jüdischen Bevölkerung. Vor allem die Juden, die teilweise durch wirtschaftliche Abkommen an die Mekkaner gebunden waren, ließen sich nicht von der von Mohammed behaupteten Übereinstimmung der beiden Religionen überzeugen. Nach der Auseinandersetzung mit den Juden wurde die Gebetsrichtung von Jerusalem nach Mekka verlegt, wo entsprechend der Überlieferung der Stammvater aller Gläubigen, Abraham, mit seinem Sohn Ismail die Kaaba erbaut hatte: „Und wir setzten die Qibla, die du früher hattest, fest. Jetzt wollen wir dich auf eine Qibla ausrichten, die dir gefallen wird." (2, 142ff.)

Die Konflikte mit den Juden spitzten sich später zu, weil Mohammed sich immer weniger auf die Bündnistreue der Juden verlassen konnte. 625 wurde der jüdische Stamm Qainuqa, ein Jahr später der Stamm Nadir vertrieben. Vorausgegangen waren Streitigkeiten und der Vorwurf des Verrats. Die Männer des Stammes der Quraiza wurden 627 umgebracht, weil man ihnen wahrscheinlich zu Recht im Zusammenhang mit dem so genannten Grabenkrieg Konspiration mit den feindlichen Belagerern der Stadt vorwarf.

Im Jahr 628 versuchte Mohammed vergeblich eine Wallfahrt in seine Heimatstadt Mekka zu unternehmen. Schließlich kehrte er im Jahr 630 anlässlich eines Beduinenstreits nach Mekka zurück, wo ihm wenig Widerstand geboten wurde. Die meisten Gegner behandelte er mit unerwarteter Milde.

Im Jahr 632 starb Mohammed als Führer fast der gesamten arabischen Halbinsel. Die von ihm verkündete Religion des Islams gehört bis heute zu den großen Weltreligionen.

Mohammed in der Sicht des Abendlandes

Die Gestalt des Propheten war von Anfang an Gegenstand schärfster christlicher Polemik. Man zweifelte seine Offenbarungen an und unterstellte ihm, unwissend und gewalttätig, ja ein Sklave ungezügelter Sinnlichkeit gewesen zu sein. Johannes Damascenus (gest. um 750) bezeichnete Mohammed als falschen Propheten, der seine Frömmigkeit nur heuchelte und zu Unrecht behauptete, dass ihm der Koran vom Himmel herabgesandt worden wäre. Insbesondere die Tatsache, dass er nach dem Tode Khadidjas mit mehreren Frauen verheiratet war, nahm man gern zum Anlass, ihm sexuelle Ausschweifungen vorzuwerfen. Die mittelalterliche Islamauffassung war durchweg negativ. Dagegen war Petrus Venerabilis (1092/94–1156), der Abt von Cluny, einer der ersten Theologen, die sich ernsthaft mit dem Islam auseinander setzten. Er veranlasste z.B. die Übersetzung des Korans durch Robert of Ketton (1143), die bis in das 17. Jahrhundert die bedeutendste europäische Koranübersetzung darstellte. Auch während der Kreuzzüge, die in Europa mit einer Bewegung religiöser Erneuerung verbunden waren, wurden die alten Vorurteile wiederbelebt: Das Abendland wurde mit dem Christentum identifiziert; die eigene Religion stand der teuflischen Häresie des Islam gegenüber. Der Islam galt als eine Verdrehung der Wahrheit, während sich das Christentum an die menschliche Vernunft wandte. Der Islam war die Religion des Schwertes, das Christentum dagegen die Religion des Friedens. Islam war gleichbedeutend mit Genusssucht, das Christentum jedoch war eine Religion der Entbehrung. Dieses von vielen so oder ähnlich konzipierte christliche Idealbild entsprach natürlich nicht der Wirklichkeit.

In den Kreuzzügen wandten die Christen ja ohne Rücksicht auf ihre Lehre selbst Gewalt an, und ihre Ideale der Entbehrung und Keuschheit wurden in der Praxis auch nicht immer eingehalten. Martin Luthers Bild von Mohammed und dem Islam wurde wesentlich durch die Türkenkriege geprägt. Der Reformator sah bei den Türken – er sprach nie von Islam – zwar manche positiven Züge, wie z.B. wahren Glaubenseifer und Integrität der Geistlichen, aber andererseits kritisierte er sehr scharf ihren vermeintlichen Fanatismus und sprach von ihnen als wahren Teufeln. Mohammed war für ihn der personifizierte Antichrist. Luther setzte sich für eine Koranübersetzung ein, allerdings mit dem Ziel, den Islam zu überwinden. Das Verhältnis der protestantischen Orthodoxie zum Islam im ausgehenden 16./17. Jahrhundert war durch keine grundsätzlich neuen Einsichten geprägt. Insbesondere durch die »Türkenpredigten« verfestigten sich alte Klischeevorstellungen.

Die Entdeckungsfahrten und die im 17. Jahrhundert in die fernen Erdteile vordringenden christlichen Missionare brachten die Welt fremder Religionen in das Blickfeld des Abendlandes. Dieses neu gewonnene Wissen motivierte zum Vergleichen der verschiedenen Religionen und führte zur Erkenntnis von Parallelen zum eigenen Glauben. Das Christentum wurde so in die allgemeine Religionsgeschichte eingebettet. Die Toleranzidee erfuhr eine entscheidende Förderung. Gotthold Ephraim Lessing verdeutlichte diese Toleranzforderung in der Ringparabel in „Nathan der Weise" (1779). Von den drei durch die Ringe symbolisierten Religionen (Judentum, Christentum, Islam) ist für ihn keine absolut wahr, jedoch Gottes Offenbarung gegenwärtig und zu respektieren. In der anregenden Atmosphäre der Aufklärung wurde der islamische Orient – insbesondere in Frankreich – neu entdeckt. Der auftretende Rationalismus begünstigte Versuche, den Islam und seinen Propheten objektiver zu beurteilen. Man erkannte in Mohammed den klugen Gesetzgeber, den kühnen Reformer sowie den Verkünder eines Glaubens, der zu seiner Zeit als ein möglicher Weg neben den beiden anderen monotheistischen Religionen angesehen werden konnte. Man billigte ihm sogar Eigenständigkeit zu, die den anderen mehr und mehr verloren gegangen war.

Es entstanden neue Mohammed-Biografien und Koranübersetzungen, wie z.B. „La vie de Mahomet" (1730) von Henri de Boulainvilliers, der in ihm einen Freidenker sah, und die englische und französische Koranübersetzung von George Sale (1734) und Nicolas Savary (1783). Obgleich viele aufgeklärte Literaten den Propheten zumeist positiv betrachteten, gab es andere, wie z.B. Voltaire, dessen „Mahomet" viele alte Irrtümer und Klischees enthält und von verächtlichem Spott getragen ist.

Die Romantiker fühlten sich ebenfalls vom Islam angezogen. Sie hofften, im Orient neue Werte und eine unberührte reine Gedankenwelt zu finden. Das Konzept des idealen Menschen wurde in Frankreich von Rousseau und in Deutschland von Goethe propagiert. In seinem „Mahomet" und später im „West-östlichen Diwan" wandte er sich der für viele bis dahin verschlossenen Welt des Orients zu. Eine positive Würdigung Mohammeds findet sich in den Vorlesungen des englischen Schriftstellers Thomas Carlyle „On Heroes and Hero-Worship and the Heroic in History" (1841). Geschichte wird als das Wirken großer Männer aufgefasst. Carlyle schildert den islamischen Propheten sehr einfühlsam als Verkünder eines Glaubensbekenntnisses, der ganze Völker in Bewegung setzte.

In dem bemerkenswerten Aufsatz des katholischen Kirchenhistorikers Johann Adam Möhler „Über das Verhältnis des Islams zum Evangelium" (1830) findet sich eine zugleich kritische und aufgeschlossene Darstellung des Islam. Möhler würdigte Mohammed und interpretierte den Koran als eine Heilige Schrift, „in welcher uns häufig eine originelle Pietät, eine rührende Andacht und eine ganz eigentümliche religiöse Poesie entgegentritt". In der zweiten Hälfte des 19. Jahrhunderts entwickelte sich die Islamkunde zunehmend zu einem eigenen wissenschaftlichen Fach, das islamisch-arabische Quellen systematisch heranzog. Herausragende Namen in dieser Zeit sind beispielsweise Noeldeke, Wüstenfeld, Weil, Sprenger, Goldziher, Hirschfeld, Lammens, Grimme u.a. Hubert Grimme deutete in seinem Buch „Mohammed" (1892–95) den Propheten als Sozialreformer, der die zahlreichen religiösen und sozialen Missstände seiner Vaterstadt Mekka abschaffen wollte. Zu diesem Zweck habe Mohammed den Reichen mit dem Jüngsten Gericht gedroht und die Pflichtabgabe für die Armen verlangt.

Ungefähr zu dieser Zeit wird auch die Frage nach den christlich-jüdischen Einflüssen und damit nach der Eigenständigkeit des Islam wieder lebendig. Ein wichtiger Beitrag in diesem Zusammenhang ist der Aufsatz von Johann Fück „Die Originalität des arabischen Propheten" (1936), in dem trotz der im Koran selbst anerkannten Berührungspunkte zwischen den drei Religionen diese dennoch nicht als Beweis für eine unmittelbare Abhängigkeit gesehen werden. Stattdessen hebt Fück das Schöpferische und Eigenständige in Mohammeds Botschaft hervor.

Der Islamwissenschaftler Montgomery Watt schilderte in seiner Abhandlung „Mohammed, Prophet and Statesman" (1961) den islamischen Propheten sowohl als Begründer eines Glaubens als auch als Organisator eines Staates, der in einer Gesellschaft, die vorher keine Staatsvorstellung besaß, eine Religion und einen Staat in unlöslicher Verbindung miteinander schuf. Watt unterstreicht die sozialen Unruhen, die als Folge des Übergangs vom Nomadentum zur Sesshaftigkeit entstanden und zu Konflikten zwischen der alten Stammessolidarität und der neuen Kaufmannsmentalität führten. Mohammed sei es gelungen, beide Strömungen zu vereinigen.

Der französische Islamkundler Maxime Rodinson versucht hingegen in seinem „Mohammed" (1975), die Stiftung des Islam individualpsychologisch und sozialgeschichtlich zu deuten. Die Entstehung des Islam zeigt für Rodinson, wie die individuellen Bedürfnisse Mohammeds, dessen Vatersehnsucht ihn zu einem allmächtigen Gott führte und der sich als Waise zum Verteidiger der Unterprivilegierten berufen fühlte, sowie die allgemeinen Bedürfnisse der Epoche nach einer einheitlichen arabischen Ideologie verbunden werden. Nach marxistisch-leninistischer Theorie spiegelt der von Mohammed gestiftete neue Glaube das gesellschaftliche Idealbild der damaligen Oberschicht wider und dient der Aufrechterhaltung der Machtverhältnisse. Die Ausbeuterklassen hätten des alleinigen furchteinflößenden Gottes bedurft, und Mohammed selbst hätte feudale Strukturen und das Privateigentum verteidigt.

In neuerer Zeit hat man sich in den beiden großen Kirchen um einen Dialog mit dem Islam und eine Aufarbeitung von Vorurteilen, Fehlern und Missverständnissen der Vergangenheit bemüht.

Für das Gespräch des Katholizismus mit dem Islam stellt das Zweite Vatikanum (1962–1965) die entscheidende Wende dar. Seit 1964 existiert das von Papst Paul VI. gegründete „Sekretariat für die Nichtchristen", von wo aus mehrere katholisch-islamische Dialogveranstaltungen organisiert wurden. In der dogmatischen Konstitution Lumen Gentium („Licht der Völker"), feierlich am 21.11.1964 verkündet, werden Richtlinien für die pastorale Arbeit erteilt, wobei dem Islam ein Platz in der Heilsgeschichte zugewiesen wird. Nostra Aetate („In unserem Zeitalter") ist eine Erklärung über das Verhältnis der Kirche zu den nichtchristlichen Religionen generell. Betont werden der gemeinsame Glaube an den einen und einzigen Gott, die gemeinsame Erwartung von Auferstehung und Jüngstem Gericht, der Hinweis auf Abraham und Maria. Von den „fünf Säulen" nennt das Dokument nur drei: „Gebet, Almosen und Fasten". Über die für Muslime so große Bedeutung Mohammeds schweigt sich der Text dagegen aus. Papst Johannes Paul II. hat sich auf vielen Reisen positiv zum katholisch-islamischen Dialog geäußert, ist bestrebt, „die geistlichen Bande zwischen Christen und Muslimen entwickeln zu helfen". Mehrere Male hat Johannes Paul II. auf den die drei Religionen verbindenden Patriarchen Abraham hingewiesen. Christen und Muslime als „Knechte Gottes" seien aufgrund ihres Schöpferglaubens wie durch ein „geistiges Band" miteinander verbunden. Darin sieht der Papst eine tragfähige Basis, gemeinsam für Frieden und für Gerechtigkeit zu arbeiten.

Nordafrikanische Katholiken, die von ihrer Minderheitensituation in der Welt allgemein und speziell im nördlichen Afrika ausgehen, setzen bei ihrer dialogischen Haltung nicht bei den Glaubensgemeinsamkeiten an, sondern erkennen viele aus dem Islam stammende Werte an. Schließlich gibt es innerhalb der heutigen Positionen solche, die einen Dialog mit dem Islam für unmöglich halten. Dabei handelt es sich vor allem um Katholiken, die als Minderheiten unter islamischer Mehrheit leben und aufgrund mangelnder Gleichberechtigung und eines (über)betonten islamischen Selbstbewusstseins, zum „besten Volk" zu gehören, skeptisch gegenüber islamischer Dialogwilligkeit eingestellt sind.

Interessant ist die neuerliche Entwicklung im Dialog der griechisch-orthodoxen Kirche mit dem shiitischen Islam. Ende 1990 fand in der Universität Athen der erste interreligiöse Dialog mit den shiitischen Theologen aus dem Iran statt. Die Konferenz ist im Frühjahr 1992 in Thessaloniki fortgesetzt worden.

Im protestantischen Bereich gibt es naturgemäß keine einheitliche Stellungnahme. Das Verhältnis zum Islam, wie auch zu anderen Religionen, wurde lange Zeit durch die dialektische Theologie Karl Barths und seiner Anhänger negativ beeinflusst. Für diese Phase sind etwa folgende Autoren repräsentativ: Samuel M. Zwemer, Martin Schlunk, Emanuel Kellerhals sowie Hendrik Kraemer. Der Islam galt als eine perfektionierte Religion der Werkgerechtigkeit und Selbsterlösung ohne Tiefe und arm an religiösem Gehalt. Seit dem Ende der 1950er- Jahre ist ein verstärktes Bemühen um Offenheit gegenüber dem Islam im Bereich protestantischer Theologie spürbar geworden. Die Barth'sche Aburteilung der Religionen, insbesondere auch des Islam, wurde durch einige Theologen (Holsten, Rosenkranz) abgemildert. „Auch auf die Frage nach den Methoden des missionarischen Zugangs zum Islam gab es spätestens seit ca. 1960 neue Antworten. So wurde zwar von vielen Missionaren und Missionswissenschaftlern auch in der Folgezeit die Meinung vertreten, das einzige Ziel der Begegnung mit den Muslimen sei ihre Bekehrung. Das Spektrum missionsmethodischer Konzeptionen erweiterte sich jedoch gewaltig und reicht inzwischen von der abstrakten Forderung nach Toleranz über das Bemühen um eine legitime Polemik bis hin zur Konstatierung des Endes der Islammission und konkreten Vorschlägen zur Gestaltung des Zusammenlebens von Muslimen und Christen." (Klaus Hock)

Der „Ökumenische Rat der Kirchen" schlug 1967 Dialogrichtlinien mit anderen Religionen und Überzeugungen vor. Zu den weiteren Stationen des protestantisch-islamischen Dialogs zählen Cartigny (1969), wo Christen und Muslime gemeinsam Gedanken über Notwendigkeit und Ziele des christlich-islamischen Dialogs formulierten. Die gemeinsame Begegnungsgeschichte, die mehr eine Geschichte der „Vergegnung" war, sowie der Einsatz für den Frieden und die Zusammenarbeit im Nahen Osten waren zentrale Motivationen. Trotz mancher Gemeinsamkeiten im Glauben hob man das jeweils spezifisch andere „Zentrum" der eigenen Religion hervor. Nach Treffen in Ajaltoun (1970) und Zürich fand 1972 ein christlich-islamisches Gespräch in Broumana statt, bei dem es über die Wahrheits- und Offenbarungsproblematik und das inter-religiöse Beten hinaus um die Gemeinschaft zwischen Christen und Muslimen ging. Eine weitere wichtige Etappe im evange-lisch-islamischen Dialog stellt die Konsultation von Chambésy (1976) über christliche „Mission" und islamische „Dawa" (Einla-dung zum Glauben) mit ihrer gegenseitigen Anerkennung dar. Die multilaterale Konferenz im thailändischen Chiang Mai (1977), die eine wirklich „dialogische Theologie" forderte, fasste die bisheri-gen Erträge christlich-islamischer Begegnungen zusammen und gab weitere Empfehlungen.

Chaing Mai und Mombasa (1979) markieren eine „Denkpause im Dialog", eine Phase christlicher Selbstreflexion. In Colombo (1982) fand erstmalig ein offizielles Gespräch zwischen dem Weltkirchenrat und dem „Islamischen Weltkongress" (mit Sitz in Karachi) statt.

In Deutschland findet der evangelisch-islamische Dialog auf ver-schiedenen Ebenen statt. Die EKD mit Sitz in Hannover unterhält ein „Islam-Referat". Damit im Zusammenhang stehen Arbeitskrei-se wie „Zusammenleben mit Muslimen", die „Islamisch-Christliche Arbeitsgemeinschaft zu Ausländerfragen" (ICA). Einzelne Lan-deskirchen unterhalten „Arbeitskreise". Die „Vereinigte Evange-lisch-Lutherische Kirche Deutschlands" (VELKD) gab eine Falt-blattserie heraus, die millionenfach verbreitet wurde und die in das erfolgreiche Taschenbuch „Was jeder vom Islam wissen muss" ein-ging (Gütersloh 1990 u.a.). Unter dem Titel „Zusammenleben mit Muslimen in Deutschland. Gestaltung der christlichen Begegnung mit Muslimen" (Gütersloh 2000) hat der Rat der EKD eine bedeut-same „Handreichung" vorgelegt, insbesondere deren theologischer Teil mutiger hätte ausfallen können. Die einzelnen Landeskirchen haben spezielle Arbeitskreise eingerichtet. Außerdem gibt es einige christlich-islamische Vereinigungen. Auf katholischer Seite ist die „Christlich-Islamische Begegnung Dokumentationsleitstelle" (CIBEDO) zu erwähnen sowie die „Ökumenische Kontaktstelle für Nichtchristen" (ÖKNI) beim Erzbistum Köln.

Mohammed – Gott möge Wohlgefallen an ihm haben und Heil über ihn sprechen – in islamischer Sicht

Mohammed verstand sich als Gesandter Gottes, der den Men-schen den Koran brachte, so wie vor ihm andere Propheten ihren jeweiligen Völkern heilige Schriften übergeben hatten. Mohammed betonte stets, dass er nichts sein wollte als ein normaler Mensch und Diener, dem die Schrift geoffenbart wurde. Aus diesem Grund wehren sich die Muslime auch gegen die Bezeichnung Mohammedaner, da eine solche Formulierung nahelegen könnte, Mohammeds Stellung im Islam sei mit der Jesu im Christentum vergleichbar. Wenn ein Vergleich angemessen ist, so führen manche islamische Denker aus, dann müsste man Mohammed zu Maria in Parallele setzen, weil beide an der Vermittlung der göttlichen Botschaft beteiligt waren.

Die Bedeutung Christi hingegen könne man nur angemessen mit der des Korans vergleichen; denn wie in der einen Tradition eine Person, stehe in der anderen ein Buch im Mittelpunkt. Dennoch gibt es im Koran Stellen, die auf Mohammeds überdurchschnittliche Rolle hinweisen. Er ist als „Barmherzigkeit" für die Welten gesandt (21, 107), Gott und die Engel segnen ihn (33, 56), und „er ist wahrlich von edler Natur" (68, 4). Die spätere Verehrung des Propheten findet u.a. ihre Begründung in der mehrfach im Koran wiederholten Anweisung: „Gehorchet Gott und seinem Gesandten!" (8, 1 u. ö.). Im Volksglauben entwickelte sich der Brauch, Mohammed anzubeten und ihn darum zu ersuchen, bei Gott Fürbitte einzulegen. Die Mohammed-Verehrung des Volkes ging oft so weit, dass sie den islamischen Grundgedanken, dass nicht ein Mensch, sondern ein Buch im Mittelpunkt steht, beeinträchtigte. Der Prophet gilt theologisch als „sündlos", ist leuchtendes Vorbild der Gläubigen. Seine Frauen werden als vorbildliche Musliminnen, als „Mütter der Gläubigen" hoch in Ehren gehalten.

Ebenso wie das Leben anderer Religionsstifter wurde die Vita Mohammeds bald von Legenden umrankt: Seine Geburt wird von Wunderzeichen begleitet. Der Palast des persischen Herrschers erzittert, ein See trocknet aus, und ein wunderbares Licht dringt aus der Brust seiner Mutter bis nach Syrien. Die Sterne neigen sich tief zur Erde herab. Eine Heilszeit bricht an. Engel erscheinen auf Erden und verkünden die Geburt. Während seiner Kindheit beschatten sie den Propheten und reinigen sein Herz. Ein christlicher Mönch, dem der junge Mohammed auf einer Handelsreise begegnet, weissagt seine künftige Bedeutung. Die Gläubigen achten und verehren ihn. Man nennt oder schreibt seinen Namen nie, ohne eine Eulogie hinzuzufügen: „Möge Gott Wohlgefallen an ihm haben und Heil über ihn sprechen." Man schwört bei seinem Namen und benennt mit Vorliebe die eigenen Kinder nach ihm. Eine Verunglimpfung und Beleidigung des Propheten gilt als schweres Verbrechen. Vor allem ist man gegenüber westlicher Kritik empfindlich. Die Nachkommen des Propheten genießen besonderes Ansehen. Personen, die ihre Abstammung auf den Propheten zurückführen können, bemühen sich auch, durch Heirat untereinander diese Reinheit zu erhalten. Im shiitischen Islam muss das Oberhaupt der Gemeinde vom Propheten abstammen. Manche shiitischen Richtungen schreiben einem solchen Imam Unfehlbarkeit zu. In Anlehnung an das Christentum wird auch der Geburtstag des Propheten feierlich begangen. Man veranstaltet Fackelzüge, verschenkt Süßigkeiten und spendet Mahlzeiten für die Armen. Es werden Gebete gesprochen und Gedichte zur Erinnerung an den Propheten vorgetragen. Auch der Tag seiner Berufung wird gefeiert. Bald wurden die Lebensweise und die Aussprüche Mohammeds (Sunna) zur Richtschnur für die Gläubigen. Ein bekanntes Prophetenwort lautet: „Wer mir nachfolgt, ist von mir, und wer meine Sunna nicht liebt, ist nicht von mir." Je mehr das „goldene Zeitalter" des Frühislam in die Vergangenheit rückte, umso mehr stieg das Interesse der Gläubigen, den Propheten bis in das kleinste Detail nachzuahmen. Mohammed wurde in verschiedenen Bereichen als Vorbild und Lehrer empfunden, weil er die von ihm verkündete Botschaft auch selber praktisch vorlebte. Die Bedeutung Mohammeds ist auch in der islamischen Mystik, im Sufismus, besonders groß. Seine Himmelfahrt wird als Vorbild für den inneren Aufstieg der menschlichen Seele zu Gott gedeutet. Einen wichtigen Aspekt der mystischen Prophetenverehrung stellt die Interpretation von Mohammed als Licht dar. Dabei wird der berühmte Lichtvers („Gott ist das Licht von Himmel und Erde. Sein Licht ist einer Nische zu vergleichen mit einer Lampe darin. Die Lampe ist in einem Glas, das so blank ist, als wenn es ein funkelnder Stern wäre. Sie brennt mit Öl von einem gesegneten Baum, einem Ölbaum, der weder östlich noch westlich ist und dessen Öl fast schon Licht gibt, ohne dass Feuer daran gekommen ist. – Licht über Licht. Gott führt seinem Licht zu, wen er will. Und er prägt den Menschen die Gleichnisse. Gott weiß über alles Bescheid."; Sure 24, 35) auf Mohammed bezogen, der das göttliche Licht in der Welt bekannt machte und der als Licht der Rechtleitung die Menschen zu Gott führte. Solche Lichtspekulationen wurden von dem bekannten islamischen Mystiker al-Halladj, der 922 wegen seiner ketzerischen Ideen hingerichtet wurde, weiter ausgearbeitet. Der bedeutende Philosoph Ibn Arabi (1165–1240) sieht in Mohammed einen vollkommenen Menschen und die Nahtstelle zwischen der göttlichen und menschlichen Welt. Doch auch als vollkommener Mensch bleibt er ein Diener Gottes.

Natürlich besitzt der Prophet auch im politischen Bereich Vorbildcharakter. Er ist das Ideal des gerechten charismatischen Führers. Für viele ist er auch das Symbol der ideologischen Einheit der islamischen Gemeinde. Eine Reihe heutiger Denker betrachtet Mohammed als Sozialreformer, manche sogar als Sozialisten – mindestens aber als Verfechter einer gerechteren Gesellschaftsordnung. Mohammed gilt als Kritiker der mekkanischen Gesellschaft, die ohne Rücksicht auf religiöse Gebote einseitig am Profitstreben interessiert war. Aus diesem Grund setzte er sich für die unterprivilegierten Schichten, wie z.B. die Sklaven, ein. Die Muslime in aller Welt sollen diesem Beispiel Mohammeds nacheifern und gegen Unterdrückung, Verfolgung und ungerechte Systeme kämpfen. In seinem Namen sollen sie politische Willkür und die ungerechte Verteilung von Besitz ablehnen und sich aktiv für Brüderlichkeit und Solidarität einsetzen.

Eine der maßgebenden Gestalten der Religionsgeschichte

Wer war Mohammed wirklich? Der Vorwurf, er sei ein Betrüger und falscher Prophet gewesen, ist obsolet. Auch wenn ihn z.B. Karl Jaspers nicht zu den „maßgebenden Menschen" rechnet, ist Mohammed fraglos eine der bedeutendsten Gestalten der Religionsgeschichte. Sein aufrichtiges Anliegen und seine tiefen religiösen Erfahrungen bedürfen keiner besonderen Hervorhebung mehr. Seine Botschaft ist im Großen und Ganzen originell. Vollkommen unabhängig von vorherigen Traditionen und den Umweltfaktoren ist kein einziger Religionsstifter. Seine Genialität liegt vor allem in der Einheit der religiösen Gesamtkonzeption und der Originalität des religiösen Lebens (G.Mensching). Mohammed, dem die Lehren des Judentums und Christentums zumindest bruchstückhaft mündlich bekannt waren, ging von der Verwandtschaft der drei Abrahamsreligionen aus und stellte sich selbst in die Reihe der früheren Propheten (Adam, der Erwählte Gottes; Noah, der Prophet Gottes;

Abraham, der Freund Gottes; Mose, das Wort Gottes, und Jesus, der Geist Gottes). Sich selbst verstand er als Siegel (33, 40), d.h. als Abschluss der Propheten.

Christen sollten sich darüber klar werden, wie sehr die polemische Mohammed-Beurteilung in der Vergangenheit die Muslime verletzt hat. Sie sollten sich bemühen, die religiöse und geschichtliche Bedeutung Mohammeds anzuerkennen und zu verstehen versuchen, dass viele Menschen durch das Zeugnis Mohammeds zum Glauben an Gott geführt wurden.

Von westlicher Seite wurde insbesondere sein Verhältnis zum Krieg und zu Frauen kritisiert. Nach islamischem Verständnis kann ein Mensch aber nur dann Vorbild sein, wenn er alle Bereiche des menschlichen Lebens kennt und praktiziert. Der Prophet musste daher auch in Kriegsdingen erfahren sein, da trotz ethischer Gebote Gewalt bedauerlicherweise ein zentraler Bestandteil des menschlichen Lebens ist. Zur damaligen Zeit der Stammesfehden hätte die junge islamische Gemeinde auch keine Überlebenschance gehabt, wenn sie sich nicht zur Wehr gesetzt hätte. Die Eroberung von Mekka zeigt schließlich, dass Mohammed seine ehemaligen Feinde oft großzügig behandelte. Frühere christliche Kritik an der Anzahl von Mohammeds Frauen hat oft übersehen, dass die Einehe im damaligen Arabien kaum üblich war. Mohammeds Ehe mit Khadidja stellt somit eine wirkliche Ausnahme dar. Seine späteren Ehen waren oft von dem Bemühen getragen, Witwen und Waisen von gefallenen Mitmuslimen zu versorgen und und rivalisierende Stämme zu versöhnen. Nach den Überlieferungen kann man davon ausgehen, dass Mohammed viel zur Verbesserung der Stellung der Frau beigetragen hat, seine Frauen gut behandelte und auch die anderen Muslime dazu aufforderte. Mohammed kennzeichnete ein großes soziales Engagement. Entschieden setzte er sich für die Schwachen ein und war bemüht, unerträgliche Missstände zu mildern. Er schaffte zwar nicht die Sklaverei ab, was zu der damaligen Zeit auch völlig unüblich gewesen wäre. Aber er verlangte von den Gläubigen, dass sie ihre Sklaven gut behandeln sollten, und empfahl ihre Freilassung als religiös verdienstvoll. Das Privateigentum tastete er nicht an, obgleich er davon ausging, dass Wohlhabende die Verpflichtung besitzen, die Armen zu unterstützen.

Umgekehrt wäre es wünschenswert, wenn Muslime begreifen könnten, dass es Vorkommnisse in Mohammeds Leben gibt, die auf das Befremden des westlichen bzw. christlichen Betrachters stoßen. Dazu gehören die Ereignisse, bei denen Mohammed auch gegen zeitgenössische Rechtsnormen verstoßen hat: beispielsweise der Zug nach Nachla, bei dem einige Muslime Kampfhandlungen während der heiligen Monate unternahmen, was zunächst von Mohammed kritisiert, aber dann doch entschuldigt wurde. Ebenso stellt Muhammeds Verhalten gegenüber den Juden in Medina ein zwiespältiges Thema dar. Einerseits ist davon auszugehen, dass einige der Juden mit Mohammeds Gegnern gemeinsame Sache gemacht haben. Andererseits ist nicht zu leugnen, dass die Vertreibung zweier jüdischer Stämme und in einem Fall sogar Hinrichtung der Männer eines dritten Stammes Mohammed politisch willkommen waren. Dasselbe gilt für den Tod einiger politischer Gegner, bei deren Ermordung nicht völlig geklärt ist, ob sie auf Mohammeds Befehl erfolgte. Schließlich ist davon auszugehen, dass nicht alle späteren Ehen Mohammeds nur aus altruistischen Gründen geschlossen wurden.

Es wäre wünschenswert, wenn Muslime selbst trotz aller Verehrung vereinzelte Kritik zuließen, weil dies insgesamt zur Glaubwürdigkeit eines Dialogs beitragen könnte, bei dem beide Seiten auf Stärken und Schwächen ihrer Glaubensgeschichte eingehen.

Literatur: Peter Antes: Mohammed. In: Ders. (Hg.): Große Religionsstifter, München 1992, S. 91–114 – Hartmut Bobzin: Mohammed, München 2000 – Ders.: Art. Islam II. Islam und Christentum 7.–19. Jahrhundert. In: TRE 16 (1987), S. 336–349 – Ibn Ishaq: Das Leben des Propheten. Aus dem Arabischen übertragen und bearbeitet von Gernot Rotter, München 1988 – Gustav Mensching: Leben und Legende der Religionsstifter, Darmstadt 1955, neu hg. von Peter Parusel, Würzburg 1990 – Adel Th. Khoury: Der Islam im ostchristlichen Denken des Mittelalters, in: Concilium 12 (1976), S. 334 f – H. Kochwasser und R. Roemer (Hg.): Araber und Deutsche. Begegnungen in einem Jahrtausend, Tübingen 1974 – R. Paret: Mohammed und der Koran, Stuttgart – M. Rodinson: Mohammed, Luzern und Frankfurt 1975 – A. Schimmel: Und Mohammed ist Sein Prophet. Die Verehrung des Propheten in der islamischen Frömmigkeit, Düsseldorf u.a. 1981 – M. Watt: Mohammed, Prophet and Statesman, Oxford 1961 – Monika Tworuscha: Mohammed. Die Geschichte des Propheten, Düsseldorf 2001 (Jugendbuch) – Martin Bauschke: Jesus – Stein des Anstoßes, Köln-,Weimar-,Wien 2000 (Lit.) –

Johannes Lähnemann: Art. Islam III. Islam und Christentum im 20. Jahrhundert. In: TRE 16 (1987), S. 349–358 – Christian W. Troll/John J. Donohue (Hg.): Faith, power and violence. Muslims and Christians in a plural society, past and present, Rom 1998.

Wichtige Phasen der islamischen Geschichte

Die Zeit der „Rechtgeleiteten Kalifen"

Als Mohammed im Jahre 632 starb, war die Frage seiner Nachfolge nicht eindeutig geregelt. Die Mehrheit der Muslime einigte sich darauf, den Schwiegervater und langjährigen Gefährten des Propheten, Abu Bakr (632–634), zum ersten Kalifen (wörtl. Nachfolger, Stellvertreter) zu wählen. Seine erste wichtige Aufgabe bestand darin, den Aufstand einiger arabischer Stämme niederzuschlagen, die sich nach dem Tode Mohammeds nicht mehr an die mit ihm eingegangenen Vereinbarungen gebunden fühlten. Da sich die Stämme, die im Bündnis mit dem Islam waren, nicht mehr bekämpfen durften, musste ihr Hang zu Überfällen bald auf Gebiete außerhalb der arabischen Halbinsel gelenkt werden. Ein Jahr nach Mohammeds Tod hatte Abu Bakr die Lage so weit in der Hand, dass er Truppen nach Palästina, Syrien und dem Irak entsenden konnte. Der zweite Kalif, Umar (634–644), setzte diese Feldzüge nach dem Tod Abu Bakrs fort. Diese richteten sich zunächst gegen Provinzen des persischen und byzantinischen Reiches, die aufgrund innerer Streitigkeiten und durch lange gegeneinander geführte Kriege so erschöpft waren, dass die Muslime 636 in der Schlacht um Yarmuk (östlich des Sees Genezareth) die byzantinische Armee und ein Jahr später die persische Armee bei Qadisiya (Irak) vernichtend schlagen konnten. Dem Erfolg der Muslime kam ebenfalls zugute, dass sich viele orientalische Christen (Nestorianer und Monophysiten) von der in der oströmischen Kirche gültigen Lehrmeinung getrennt hatten und deshalb verfolgt wurden, so dass sie die Muslime oft geradezu als Befreier empfanden.

Zur Regierungszeit Umars gelang es den Muslimen, Syrien, Palästina, Unterägypten, den Irak und Teile Persiens zu besetzen. Es wurden Feldstädte errichtet (z.B. in Basra und Kufa), da die Soldaten nicht nach jedem Feldzug in ihre Heimat zurückkehren konnten. Die eroberten Länder entrichteten Abgaben an die Staatskasse.

Uthman (644–656), dem die in großen Teilen bis heute gültige Koranausgabe zu verdanken ist, wurde durch eine von Umar eingesetzte Beratungsversammlung zum dritten Kalifen ernannt. Uthman musste während seiner Regierungszeit einige sehr schwer lösbare Aufgaben bewältigen. So ging es einmal darum, den Sittenverfall in Medina zu verhindern. Außerdem musste das Steuereinkommen zwischen den Provinzen und der Zentralregierung verteilt werden; und schließlich war es notwendig, die nach Selbstständigkeit drängenden Statthalter zu kontrollieren. Um diese Probleme zu lösen, besetzte er eine große Zahl von Ämtern mit eigenen Verwandten, was ihm von verschiedenen Seiten zum Vorwurf gemacht wurde. Die Vertreter der einzelnen gegnerischen Gruppen – Aisha, die Witwe des Propheten in Medina; Amr, der von Uthman abgesetzte Statthalter Ägyptens, und Ali, der Vetter und Schwiegersohn des Propheten – verbündeten sich vorübergehend. Uthman wurde 656 unter nicht genau geklärten Umständen ermordet. Ali ging als siegreicher Kalif aus den Machtkämpfen hervor, doch auch seine Position war von Anfang an unsicher, da er der Kandidat einer bestimmten Partei und nicht der gesamten Muslime war. Außerdem hielten ihn die Anhänger Uthmans – in erster Linie der Statthalter von Damaskus, Muawiya – für schuldig am Tode des früheren Kalifen. Schon bald erschütterte ein Bürgerkrieg die junge muslimische Gemeinschaft. Ali stand einerseits den Anhängern Muawiyas, die Rache für Uthman forderten, und andererseits den beiden mekkanischen Führern, Talha und Zubair, gegenüber, die von Aisha unterstützt wurden. Ali musste mit seinen Gefolgsleuten in den Irak fliehen. Im weiteren Verlauf der Auseinandersetzung kam es zur Schlacht von Siffin (657) zwischen den irakischen Muslimen und den Anhängern Muawiyas in Syrien. Sie stand zwar im Zeichen der Rache für Uthman, aber es waren auch andere machtpolitische Interessen betroffen. Bei dieser Schlacht hefteten die Syrer Koranblätter an ihre Lanzen, um zu bekunden, dass sie den islamischen Bruderkampf verabscheuten und dass man sich einem Gottesurteil unterwerfen wolle. Ali war gezwungen, auf diese Forderung einzugehen. Letztlich ging es darum, ob Muawiya zu Recht Rache verlangte oder ob Uthmans Verhalten seine Ermordung rechtfertigen konnte.

Sunna und Shia

Bei dieser Diskussion bildeten sich die auch für die weitere Entwicklung bedeutsamen islamischen Gruppierungen heraus:
⇨ die Anhänger Muawiyas, die man als Vorläufer der Sunniten bezeichnen kann,
⇨ die Anhänger Alis, die späteren Shiiten,

⇨ und eine dritte Gruppe, die sich aufgrund der Ereignisse von Siffin von beiden Gruppen lossagte, die Kharadjiten (Ausziehenden).

Exkurs: Kharadjiten–Murdjiiten. Die Kharadjiten gehörten ursprünglich zur Gefolgschaft Alis, missbilligten dann jedoch seine Einwilligung zur Einberufung eines Schiedsgerichts nach der Schlacht bei Siffin und trennten sich von ihm und Muawiya. Das vorschriftsmäßige Handeln machte für sie das wichtigste Wesensmerkmal des Islam aus. Sie vertraten die Ansicht, dass Menschen von ungenügender Frömmigkeit, wie Ali und schon vor ihm Uthman, nicht Leiter der Gemeinde sein dürfen. Die Gläubigen sind demnach befugt, ihr Oberhaupt zu wählen und gegebenenfalls abzusetzen. Leiter der Gemeinde soll der beste Muslim sein ohne Rücksicht auf Abstammung, Rasse oder Rang – eine Einstellung, die später viele Anhänger bei den nichtarabischen Muslimen fand. Als Gegenreaktion auf diese Thesen entstand später die Gruppe der Murdjiiten, die jede Obrigkeit anerkannten, solange diese nicht die Einheit Gottes leugnete. Die Gläubigen sollen sich den Herrschern unterordnen, während das Urteil über deren Rechtschaffenheit bis zum Jüngsten Gericht zu verschieben sei, wenn sich jeder Gott gegenüber verantworten müsse (Murdjiiten: wörtl. die Aufschiebenden).

Einige wesentliche Unterschiede zwischen Sunniten und Shiiten. Entstehung:

Die Trennung der Shia (Shia = Abspaltung, Partei) von der Sunna (= Orthodoxie) vollzog sich, als die Gläubigen sich nach dem Tod Mohammeds nicht über die Person des Nachfolgers einigen konnten.

Sunniten/Shiiten

Sunniten:	**Shiiten:**
Bezeichnung für alle diejenigen Muslime, die getreu der historischen Realität in Abu Bakr, Umar, Uthman und dann erst Ali die vier ersten „rechtgeleiteten Kalifen" sehen.	Bezeichnung für alle diejenigen Muslime, die Ali, den Vetter und Schwiegersohn und späteren vierten Kalifen, als ersten rechtmäßigen Nachfolger Mohammeds ansehen.

Anforderungen an das Gemeindeoberhaupt

Sunniten und Shiiten unterscheiden sich in ihren Forderungen bezüglich des Leiters der Gemeinde, der in der Sunna als Kalif und in der Shia als Imam bezeichnet wird.

KALIF:
- muss zum Stamm des Propheten gehören
- muss sich in den religiösen Quellen auskennen
- muss politische Eignung besitzen

IMAM:
- muss ein Nachkomme Alis sein. Die Ansichten der verschiedenen shiitischen Gruppen über die Gestalt des Imams variieren.

extreme Shiiten	Ismailiten	Zwölfershiiten	Zaiditen
glauben an das Einwohnen Gottes in Ali und vielen seiner Nachkommen, den Imamen. Sie sind heute noch als kleine Splittergruppen, z.B. in Syrien, verbreitet.	Die I. glauben. dass der schon vor seinem Vater gestorbene Sohn des 6. Imams, Ismail, der rechtmäßige 7. Imam sei, in der Verborgenheit weiterlebt und eines Tages als Mahdi auf die Welt zurückkehren wird. Die I. werden daher auch Siebenershia genannt. Eine Untergruppe der I. trat im 10. Jh. für Gleichberechtigung und Gütergemeinschaft ein (die Qarmaten) und gelten heute bei manchen Denkern als frühe Sozialisten. Die I. sind heute in Jemen, Iran, Indien, Syrien und Afrika verbreitet.	Diese bedeutendste Gruppe benennt sich nach dem 12. Imam, Muhammad ibn Hasan al-Mahdi, der nach ihrer Überzeugung in die Verborgenheit entrückt wurde, dort weiterlebt und einst als Mahdi zurückkehren wird. Während seiner Abwesenheit sollen qualifizierte Theologen die Leitung der Gemeinde übernehmen. Die Z. sind hauptsächlich im Iran verbreitet.	Die Z. halten im Gegensatz zu den Zwölfershiiten und den Isma-iliten Zaid, den Sohn des 4. Imams, für den rechtmäßigen Nachfolger. Die Z. verlangen, dass der Imam, abgesehen von der Abstammung von Ali, geistige Fähigkeit besitzen und um sein Amt kämpfen muss. Sie lehnen die Vererbung der Imamatswürde und den Mahdiglauben ab.

Einige Unterschiede in der Lehre:

1. Der Mahdiglaube (Mahdi wörtl.: „der unter göttlicher Leitung Stehende"): Die Siebener- und Zwölfershia erwarten die Rückkehr des verborgenen Imams, der frei von Sünde und Irrtum ist, aus göttlichem Recht regieren und eine gerechte Gesellschaft errichten wird. Auch die Sunniten erwarten einen Wiederhersteller des Islam, der jedoch nicht notwendigerweise Mahdi genannt wird. Der Mahdigedanke ist vor allem im Volksglauben stark ausgeprägt. Man geht davon aus, dass am Ende der Zeiten, wenn Unterdrückung und Bosheit ihr Höchstmaß erreicht haben, ein Mann aus der Familie Mohammeds erscheinen wird, der Recht und Gerechtigkeit aufrichten wird.

Dazu gibt es einen Prophetenausspruch: „Einen Tag vor Vollendung der Zeiten wird Allah einen Mann aus den Meinen herrufen, der die Erde mit Gerechtigkeit füllt, die bisher von Ungerechtigkeit erfüllt war. Wenn der Mahdi kurze Zeit bei meinem Volke wohnen wird, so werden es sieben Jahre sein, oder er wird neun Jahre bleiben. Meinem Volke wird es in dieser Zeit so wohl ergehen, wie man es noch nie rühmen hörte; die Erde wird ihm gute Nahrung bringen und ihm nichts verweigern. Das Geld wird man mit Füßen treten; ein Mann wird sich erheben und sagen: „O Mahdi, gib mir, und der Mahdi wird antworten: Nimm."

2. Menschenbild: In der Shia gibt es im Gegensatz zur Sunna unter dem Einfluss des Neuplatonismus den Gedanken einer Gottebenbildlichkeit.

3. Die in der Sunna seit dem 9. Jh. untersagte Möglichkeit, nach dem Studium der religiösen Quellen neue Entscheidungen zu treffen (Idjtihad), besteht in der Shia weiter.

4. Die Shia hat ein besonderes Verhältnis zum Leiden und zum Märtyrertum, das durch die Umstände beim Tod Husains bedingt ist.

5. In der Shia besteht generell eine große Aufgeschlossenheit gegenüber philosophischen und mystischen Vorstellungen.

Das in der Schlacht von Siffin geforderte Schiedsgericht erklärt die Ermordung Uthmans für nicht gerechtfertigt, worauf Alis Position immer mehr erschüttert wurde. Alis Ermordung im Jahr 661 ebnete dann Muawiya, dem ersten Umaiyadenkalifen, den Zugang zum Nachfolgeamt des Propheten.

Die Zeit der Umaiyaden

Die Umaiyaden leiten ihren Namen von Umaiya ab, dem Stammvater einer einflussreichen Sippe der Quraishiten. Mit der Herrschaft der Umaiyaden wurde das Wahlprinzip der vier „Rechtgeleiteten Kalifen" durch eine dynastische Erbfolge ersetzt. Die Übernahme des Kalifats durch die Umaiyaden stellte auch insofern einen bedeutenden Unterschied zur vorherigen Praxis dar, als sich diese Familie wie die übrige herrschende Schicht in Mekka lange dem Propheten widersetzt hatte und erst spät und nicht nur aus rein religiösen Motiven zum Islam übergetreten war. Die ersten drei Kalifen aus der Dynastie, Muawiya, Yazid I. und Muawiya II., stammten aus einem Hauptzweig der Familie, während mit Marwan ibn al-Hakam (684–685) und dessen Sohn Abd al-Malik (685–705) eine Nebenlinie an die Macht kam. Während der Regierungszeit der Umaiyaden (661–750) wurden die begonnenen Expansionen zu Ende geführt. Muslimische Truppen eroberten Nordafrika, und im Jahre 711 überschritt der Feldherr Tarik die später nach ihm benannte Meerenge von Gibraltar (wörtl. Djabal Tarik = Berg Tariks). Das spanische Gotenreich brach zusammen, und die Muslime drangen weiter nach Westen vor, bis im Jahr 732 dem islamischen Vormarsch durch das Eingreifen von Karl Martell ein Ende bereitet wurde. Im Osten erreichten die Muslime bereits im Jahr 711 von Südpersien aus das Industal. In Mittelasien kamen einige Jahre später die Städte Samarkand und Buchara unter islamische Herrschaft, und bald darauf begann eine allmähliche Islamisierung der Türken.

Infolge der schnellen und weiten Ausdehnung des Reiches wurde der Verwaltungsapparat der eroberten Gebiete übernommen, und viele Nichtmuslime – in erster Linie Juden und Christen – hatten hohe Regierungsämter inne. Die Angehörigen der verschiedenen Religionen wurden im Allgemeinen geschützte Minderheiten. Die Nichtmuslime galten als Schutzbefohlene, die in ihren inner-religiösen Angelegenheiten weitgehend Autonomie genossen und gegen Angriffe von außen verteidigt wurden. Dieser Status der Schutzbefohlenen war zunächst für Juden und Christen und dann für Zoroastrier geschaffen worden, weil diese als Buchreligionen galten. Später hatte dieser Status auch für den Hinduismus Gültigkeit. Man begründete dies damit, dass diese indische Nationalreligion ihrem ursprünglichen Wesen nach eine monotheistische Philosophie sei, obwohl im Volksglauben Götzendienst praktiziert würde. Im Allgemeinen bestand zur Umaiyadenzeit kein großes Interesse an der Bekehrung der Nichtmuslime, da diese neben der auch von den Muslimen geforderten Bodensteuer eine so genannte Kopfsteuer entrichten mussten, die eine wichtige Einnahmequelle der Staatskasse darstellte. Erst Abd al-Malik ordnete das Steuerwesen neu, ließ arabische Münzen prägen und führte das Arabische neben dem Griechischen als Amtssprache ein. Das Ara- bische wurde nunmehr nicht nur als „heilige Sprache", sondern auch als politisches Instrument zur Einigung des islamischen Reiches eingesetzt. Als Sprache der Gebildeten wurde es bis in unser Jahrhundert gepflegt und verdrängte die vorislamischen, z.B. koptischen, aramäischen oder auch manischen Dialekte fast vollständig.

Eine wichtige Ursache für den späteren Niedergang der Umaiyadendynastie lag in der Unzufriedenheit der nichtarabischen Neumuslime (Mawali), die sich von den Vertretern dieser ursprünglich arabischen Dynastie zurückgesetzt fühlten. Die Familien der Prophetengenossen, die während der Umaiyadenzeit in den Hintergrund gedrängt worden waren, übten ebenfalls Kritik, insbesondere am Lebensstil der Umaiyadenherrscher, deren Frömmigkeit zunehmend hinter weltlichen Interessen zurücktrat. Obschon von den Umaiyaden der Grundstein der kulturellen Blüte der Abbasiden, insbesondere auf dem Gebiet der Architektur, gelegt worden war, musste der Bau allzu üppiger Schlösser sowie die Vorliebe einiger Kalifen für Wein, Musik und andere Formen leichter Unterhaltung geradezu die Ablehnung jener Muslime hervorrufen, die eine verweltlichte Herrschaft nicht mit den religiösen Anforderungen für das Nachfolgeamt des Propheten für vereinbar hielten. Schließlich waren es die Unzufriedenheit arabischer und nichtarabischer Bevölkerungsteile, deren Aufstände zum Teil blutig niedergeschlagen wurden, die Opposition in Persien, die Gegnerschaft shiitischer und kharadjitischer Kreise sowie die immer stärker werdende Unabhängigkeit einzelner Gouverneure, die 749/750 den Umsturz durch die Abbasiden ermöglichten. Die oben erwähnte Kritik am religiösen Lebenswandel der Umaiyaden hat dazu beigetragen, dass diese Dynastie bis heute bei vielen Kritikern nicht als Kalifat, sondern als Königsherrschaft gilt. Von heutigen arabischen Nationalisten allerdings werden die

Umaiyaden als Vertreter eines arabischen Großreichs eher positiv gesehen.

Das islamische Reich zur Zeit der Abbasiden

Die Abbasiden führten ihre Herkunft auf einen Onkel des Propheten, al-Abbas ibn Abd al-Muttalib ibn Hashim, zurück. Ihr Vorgehen gegen die Umaiyaden gehört zu den Oppositionsbewegungen, die für die Übernahme des Kalifats durch einen Verwandten des Propheten eintraten und die allgemeine Unzufriedenheit gegen ihre Vorgänger ausnutzen konnten. Nur einem Mitglied der Umaiyadenfamilie, Abd ar-Rahman, gelang es, den Verfolgungen der Abbasiden zu entkommen. Er floh über Nordafrika nach Spanien und gründete dort in Cordoba ein Gegenemirat, das 938 von Abd ar-Rahman III. in ein Kalifat verwandelt wurde und bis 1031 bestand. Das Kalifat von Cordoba erlangte unter diesem Herrscher seine größte innere Geschlossenheit und Blüte. Bereits der zweite Abbasidenkalif, al-Mansur (754–775), der nach dem Gründer der Dynastie, Abu'l-Abba's das Amt übernahm, verlegte die Hauptstadt von Damaskus nach Bagdad. Ihm gelang es auch, den Einfluss seiner Familie gegen die Gegnerschaft von Umaiyadenanhängern, Shiiten und anderen Kritikern der Umaiyaden, die sich übergangen fühlten, zu bewahren. In der vom Buddhismus zum Islam übergetretenen persischen Adelsfamilie der Barmakiden fanden al-Mansur und seine Anhänger geschickte Helfer beim Aufbau eines neuen Staats- und Verwaltungsapparats. Die Rolle dieser Familie ist typisch für den zunehmenden persischen Einfluss während der Abbasidenzeit. Auf die beiden Kalifen al-Mahdi (775–785) und al-Hadi (785–786) folgte Harun ar-Rashid (786–809), dessen Regierungszeit einen kulturellen Höhepunkt darstellt und Hintergrund für die Märchen aus „Tausendundeine Nacht" sind. Nach seinem Tode entwickelte sich der Streit zwischen seinen Söhnen al-Amin und al-Mamun zu einer Art Bürgerkrieg, in dem auch eine Gegnerschaft zwischen Persien und dem Irak zum Ausdruck kam.

Obwohl als offizielles Ende der Abbasidendynastie die Eroberung Bagdads durch die Mongolen im Jahre 1258 gilt, war ihre Position schon vom 10. Jahrhundert an mehr oder weniger nomineller bzw. rein geistlicher Natur. Schon vorher war die Herrschaft über

Syrien und Ägypten an die Tuluniden (868–905) sowie Nordafrika an die unabhängige Dynastie der Aghlabiden verloren worden. Dort regierten später die teilweise bis Spanien vordringenden Dynastien der Almorawiden, Almohaden und Abdalwadiden. Der General des siegreich aus dem Thronstreit hervorgegangenen Mamun, at-Tahir, gründete in Khorasan die Tahiridendynastie. Unter Mamun (813–833) und seinem Nachfolger al-Mutasim (833–842) verstärkte sich der türkische Einfluss, während unter dem Kalifen al-Mustakfi (944–46) die iranisch-schiitischen Buyiden faktisch die Macht übernahmen. Etwa ein Jahrhundert später wurden sie von den türkisch-sunnitischen Seldschuken verdrängt (1055). Es gab nun schon lange kein geschlossenes islamisches Reich mehr, sondern eine islamische Welt, in der das Kalifat vornehmlich geistliche Autorität genoss und die Lokalherrscher in den verschiedenen Gebieten sich offiziell vom abbasidischen Schattenkalifat in ihrem Amt bestätigen ließen. Auch die Bujiden und Seldschuken erkannten das Kalifat in Bagdad an. Lediglich das Umaiyadenkalifat in Cordoba und die Fatimiden, die von 909–1171 in Ägypten ein schiitisches Gegenkalifat errichtet hatten, billigten die abbasidische Oberhoheit nicht.

Im Jahr 1258 bereitete der Mongolensturm dem Abbasidenkalifat ein Ende. Trotz der machtpolitischen Aufsplitterung des Abbasidenreichs vermochten es die spanischen Umaiyaden und die Fatimiden im Westen sowie die Tahiriden und Samaniden (Nachfolgedynastie der Tahiriden 873–999 in Transoxanien) im Osten, eine glanzvolle Kultur zu entfalten.

Die Literatur und die Wissenschaften wurden gefördert, und es gab zahlreiche Beispiele prachtvoller Baukunst. Kalifen wie Harun und Mamun hatten sich für die Übersetzung von philosophischen, naturwissenschaftlichen und medizinischen Werken aus der Antike eingesetzt, die dann später zum Teil in Sizilien und Spanien in das Lateinische übertragen wurden. Die Rezeption von hellenistischen Elementen in die islamische Kultur sowie die Weiterentwicklung dieser Erkenntnisse durch die Muslime selbst hatten zur Folge, dass eine Überlegenheit des Orients gegenüber dem Okzident bestand. Eine Kehrseite dieser Medaille bestand darin, dass die ärmeren Bevölkerungsteile in Stadt und Land häufig ausgebeutet wurden. Deshalb kam es auch zu verschiedenen Aufständen, so z.B. zur Revolte der für die Salzgewinnung bei Basra eingesetzten schwarzen

Sklaven, die den Südirak Ende des 9. Jahrhunderts fünfzehn Jahre lang der Kontrolle der Zentralgewalt entzog. Viele dieser Aufstände leiteten ihre Rechtfertigung aus der Argumentation frühislamischer Bewegungen, wie der Shiiten und Kharadjiten, ab. Im Gegensatz zur Umaiyadenzeit kam es während der Herrschaft der Abbasiden vermehrt zu Glaubensübertritten, die teilweise durch die sozialen und finanziellen Einschränkungen der Nichtmuslime begünstigt wurden. Die Übertritte zum Islam erfolgten in den einzelnen Gebieten unterschiedlich. Relativ viele Neumuslime stammten aus dem alten Perserreich, wo der Zoroastrismus aufgrund einer gewissen Erstarrung viel von seiner ursprünglichen Anziehungskraft verloren hatte. Die Übertritte von Juden und Christen waren im Verhältnis geringer, obwohl im Lauf der Jahrhunderte eine beträchtliche Anzahl zusammenkam.

Die Kreuzzüge und der Kulturaustausch

Obwohl die Kreuzzüge nach islamischem Selbstverständnis bei weitem nicht die zentrale Bedeutung besaßen, welche sie für die Europäer hatten, stellen sie dennoch eine wichtige Epoche der Begegnung zwischen Orient und Okzident dar. Es gab verschiedene innereuropäische Kreuzzugsursachen: Überbevölkerung, Hungersnöte, ritterliche Abenteuerlust, wirtschaftliche und soziale Spannungen, die Tradition der Bußwallfahrten, die Lehre vom „Bewaffneten Heidenkrieg" sowie der in Aussicht gestellte Sündenerlass. Aber auch außereuropäische Anlässe sind an dem Geschehen mitverantwortlich, wie z.B. die Christenverfolgung der Fatimiden unter al-Hakim Anfang des 11. Jahrhunderts sowie das Vordringen der Seldschuken infolge der Niederlage der Byzantiner bei Malazgirt 1071. Diese Ereignisse übten eine propagandistische Wirkung zugunsten der Kreuzzugswerbung aus. Da die Position der Seldschuken, unter deren Kontrolle damals das abbasidische Kalifat stand, aufgrund des Einflussgewinns turkmenischer Gruppen und der ständigen Gegnerschaft zu dem in Ägypten, Teilen Arabiens und Palästinas ansässigen Fatimidenkalifats bereits geschwächt war, konnten die Kreuzfahrer zunächst mehrere militärische Erfolge erringen und die Kreuzfahrerstaaten Edessa, Antiochia, Jerusalem und Tripolis gründen. Die Wende zugunsten der Muslime trat durch die Rückeroberung Edessas unter dem

Gründer der Zangidendynastie, Imad ad-Din Zangi (1127–1149), ein. Sein Sohn Nur ad-Din Zangi (1149–1174), der Syrien in sein Herrschaftsgebiet eingliederte und sowohl ein erbitterter Gegner der Fatimiden als auch der Franken war, rief im Zusammenhang mit dem Widerstand gegen die Kreuzfahrer zum Djihad auf. Die bedeutendste und von beiden Seiten geachtete Gestalt der Kreuzzugsgeschichte war Salah ad-Din (Saladin) ibn Ayyub. Er stürzte 1171 das Fatimidenkalifat, wehrte die Franken in Ägypten ab und zerstörte schließlich durch den Sieg von Hittin das Königreich Jerusalem (1187). Der 3. Kreuzzug Barbarossas sowie des englischen und französischen Königs vermochte nur einen kleinen Küstenstreifen des heutigen Libanon zu christianisieren, während die päpstliche Expedition unter dem Legat Pelagius (1219–21) nach dem Sieg der ägyptischen Ayvubiden unentschieden endete. Der Kreuzzug Friedrichs II. (1229) führte schließlich zur Rückgabe Jerusalems ohne die heiligen Stätten des Islam. Das christliche Königreich Jerusalem hatte aber nur bis zur islamischen Wiedergewinnung (1244) Bestand. Der Kreuzzug Ludwigs des Heiligen gegen Damiette (1226–1270) fiel mit dem Aufstieg der Mamluken zusammen, türkische Prätorianer, die vormals in türkischen Diensten standen. Sie eroberten im Verlauf des 13. Jahrhunderts die letzten fränkischen Festungen. Nach dieser Zeit scheiterten alle abendländischen Versuche, wieder in Palästina Fuß zu fassen.

Bemerkenswert ist die unterschiedliche Bewertung der Kreuzzüge aus christlicher und islamischer Sicht. Während es sich auf der christlichen Seite um Feldzüge handelte, die in einem religiös-ideologischen Gesamtzusammenhang standen, besaßen die Kreuzzüge für die islamische Welt nicht annähernd die gleiche zentrale und existenzielle Bedeutung. Sie wurden in der zeitgenössischen islamischen Geschichtsschreibung weniger als europäischer Großangriff, sondern mehr als mit früheren vergleichbare Grenzzwischenfälle betrachtet. Man sah auch keinen Zusammenhang zwischen den einzelnen Kreuzzügen, weil diese gegen verschiedene Gebiete der islamischen Welt gerichtet waren. Auch die religiösen Beweggründe wurden den Muslimen in der Regel nicht deutlich. Auf der anderen Seite führten die Kreuzzüge zu einem fruchtbaren Kulturaustausch mit Europa.

Eine besondere Rolle kommt dabei dem maurischen Spanien zu, das unter islamischer Herrschaft eine besondere kulturelle Hochblüte erlebte. Zunächst ist auf die zahlreichen Lehnwörter hinzu-weisen, die sich noch heute in unserem Alltagssprachgebrauch fin-den: z.B. Admiral, Algebra, Alkohol, Aprikose, Baldachin, Benzin, Damast, Diwan, Gamasche, Jacke, Kaffee, Magazin, Matratze, Muskat, Mütze, Orange, Razzia, Satin, Sofa, Tabak, Tarif, Ziffer, Zucker. Diese Worte lassen ahnen, wie sehr die islamische Kultur die abendländische Lebensweise beeinflusst hat. Das Abendland übernahm auf verschiedenen Gebieten vom islamischen Orient wichtige Erkenntnisse:

1. Naturwissenschaften
Die Muslime sammelten den umfangreichen Wissensschatz der alten Welt (Inder, Babylonier, Ägypter, Perser und Griechen), übersetzten die wichtigsten Werke und gaben das gewonnene Wissen weiter. Sie begnügten sich jedoch nicht mit der Rolle des Kulturvermittlers, sondern entwickelten die gewonnenen Er-kenntnisse weiter. Gleichzeitig waren sie auch die eigentlichen Begründer der wissenschaftlichen Forschung in Gebieten wie Algebra, Arithmetik, Chemie, Physik und Geologie. Besondere Erwähnung verdient das Dezimalsystem. Die Verwendung der sog. arabischen Ziffern erleichterte das Rechnen wesentlich und schuf die Voraussetzung für die moderne Mathematik. Die von den Babyloniern und Griechen übernommenen astronomischen Kenntnisse ergänzten sie durch eigene Himmelsbeobachtungen. Islamische Ärzte wiesen als erste den Blutkreislauf nach, besaßen Kenntnisse über Infektion und Asepsis, wussten um die Funktion der Gebärmutter und beschrieben bereits Krankheiten wie Ma-sern und Gelenkrheumatismus. Auch wandten sie bereits die Vollnarkose an und praktizierten fortschrittliche Operations-techniken. Die Arzneimittelkunde wurde entwickelt, und auch viele natürliche Heilmittel wurden angewandt. Insbesondere die Versorgung in den Krankenhäusern war selbst für die ärmeren Bevölkerungsschichten vorbildlich.

2. Technik und Handel
Islamische Techniker leisteten z.B. Beachtliches bei der Bearbei-tung des Eisens. Von ihren Schmiedeerzeugnissen blieben beson-ders die Schwertklingen lange Zeit unübertroffen (Damaszener Klinge). Von den Chinesen lernten sie die Papierherstellung und

übernahmen und verbesserten ihre Drucktechnik. Auf dem Gebiet der Schifffahrt wurde der Kompass erfunden und bereits im 11. Jahrhundert von arabischen Seeleuten benutzt. Bereits im 12. Jahrhundert war bei den Muslimen das Schießpulver bekannt und ein knappes Jahrhundert später der Raketenantrieb. Islamische Chemiker wandten anstelle der früher üblichen Schmelzmethoden neue Lösungsverfahren unter Verwendung von Schwefelsäure, Salzsäure und Salpetersäure an. Außerdem importierten die Europäer, z.b. die Republik Venedig, viele der wertvollen orientalischen Stoffe und Tücher (z.B. Brokat, Damast).

3. Baukunst
Die Bündelpfeiler der Gotik besaßen arabische Vorbilder, und die Glockentürme jener Zeit orientierten sich in ihrer Bauweise teilweise am Minarett der Moschee. Insbesondere in England und Frankreich lässt sich ein bedeutender Einfluss der orientalischen Burgenbautechnik beobachten: Die frühmittelalterliche Ringburg, die oft aus einer Mischung von Holz und Stein gebaut worden war, wurde durch festgemauerte morgenländische Anlagen ersetzt. Ebenfalls sind Zinnen, Mauertürme und Wehrerker islamischen Ursprungs.

4. Dichtung und Musik
Die kunstvoll entwickelte Reim- und Gesangskunst der arabischen Beduinen beeinflusste die Liebeslyrik der mittelalterlichen Minnesänger und Troubadoure entscheidend. Die islamischen Musikformen fanden in erster Linie über das maurische Spanien Eingang nach Europa. Viele auch heute noch benutzte Musikinstrumente sind orientalischen Ursprungs, z.B. Gitarre, Horn, Laute, Querflöte, Trompete, Schalmei, Zimbel.

5. Theologie und Philosophie
Die erwähnte Koranübersetzung, die Robert of Ketton im Jahre 1143 auf Anregung von Petrus Venerabilis verfasste, kann sicherlich auch im Zusammenhang mit den Kreuzzügen gesehen werden. Unter der Einwirkung des Islam wurden auf der christlichen Seite auch alte Argumente gegen die Bilderverehrung wieder aufgegriffen, und die Theologen kamen zu einer tieferen Erfassung der Funktion des Bildes. Arabische Aristoteles-Kommentatoren, wie z.B. Avicenna, hatten einen beträchtlichen Einfluss auf

Thomas von Aquin und Meister Eckhart. Dieser großartige Kulturaustausch im Mittelalter stellte gewissermaßen für die Muslime einen nachträglichen psychologischen Ausgleich dafür dar, dass sie später in der Kolonialzeit vom Westen überfremdet wurden. Verständlicherweise wird daher auch heute noch das christliche Mittelalter von Muslimen als Zeit der Rückständigkeit beschrieben und der eigenen Kulturblüte gegenübergestellt.

Die Zeit vom Ende des Abbasidenkalifats bis zum 19. Jahrhundert

Von 1258 bis in das 16. Jahrhundert gab es in Ägypten ein sog. Scheinkalifat der Abbasiden, das jedoch weitgehend nur lokale Anerkennung genoss. Einige unabhängige muslimische Herrscher benutzten ebenfalls den Ehrentitel „Kalif", jedoch ohne ihn in seiner ursprünglichen Bedeutung verwenden zu können. Im 18. Jahrhundert traten die Osmanen mit der Behauptung auf, der letzte Abbasidenkalif in Kairo hätte ihnen im 16. Jahrhundert den Titel übertragen. Daher nannten sich ihre Herrscher wieder Kalifen, bis das Kalifat von Kemal Atatürk im Jahre 1923 nach dem Zusammenbruch des Osmanischen Reichs endgültig abgeschafft wurde. Das von muslimischen Herrschern im 13. Jahrhundert in Delhi gegründete Sultanat sowie andere Gebiete Indiens gerieten später unter die Herrschaft des Mogulreichs, dessen Blütezeit von 1526 bis zum Anfang des 18. Jahrhunderts dauerte. Eine besondere Erwähnung verdient der Mogulherrscher Akbar (1556–1605), der sich durch große Toleranz gegenüber den Hindus auszeichnete und eine eigene synkretistische Religion gründete (»Religion Gottes«). Im 14. Jahrhundert verdrängten die Osmanen die Seldschuken aus Kleinasien, die dort fast drei Jahrhunderte geherrscht hatten. Die Osmanen bildeten das letzte islamische Großreich. Ursprünglich handelte es sich bei den Osmanen um türkische Nomaden, die vor den Mongolen nach Westen geflohen waren. Dank der dauerhaften militärischen und verwaltungstechnischen Organisation ihres Staates und einer ausgeprägten Kontinuität in der Führung gelang es ihnen, ein sehr großes Gebiet jahrhundertelang zu verwalten. Früh bildeten die Sultane eine auf sie eingeschworene eigene Elitetruppe aus jungen Christen (die so genannten Janitscharen), die durch Knabenlese der Reichsbevölkerung entnommen wurden. Hauptstädte des Reiches waren zunächst Bursa, dann Edirne und Istanbul. Die Osmanen drangen bis nach Europa vor. Murad I. (1362–1389) eroberte Teile Serbiens, Bosniens und Bulgariens, während Beyazid I. (1389–1402) Feldzüge bis nach Thessalien und zur Donau unternahm. Venedig, der Papst und Byzanz stellten ein europäisches Heer gegen ihn zusammen, das er bei Nikopolis schlug (1396). Nach dem osmanischen Vormarsch in Europa kam es im Jahre 1402 zu Zusammenstößen mit Timur an der östlich-islamischen Front. Mehmed I. (1413–20) und seinem Sohn Murad II. (1420–1451) gelangen sowohl die Konsolidierung des Reiches als auch die Eroberung Konstantinopels (1453), Serbiens (1459), Bosniens (1463), verschiedener Städte in Anatolien sowie wichtiger Gebiete der Genueser, wie die Moldau (1455) und die Krim (1475). Selim I. (1512–1520) konnte durch seinen Sieg über die Safawiden und Mamluken (1516/17) Syrien und Ägypten in sein Reich einverleiben. Franz I. von Frankreich verbündete sich mit Süleyman dem Prächtigen (1520–1566), der durch die Eroberung Ungarns (1526) zum Nachbarn des Habsburgerreiches geworden war.

Gegen dieses osmanisch-französische Bündnis bemühten sich Ferdinand und Karl V. um eine habsburgisch-safawidische Verbindung, der jedoch nicht viel Erfolg beschieden war. Indirekt unterstützte Süleyman sogar den Protestantismus, dem die ständige Türkengefahr Möglichkeiten bot, den Habsburgern Zugeständnisse abzutrotzen. Unter Süleyman kam es zu prächtigen Bauten von Moscheen, Schulen, Bibliotheken, Krankenhäusern, Bädern und Armenküchen, die von gut organisierten Rechtsgelehrten verwaltet wurden. Im Milletsystem, das den nichtmuslimischen Minoritäten Selbstverwaltung in eigenen religiösen und rechtlichen Angelegenheiten zubilligte, fanden die besiegten Völker die Möglichkeit, ihre religiöse und kulturelle Identität zu bewahren. Obwohl einige weitere Eroberungen glückten, setzte nach Süleyman der allmähliche Niedergang ein.

Die Kosten der Feldzüge wuchsen ins Unermessliche. Eine fehlende Wirtschaftspolitik ließ drastische Steuererhöhungen als notwendig erscheinen, was u.a. zur Landflucht führte. Diese Verhältnisse zeigten schon bald militärische Konsequenzen. Die zweite Belagerung Wiens (1683) scheitert und nach dem Frieden von Karlowitz (1699) ging Ungarn verloren. Dank der Rivalität der europäischen Mächte konnte das Reich ein weiteres Jahrhundert bestehen.

Danach war der Niedergang nicht aufzuhalten. Griechenland, Serbien, die Moldau und die Walachei wurden unabhängig (1829). Schon vorher hatte Selim II. (1798–1806) Reformversuche unternommen, um das Heer neu zu organisieren und die bestehenden Missstände abzuschaffen; jedoch wurde er zu früh von den Janitscharen, die sich bedroht fühlten, abgesetzt. Nach einer späteren Zeit notwendiger Reformen schlossen sich 1907 verschiedene Gruppen zu den sog. Jungtürken zusammen, deren Herrschaft (1908–1918) jedoch nicht die Unabhängigkeitserklärung Bulgariens sowie die Eroberung Bosnien-Herzegowinas durch Österreich und die Kretas durch Griechenland verhindern konnte. Nach den Balkankriegen 1912/13 gingen weitere Gebiete verloren, bis vom ehemaligen Osmanischen Reich nach dem 1. Weltkrieg nur noch die heutige Türkei übrig blieb.

Religiöse Ausdehnung unabhängig von der politischen Expansion

Die islamische Geschichte zeigt, dass die politische Eroberung vieler Länder im Allgemeinen der Bekehrung der Bewohner zum Islam vorausging und dass eine Eroberung nicht unbedingt einen Glaubensübertritt zur Folge haben musste. Anders sah es in Teilen Afrikas, Südostasiens und Ostindiens aus. Hier wurde die islamische Religion vor der Errichtung politischer Herrschaft verbreitet. In China hingegen kam es zu einzelnen Übertritten, es folgte aber keine dauerhafte politische Beherrschung. Diese Verbreitung der islamischen Religion über die Grenzen des politischen Reiches hinaus ist in erster Linie der Initiative islamischer Händler zu verdanken, die in Afrika und Asien von ihrer Religion berichteten und sie den dortigen Bewohnern vorlebten. Auf diese Weise entstanden in Afrika einige Reiche, wie Mali, Ghana oder das Songhai-Reich (1587), deren Oberschicht teilweise aus handelspolitischen Erwägungen Muslime geworden waren. Die Ausübung des Islam blieb hier, ähnlich wie auch in Malaya und Ostindien, auf einige Familien beschränkt und war stark mit einheimischem Brauchtum verbunden. Organisierte Mission entstand im Islam erst im 19. und 20. Jahrhundert, wobei man sich am christlichen Vorbild orientierte. Heute finanzieren hauptsächlich Länder wie Saudi-Arabien und Libyen solche Missionsbemühungen.

Das 19. Jahrhundert

Einige wichtige politische Ereignisse

Als Auftakt der Geschichte des Vorderen Orients im 19. Jahrhundert gilt im Allgemeinen Napoleons Ägyptenfeldzug (1798). Für viele, die von einem zivilisatorischen europäischen Sendungsbewusstsein ausgehen, gilt dieses Jahr auch deshalb als Wendepunkt, weil sie grundsätzlich voraussetzen: Die islamische Welt sei rückständig (gewesen) und erst durch den Kontakt mit dem Westen in die Lage versetzt worden, in politischer, wirtschaftlicher und kultureller Hinsicht einen Aufschwung zu nehmen. Wenn auch die neuere Forschung dem Datum 1798 nicht die gleiche Bedeutung beimisst, auf „Kontinuitätsstränge der vorderorientalischen Geschichte über dieses magische Datum hinaus hinweist und die eigenständigen wirtschaftlichen und kulturellen Entwicklungsmöglichkeiten der islamischen Welt erwähnt" (A.Schölch), so kommt diesem Jahr durchaus symbolische Bedeutung zu. Denn um die Wende vom 18. zum 19. Jahrhundert setzte noch stärker als vorher die Expansion des industriellen Europas im Vorderen Orient ein und zwang dessen Gesellschaften einerseits zur Übernahme europäischer Errungenschaften und andererseits zur Selbstbehauptung angesichts der fremden Einflüsse.

Der letzte große islamische Historiker al-Djabarti (1756–1825) lebte in Ägypten, als Napoleons Armee landete. In einer propagandistisch geschickt abgefassten Proklamation, die Napoleon mit der klassischen islamischen Floskel „Im Namen des barmherzigen allerbarmenden Gottes" einleitet, spricht er von Freiheit und Gleichheit und dass die Mamluken ihren Anspruch auf Herrschaft in Ägypten verwirkt hätten. Gleichzeitig führt er aus, dass er den Propheten und den Koran respektieren wird. Al-Djabarti zeigt jedoch eine gewisse Skepsis und bezeichnet die französische Besetzung als „Beginn des Umsturzes der natürlichen Ordnung und der Korruption und Zerstörung aller Dinge." Er erkennt zwar die wissenschaftlichen Errungenschaften und Bücher der Europäer an, sieht aber gleichzeitig eine Gefahr für Religion und Moral.

Die Geschichte des Islams im 19. Jahrhundert ist unlösbar mit der westlichen Expansion im Zeitalter des Kolonialismus verbunden. Sie besitzt sowohl zur Erklärung der politischen, wirtschaftli-

chen und kulturellen Situation im 20. Jahrhundert als auch zum Verständnis der islamischen Geschichtssicht dieser Epoche große Bedeutung. Einerseits entstanden in dieser Zeit Ideologien wie der
Panislamismus und Panarabismus, auf die bis in die neuere Zeit in
Staats- und Gesellschaftskonzeptionen zurückgegriffen wird. Andererseits erzeugten die Erfahrungen mit dem europäischen Kolonialismus ein Trauma, das die islamische Welt bis in die Gegenwart
nicht überwunden hat. Infolgedessen wird von manchen Muslimen
nicht deutlich unterschieden zwischen den tatsächlichen Auswirkungen des europäischen Kolonialismus (verschiedene Konflikte,
Gesellschaftsstrukturen) und vermeintlichen Spätfolgen. Auch die
antikolonialistischen Bewegungen betrachten den Imperialismus
als Ursache der Unterentwicklung in der Dritten Welt. So zeigte
Walter Rodney am Beispiel der afrikanischen Länder auf, wie die
Eingriffe der imperialistischen Mächte zur heutigen Unterentwicklung führten. Frantz Fanon wies auf die psychischen Störungen hin,
die der Imperialismus bei den kolonisierten Völkern hinterlassen
hat. Am Beispiel der französischen Kolonialherrschaft verdeutlichte er die Schwierigkeiten der nationalen Identitätsfindung der ehemaligen Kolonien. Vielen Muslimen fällt eine objektive Betrachtung jener Zeit schwer, und man gibt gewollt oder ungewollt der
Versuchung nach, Europa zum Sündenbock sämtlicher Fehlentwicklungen zu machen. Dabei wird bisweilen übersehen, dass viele zeitgenössische Muslime der ersten Hälfte des 19. Jahrhunderts
dem Westen zunächst unkritisch gegenüberstanden und ihre
Reformvorstellungen auf den Gebieten Militär, Technik, Gesetzgebung, Erziehung und Verwaltung sich zunächst an Europa orientierten. Die kritische Sicht begann bei vielen erst, als die koloniale
Durchdringung schon ziemlich weit fortgeschritten war. In der
Geschichtsschreibung des 20. Jahrhunderts wurde die Vergangenheit des 19. Jahrhunderts zeitweise herangezogen, um gegenwärtige Situationen zu erhellen. So wurde die Politik des ägyptischen
Präsidenten Sadat mit ihrer politischen und wirtschaftlichen Annäherung an den Westen mit der des Khediven Ismails (1863–
1879) verglichen, der Ägypten schließlich in eine Finanzkrise
stürzte und eine Abhängigkeit von Europa herbeiführte. Gleichzeitig gilt Mohammed Ali als ägyptischer Unabhängigkeits-
kämpfer und wird mit Djamal Abd an Nasser in Parallele gesetzt,
der sich vehement gegen westliche Bevormundung durchsetzte.

Aufgrund dieser bisweilen einseitigen islamischen Geschichtssicht behaupten manche westlichen Kritiker, dass es ohnehin kaum objektive muslimische Historiker gibt, was wiederum zur allgemeinen Vorurteilsbildung beiträgt.

Dennoch sind viele direkte Auswirkungen des Kolonialismus auch ohne tendenziöse Geschichtsbetrachtung nachweisbar.

Beinahe alle islamischen Länder – abgesehen von Teilen der arabischen Halbinsel – standen zeitweise unter westlicher Kolonialherrschaft (England: Ägypten, Sudan, Kuwait, Jordanien, Scheichtümer am Persischen Golf; Frankreich: Algerien, Tunesien, Marokko, Syrien; Italien: Libyen).

Fast ganz Afrika wurde unter den Europäern aufgeteilt. Großbritannien hatte bis 1818 seine Hoheitsrechte auf fast ganz Indien ausgedehnt. China, das Osmanische Reich und Persien entgingen zwar der Kolonisation, galten aber als Interessengebiete eines oder mehrerer Staaten und standen in wirtschaftlicher Abhängigkeit. 1850 befanden sich selbst die Peripherien der islamischen Welt unter direkter oder indirekter europäischer Herrschaft. Die Ausdehnung der europäischen Kolonialherrschaft über die islamische Welt begann im ausgehenden 18. Jahrhundert und dauerte bis zum Ende des 1. Weltkriegs, fand danach aber noch in anderen Herrschaftsformen ihre Fortsetzung. Wenn auch viele islamische Staaten in der ersten Hälfte des 19. Jahrhunderts nominell noch unabhängig waren, so standen sie durch Finanz- und Wirtschaftsverträge jedoch indirekt unter europäischer Kontrolle.

Die Kolonialverwaltung sah in den einzelnen Ländern unterschiedlich aus. Beispielsweise neigte England in Befolgung der sog. »indirect rule« eher zur Bewahrung der vorgefundenen Traditionen und bezog auch die einheimische Bevölkerung in die Verwaltung ein. Allerdings war auch die britische Kolonialverwaltung nicht frei von westlicher Überheblichkeit. Frankreich vertrat eine andere Konzeption, aus der sich die Berechtigung einer Vormundschaft über die „unmündigen Kolonisierten" ergab. Bei der Verfolgung dieser „Mission Civilisatrice" wurde den religiösen, kulturellen und sozialen Bindungen zugunsten der eigenen europäischen Werte wenig Achtung gezollt. Gegenüber der Expansion des Abendlandes auf politischem, wirtschaftlichem, religiösem und kulturellem Gebiet fühlten sich weite Kreise der islamischen Bevölkerung machtlos.

Die Geschichte des Vorderen Orients im 19. Jahrhundert im Spannungsfeld zwischen erzwungener und freiwilliger Annahme des Europäischen wird von verschiedenen Fachleuten in drei Hauptphasen unterteilt:

1. Die Phase von 1798–1856

Sie umfasste die Herrschaft Mohammed Alis (1805–1848) und die erste Phase der osmanischen Reformpolitik bis 1856. In dieser Zeit besaßen die meisten islamischen Staaten noch ihre Souveränität und bemühten sich um politische und wirtschaftliche Gleichberechtigung mit Europa.

Zunächst kam der islamischen Welt wie anderen Gebieten auch die Rolle zu, die Rohstoffversorgung der neuen Industriestädte zu übernehmen. Das war auch ein Grund dafür, dass Länder wie Ägypten und Algerien ihre landwirtschaftliche Produktion auf Weizenanbau umstellten. Dies änderte sich, als die französische Kontinentalsperre den Weizenanbau in der Ukraine förderte und der ägyptische und algerische Weizen ersetzbar wurden. Auch führten die Währungsprobleme von 1810/11 zu einem Einbruch der Welthandelspreise für landwirtschaftliche Produkte. Es kam zu einer Umgestaltung der Weltwirtschaft, die auch die islamische Welt tangierte und allmählich ihrer wirtschaftlichen Souveränität beraubte. In Europa hatte eine geschickte Diplomatie des Gleichgewichts der Kräfte dazu beigetragen, dass die europäischen Kriege außerhalb Europas geführt wurden.

2. Die Phase von 1856–1881

Die zweite Phase der Auseinandersetzung mit dem europäischen Kolonialismus hatte in Kairo mit dem Herrschaftsantritt Saids (1854) und in Konstantinopel mit dem Ende des Krimkriegs und dem Reformedikt 1856 begonnen.

Die Epoche von 1830–1918 stellte den Höhepunkt des imperialen Kolonialismus dar. Die industrielle Revolution steigerte sprungartig die ökonomische und technische Entwicklung in den Industrieländern, vergrößerte aber auch die Furcht vor wirtschaftlichen und sozialen Krisen. Die Kolonien bzw. verdeckte Formen eines Wirtschaftskolonialismus (Monokulturen, Kontrolle der Welthandelspreise) sicherten für Europa auf lange Sicht Rohstoffe und Absatzmärkte für die eigene Industrie sowie günstige Kapitalanlagen. Sie trugen dazu bei, die Krisen des kapitalistischen Systems zu mindern und Hilfe bei der Lösung sozialer Fragen und Anhebung des Lebensstandards der unteren Schichten zu leisten.

In jener Zeit befand sich die islamische Welt in einer Reformbegeisterung. Diese Phase endete mit dem Staatsbankrott in Istanbul und Kairo und der Einrichtung einer internationalen Schuldenverwaltung in der osmanischen Hauptstadt 1881 sowie der britischen Besetzung Ägyptens 1882.

In dieser Zeit verloren die meisten Staaten ihre wirtschaftliche und finanzielle Unabhängigkeit.

3. Die Phase von 1882–1910

Die 1870er- und beginnenden 1880er- Jahre waren für die wirtschaftliche Entwicklung insofern ein Wendepunkt, als die europäische Interessen- und Expansionspolitik noch intensiver wurde.

In der Zeit von 1882–1910 standen die islamischen Staaten mit Ausnahme des Osmanischen Reichs, Persiens und von Teilen der arabischen und malayischen Halbinsel unter der direkten militärischen und politischen Kontrolle Europas. Diese dritte Phase war durch den Aufbruch zur Selbstbehauptung gekennzeichnet. Neue politische Ordnungsvorstellungen entstehen, und es kam zur Herausbildung des türkischen und arabischen Nationalgedankens. Diese Zeit endete mit dem Zusammenbruch des Osmanischen Reiches.

Zu den politisch aktivsten und für die späteren Generationen bedeutendsten Denkern jener Zeit des Umbruchs gehört Djamal ad-Din al-Afghani , der junge ägyptische Intellektuelle um sich sammelte und einen revolutionären Panislamismus lehrte. Der anfänglichen Fortschrittsbegeisterung war eine Phase der Beunruhigung gefolgt. Denn die Trennung zwischen Kolonialmacht und Kolonisierten war auch durch die Unterschiede zwischen Islam und Christentum gekennzeichnet. Um dem Überlegenheitsanspruch des europäischen Christentums entgegenzuwirken, setzte man sich mit der eigenen Religion kritisch auseinander, um sich dann den kolonialistischen Angriffen mit der Waffe des wahren, von allen Fehlinterpretationen gereinigten Islams entgegenzustellen.

Diese Gruppe islamischer Gelehrter, die sich um eine neue Interpretation des Islams bemühten, nannte sich nach 1884 meist „salafiya" d.h. „Gruppe, die den Altvorderen nacheifert".

Andere Kreise reagierten mit entschiedener Abwehr und betrachteten jegliche Verwestlichung als unislamische Überfremdung. Dennoch kam es unter dem Druck der Kolonialmächte und zum Teil pro-westlicher Führungsschichten zu einer Einführung des europäischen Militärwesens im Osmanischen Reich und in Ägypten, zur Ausbildung der einheimischen Eliten an ausländischen Universitäten, einer Erneuerung des Erziehungssystems nach dem Vorbild von Auslands- und Missionsschulen sowie Reformen der Verwaltung und Gesetzgebung. Alle durch den Kontakt mit Europa eingeführten Neuerungen lassen sich sicherlich nicht als verwestlichte Dekadenzerscheinungen disqualifizieren oder alle Aktivitäten und Reformbemühen der Europäer als imperialistische Intrigen verdammen. Andererseits sind insbesondere für das Zeitalter des Imperialismus Formen der Kolonialpolitik typisch, die von Wirtschaftsinteressen und europäischer Rivalität bestimmt waren und kaum das Anliegen der betroffenen Länder berücksichtigten. Ferner war das Bild vom Orient bei vielen Reisenden und Missionaren mehr oder minder stark von den traditionellen Ressentiments der Zeit der Kreuzfahrer und Türkenkriege geprägt.

Darüber hinaus ließen die Europäer bei der in einigen Fällen bestehenden Zusammenarbeit von Kolonialmächten und Missionaren die Muslime oft spüren, dass nach ihrer Ansicht kein wesentlicher Unterschied zwischen der politischen Überlegenheit der europäischen Länder und der spirituellen Überlegenheit des Christentums bestände. Besonders folgenschwer war das Interesse der westlichen Staaten an den christlichen Minderheiten in den islamischen Ländern, die später aufgrund ihrer westlichen Ausbildung und wirtschaftlichen Führungspositionen die Ablehnung und Feindschaft ihrer muslimischen Nachbarn hervorriefen, was teilweise zu gewalttätigen Auseinandersetzungen führte (z.B. Libanon). Dennoch waren vor allem auch Christen Träger wichtiger Reformideologien, wie z.B. des Panarabismus, der neben panislamischen und panturanischen Strömungen zu den wichtigsten Erneuerungsbewegungen gehört. Der Arabismus wurde in erster Linie von einem liberalen Bürgertum unterstützt und richtete sich gegen überkommene Regierungsstrukturen, welche die sozialen Rechte der Bürger nicht wahrnehmen konnten oder wollten. In diesem Zusammenhang entstanden einerseits panarabische Ideen, die davon ausgingen, dass eine gemeinsame Geschichte, Sprache und Nation ein Volk entscheidender prägen als die Religion. Zum Teil erstrebte man ein arabisches Großreich. Parallel dazu entstanden nationale Bewegungen, wie z.b. die der Armenier und anderer Minderheiten des Osmanischen Reichs, die in Konflikt zu den arabischen und türkischen Bestrebungen gerieten und zu Aufständen und Verfolgungen führten.

Das 20. Jahrhundert
Einige wichtige Ereignisse und Entwicklungen

Im arabischen Befreiungskampf von 1916 unter der Führung des Sherifs von Mekka, Husain ibn Ali, dem die Engländer für seine Unterstützung gegen das Osmanische Reich einen unabhängigen Staat, bestehend aus dem Hedjaz, Palästina, Syrien und dem Irak versprochen hatten, erhofften sich die Araber die Loslösung von den Kolonialmächten. Aber die zwischen England, Frankreich, Russland und Italien längst vorgenommene Aufteilung des Osmanischen Reiches in künstliche Staatengebilde unter englischem und französischem Mandat, die Reduzierung des Osmanischen Reiches auf die heutige Türkei sowie die Balfour-Erklärung zur Errichtung einer jüdischen Heimstätte in Palästina machten diese Hoffnungen zunichte. Daher kam es in der Zeit zwischen den beiden Weltkriegen zu zahlreichen Aufständen.

Der 2. Weltkrieg schwächte die europäischen Staaten so, dass sie fast allen Staaten Unabhängigkeit zugestehen mussten (1941 Syrien und Libanon; 1946 Transjordanien; 1948 Palästina; 1951 Libyen; 1956 Tunesien und Marokko; 1961 Kuwait; 1962 Algerien). Damit beginnt die Geschichte der einzelnen Nationalstaaten. Im Bewusstsein vieler Muslime ist die Zeit des Kolonialismus immer noch lebendig und wirkt z.B. im Nahostkonflikt, dem libanesischen Bürgerkrieg oder auch bei der Re-Islamisierung bzw. im Islamismus nach. Auf diese und andere Konflikte kann in diesem Rahmen nicht ausführlich eingegangen werden.

1925 stellte der Ägypter Ali Abdur Raziq die umstrittene These auf, dass die islamische Religion den Gläubigen keine bestimmte Regierungsform vorschreibe, dass sie theoretisch absolut, theokratisch, demokratisch, konstitutionell oder sozialistisch sein könne. Muslime hätten das Recht, die Regierungsform zu wählen, die ihrem Gemeinwesen nützt unabhängig davon, ob es sich um ein

Kalifat oder eine Republik handele. Diese aus freiem Willen und den Interessen des Volkes gewählte Regierungsform würde dann auch von Gott für gut befunden. (Ali Abd ar-Raziq: Der Islam und die Ursprünge der Herrschaft [arab.], Beirut, Neuauflage 1962. Der Autor wurde seinerzeit [1925] aufgrund dieser These heftig angegriffen. Auch heutige Islamisten würde diese These nicht unterstützen.)

Während im christlichen Denken jedoch im Laufe der Jahrhunderte zumindest die formale Trennung von Religion und Staat immer selbstverständlicher wurde, ist nur für einen Teil der Muslime eine umfassende Säkularisierung mit den Grundideen ihrer Religion vereinbar und wünschenswert.

Entwicklungen in Richtung auf eine demokratische Staatsform, in der die Gewalt vom Volk ausgeht, beginnen in der islamischen Welt ansatzweise seit dem 18. Jh., als Selim III. (1789–1809) eine beratende Versammlung anstrebte. 1876 schuf das Grundgesetz Kanun-i Esasiye ein begrenztes System der Mitbestimmung aller Bürger ohne Rücksicht auf die Religion. Reformer des 19. Jh., wie etwa Mohammed Abduh, betrachteten Islam und Demokratie als vereinbar. Zwar komme die Souveränität in einem islamischen Staatswesen allein Gott zu, doch partizipiere der Mensch als Stellvertreter Gottes auf Erden an dieser Souveränität. Auch die Vorstellung, dass alle Gläubigen gleich sind, entspricht zumindest einer utopisch demokratischen Gesellschaftsauffassung. In den Staaten des Nahen und Mittleren Ostens entstanden in der Zeit zwischen den beiden Weltkriegen nominell parlamentarische Demokratien, die aber oft aufgrund von Verwaltungswillkür, Korruption und Nepotismus scheiterten.

Das Verhältnis von Islam und Politik im 20. Jahrhundert entwickelte sich also nicht einheitlich. Dies liegt einerseits daran, dass in den einzelnen Ländern verschiedene politische und theologische Kräfte die Regierungsgewalt ausüben, deren Islamverständnis auseinander geht. Zum anderen spielt die geschichtliche Begegnung mit Europa eine bedeutsame Rolle; denn die Auseinandersetzung mit dem säkularen westlichen Gedankengut führte zu jeweils unterschiedlichen Regierungen. Außerdem war und ist die Ansicht führender islamischer Denker darüber, welche Staatsformen die Übertragung islamischer Bestimmungen auf die Gegenwart am besten gewährleisten, umstritten.

Vereinfacht gesehen, kann man mehrere Modelle unterscheiden:

1. Parallel zu der Übernahme westlicher Regierungsmodelle unternahmen einige muslimische Führer den Versuch, die Rolle des Islam der des Christentums in Europa anzugleichen. Die religiöse Rechtsprechung wurde abgeschafft oder stark eingeschränkt, die religiöse Erziehung und die religiösen Stiftungen wurden unter staatliche Kontrolle gestellt und eine Reform des Familienrechts angestrebt. Ein Beispiel für solche Säkularisierungsversuche stellten die Reformen Mustafa Kemals (Atatürks) in der Türkei dar. In den letzten Jahrzehnten hat allerdings auch dort der Einfluss des Islam auf das gesellschaftliche Leben wieder zugenommen. Im Südjemen (Volksrepublik Jemen) hingegen hat man sich als einzigem islamischen Land um eine Umstrukturierung der Gesellschaft auf marxistisch-leninistischer Grundlage bemüht. In diesem Zusammenhang wurden nicht nur die staatlichen Organisationen, sondern auch das islamische Familienrecht einschneidenden Veränderungen unterzogen. Andererseits machte man auch gewisse Zugeständnisse an die islamische Tradition, u.a. in der Anerkennung der islamischen Staatsreligion. Unabhängig von der offiziellen Regierungskonzeption gibt es in allen Ländern – vor allem unter den gebildeten Schichten – Gruppen, die eher einem säkularen Staatsverständnis zuneigen. Ihr Einfluss nahm aber in den 1980er- und 1990er- Jahren nachweislich ab.

2. Schon immer gab und gibt es eine entgegengesetzte Position, die auf staatlicher Ebene die Tradition des islamischen Rechts, wie es von den Juristen der klassischen Periode formuliert wurde, fortzusetzen versucht. Von der Theorie her bekennt sich Saudi-Arabien am konsequentesten zu der ursprünglichen islamischen Idee. Die Schaffung einer Verfassung nach westlichem Vorbild wurde mit der Begründung abgelehnt, dass der Koran die einzige Verfassung eines islamischen Gemeinwesens darstelle. Auch Pakistan hat sich seit seiner Gründung als islamischer Staat verstanden, dessen Gesetze nicht im Widerspruch zum islamischen Recht stehen sollen. Während jedoch Maududi (1903–1979), ein aus Indien stammender islamischer Denker und Mitbegründer Pakistans, und seine Partei „Djamaat-e-islami" (Islamische Gemeinschaft) eine westliche Verfassung für unvereinbar mit dem Islam hielt, gab und gibt es daneben Kräfte, welche die Vorstellungen des Islam mit denen eines Ver-

fassungsstaates verbinden wollten. Dieser Kompromiss wurde auch in der Präambel der Verfassung (1973) deutlich, in der die Souveränität Gott zugesprochen wurde, der sie aber an das Volk delegiert. Zia ul-Haq hatte damals entschieden, dass die Gesetzgeber sich an die göttlichen Gebote gebunden fühlen müssen, nahm das Grundgesetz selbst jedoch von dieser Regel aus. Auch Iran und Afghanistan versuchten verschiedene Modelle eines islamischen Staates in die Tat umzusetzen.

Inzwischen gibt es in vielen islamischen Ländern Parteien und Kräfte, die alle gesellschaftlichen Bereiche wieder durch die Religion bestimmt sehen wollen.

3. Als dritte Möglichkeit bemühte man sich in vielen Ländern um eine Verbindung von europäischen Vorstellungen mit den rechtlichen Grundsätzen des Islam. Westliche Institutionen werden übernommen und in das islamische Gedankengut integriert. Man fühlte sich der islamischen Kultur verbunden, ging aber nicht mehr davon aus, dass alle Bereiche des menschlichen Lebens durch islamische Prinzipien geregelt werden können. Die Mehrzahl der islamischen Länder nahm in ihrer offiziellen Politik bis zu den 1970er- Jahren diese Position ein. Es war ein typischer Ausdruck dieses Kompromisses, dass in fast allen Ländern der Islam zur Staatsreligion erklärt wurde. Auf diese Weise wollte man dem Islam die ihm historisch zukommende Vorrangstellung einräumen und dokumentieren, kein weltanschaulich pluralistischer Staat zu sein. Die Erhebung des Islam zur Staatsreligion konnte aber auch bedeuten, dass eine bestimmte Rechtsschule (z.B. Zwölferschia im Iran, hanbalitische Rechtsschule in Saudi-Arabien) dominiert. In diesem Fall konnte die Anerkennung anderer Religionsgemeinschaften oder sogar islamischer Richtungen und Schulen problematisch sein.

In einigen Ländern konnte man Bestrebungen beobachten, durch die Wiederbelebung und Neuinterpretation islamischer Werte eigene, von Europa losgelöste Staatsformen zu entwickeln. Von einigen Muslimen wurde beispielsweise aus den Koranversen 3,159 und 42,38, welche die Aufforderung zur gegenseitigen Beratung (Shura) in wichtigen Fragen enthalten, der Gedanke eines Urparlamentarismus und einer eigenen islamischen Demokratie abgeleitet. Zwar wurde von Kritikern zu Recht darauf hingewiesen, dass die teilweise im Frühislam praktizierte Shura bestenfalls bei der Ernennung des Kalifen, nicht jedoch bei der Gesetzgebung eine Rolle spielte. Aber andererseits war die Shura – wenn auch in der Geschichte nicht oft praktiziert – ein Prinzip, das die Willkürentscheidungen von einzelnen Personen in Frage stellen konnte. Andere erkennen dem Islam besonders eine sozial-reformerische Funktion zu, die in einigen Ländern zur Entwicklung eines eigenen islamischen nichtatheistischen Sozialismus führte.

4. Ferner gab es Denker und Strömungen, die dem mystischen Islam nahestehen und dabei nicht selten in Konflikt mit der offiziellen Doktrin ihres Staates gerieten (z.B. die Republikanischen Brüder im Sudan). Ihre Vertreter sind nicht unpolitisch, bemühen sich aber, eine gewisse Freiheit gegenüber allzu starren politischen und religiösen Vorstellungen zu bewahren. Ihre Tradition kann man bis zu den Anfängen des Islam zurückverfolgen. Anhänger dieses eher verinnerlichten Islam sind in verschiedenen Ländern anzutreffen.

5. Daneben gab es Muslime, die vor allem die Einheit von Vernunft und Glauben hervorheben und für die das wahre Wissen in der gläubigen Einsicht in die Gesetze der Welt, so wie Gott sie geschaffen hat, besteht. Auch diese Art zu denken besitzt im Islam eine lange philosophische Tradition.

Einige wichtige Strömungen
Islamischer Sozialismus

Ebenso wie die 1970er- und 80er- Jahre im Zeichen der Re-Islamisierung standen, spielte in den 50er- und 60er- Jahren vor allem die Nationalismus- und Sozialismusdebatte eine wichtige Rolle. Trotz konzeptioneller Unterschiede galt für den islamischen Sozialismus, dass er sich häufig als „dritten Weg" zwischen Kapitalismus und Kommunismus verstand, eher religiös als materialistisch, eher national als international eingestellt war. Nicht die Klassengesellschaft an sich, sondern die Widersprüche zwischen den Klassen sollten abgeschafft werden. Ein zentraler Begriff der islamischen Soziallehre war Taawun („Kooperation, Genossenschaft"), wobei an die Zusammenarbeit aller Mitglieder der Gesellschaft zum Wohl des Ganzen gedacht war. Die Muslimbrüder besaßen genossenschaftlich geführte Betriebe. Sie betonten auch deshalb den islamischen Charakter ihres Sozialismus, weil die nichtislamische sozialistische Bewegung der Baathpartei immer

mehr an Einfluss gewann und die nasseristische Sozialismusversion
sich erst nachträglich um eine islamische Rechtfertigung bemüht hatte.

Mustafa as-Sibai stellte den Begriff Takaful („gegenseitige Verantwortung") in den Mittelpunkt seines Ansatzes. Er zählte fast 30 Takaful-Gesetze auf, zum Beispiel: die Aufforderung zu Verantwortung auf religiösem, sozialem, kulturellem und politischem Gebiet, Nächstenliebe und politische Toleranz, Gastfreundschaft und die Verpflichtung, andere an seinem Besitz teilhaben zu lassen. As-Sibai fasste den Armutsbegriff weiter als das Entbehren vom materiellem Besitz. Armut war für ihn die Beraubung der angeborenen Rechte auf Leben und Erhaltung der Gesundheit, politische, religiöse, soziale und moralische Freiheit, Erziehung, Bildung und Besitz.

Literatur: Kemal H. Karpat: Political and Social Thought in the Contemporary Middle East, London 1968.

Panarabismus

Hierbei handelte es sich um eine arabisch nationalistische Ideologie, die auf der Basis der arabischen Sprache einen arabischen Nationalstaat anstrebte. Die Ideologie des Panarabismus verstand sich überkonfessionell, was sowohl seine Attraktivität für arabische Christen förderte als auch zu einem Konflikt mit der Idee des Panislamismus führte. Die Revolte des Scharif Husain gegen das Osmanische Reich (1917) und die Einrichtung eines arabischen Königtums im Hedjatz gelten als ein Ergebnis des Panarabismus, als dessen bedeutendster Vertreter Sati al- Husri (1880–1961) gilt. Husri entwickelte einen arabischen Nationalismus, bei dem er sich auch auf Nationalisten der europäischen Romantik berief. 1945 wurde die Arabische Liga gegründet, die auch panarabische Ziele verfolgte. Djamal Abd an-Nassir (Nasser) erhob während seiner Regierungszeit den Panarabismus zur Staatsideologie. In Syrien und dem Irak wurde die von Michel Aflaq (1910–1989) entwickelte Vorstellung einer arabischen Wiedergeburt (Baath) zur Staatsdoktrin. Nasser hatte einen starken arabischen Staat als Gegenpol zu den Supermächten USA und UdSSR vor Augen. Doch der Zusammenschluss von Ägypten und Syrien (1958–1961) scheiterte ebenso wie die Verhandlungen mit dem Irak. In den 1960er- Jahren enthielten alle arabischen Staatsverfassungen die Klausel, dass der jeweilige Nationalstaat nur ein Teil der arabischen Umma (hier „Nation") sei. Doch mit dem Erstarken der Re-Islamisierung und der zunehmend führenden Rolle Saudi-Arabiens, das panislamische Ziele verfolgte, nahm der Panarabismus an Bedeutung ab. Nur Libyen hält noch an dieser Idee fest.

Literatur: R. Khalid u.a.: The Origins of Arab Nationalism, 1991.

Panislamismus

Der Panislamismus war eine Ideologie, welche die Solidarität und Gemeinsamkeit aller Muslime betonen sollte und dessen Wurzeln in das 19. Jh. zurückgehen. Der Islam besaß seit jeher ein starkes Gefühl der Zusammengehörigkeit aller Gläubigen. Panislamische Ideen entstanden als Gegenreaktion auf das Vordringen der Kolonialmächte im Nahen und Mittleren Osten und waren vor allem unter den Intellektuellen des Osmanischen Reichs verbreitet. Einer der prominentesten Vertreter des Panislamismus war Djamal ad-Din al- Afghani. Der Sultan Abdülhamid II. (reg. 1876–1909), der sich als geistiges und weltliches Oberhaupt aller Muslime verstand, machte den Panislamismus zur Staatsdoktrin des Osmanischen Reiches. Nach dem ersten Weltkrieg und der Abschaffung des Kalifats (1924) nahm die Bedeutung des Panislamismus ab. Trotzdem fanden noch mehrere Konferenzen über die Perspektiven des Panislamismus statt: 1924 in Mekka, 1926 in Kairo, 1931 in Jerusalem und 1935 in Genf. Nach dem Zweiten Weltkrieg nahm die Bedeutung panislamischer Ideen wieder zu. Saudi-Arabien nutzte diese Ideologie, um Nassers Panarabismus entgegenzuwirken.

Sowohl die Gründung der Liga der Islamischen Welt 1962 als Dachorganisation für islamische Nichtregierungsorganisationen als auch die Organisation der Islamischen Konferenz 1969 soll den Zusammenhalt islamischer Staaten und panislamischer Ziele unterstützen.

Literatur: Azmi Özcan: Pan-Islamism. Indian Muslims, the Ottomans and Britain (1877–1924), Leiden/New York/Köln 1997 – Reinhard Schulze: Islamischer Internationalismus im 20. Jahrhundert. Untersuchungen zur Geschichte der Islamischen Weltliga, Leiden/New York/København/Köln 1990 – Martin Strohmeier: al-Kulliya as-Salahiya in Jerusalem. Arabismus, Osmanismus und Panislamismus im 1. Weltkrieg, Stuttgart 1991.

Kemalismus

Der Kemalismus war eine politische Bewegung in der Türkei, begründet von Kemal Atatürk (1881–1938). Zu seinen Hauptmerkmalen zählen Nationalismus, Säkularismus und Modernismus. Der Islam als ideologische Basis des Staates wird abgelehnt. Die Trennung von Staat und Religion wurde von den Kemalisten als Lailik (türk. „Laizismus") bezeichnet. Darunter wurde ein völlig säkulares Staats- und Gesellschaftssystem verstanden, auf das die Religion keinen Einfluss mehr haben sollte. Ziel des Kemalismus ist die politische und kulturelle Anlehnung der Türkei an Europa.

Literatur: Renate Pitzer-Reyl: „Gemäß den Bedingungen der Zeit". Religiöser Wandel bei Muslimen in der heutigen Türkei, Berlin 1996.

Modernismus

Unter Modernismus ist eine Strömung unter muslimischen Intellektuellen zu verstehen, die im Gegensatz zu Anhängern des Reformislam oder des Traditionalismus ihr Konzept gleichberechtigt aus islamischen und europäischen Wurzeln ableiten. Ihr Ziel besteht hauptsächlich darin, die offensichtliche Rückständigkeit der islamischen Welt zu überwinden. Politisch bemühten sich die Modernisten um die Einschränkung autoritärer Herrschaftsformen sowie die Einführung von konstitutionellen parlamentarischen Regierungssystemen an. Auch strebten einige von ihnen die Trennung von Religion und Staat an, wenngleich die meisten die islamische Ausrichtung der Gesellschaft nicht ändern wollen.

Zu den Modernisten gehörten Anfang dieses Jahrhunderts auch viele arabische Christen, vor allem in Ägypten und Syrien, welche die westliche Aufklärung als Teil ihrer Identität betrachteten. Der Westen wurde nicht als Feind betrachtet, sondern galt als Vorbild auch bei der Wiedergewinnung von politischer Freiheit in den neu gegründeten Nationalstaaten. Man entdeckte die eigene spezielle Geschichte unabhängig von panarabischen Ansprüchen. Rafiq al-Azm (gest. 1925) betonte eine eigene ägyptische Persönlichkeit und Mentalität. Schriftsteller wie Taha Husain (1889–1973) und Mohammed Hasanain Haikal (1888–1956) versuchten das eigene kulturelle Erbe unter Zuhilfenahme von europäischen Vorstellungen wiederzubeleben. Auch in anderen arabischen Ländern kam es zur Herausbildung von Nationalgeschichten.

Dabei griff man zum Teil auf die vorislamischen Wurzeln der Kultur zurück: auf die Pharaonen in Ägypten, die Assyrer im Irak, die Phönizier im Libanon, die Sabäer im Jemen usw.

Nationalkulturen und Nationalliteraturen. Es gelang den Modernisten in den 1940er-Jahren nicht, ihre demokratischen und liberalen Vorstellungen politisch durchzusetzen. Durch die Entstehung zahlreicher Modelle

eines arabischen Sozialismus in den 1960er- Jahren gerieten die Modernisten in eine Krise. Es kam zu einer Annäherung an gemäßigte Vertreter eines Reformislam.
Bis heute bleibt die Frage aktuell, wie moderne Werte und Verhaltensweisen mit der eigenen Tradition in Einklang gebracht werden können. Zentrale Begriffe sind Asala („Authentizität"), Turarth („Erbe") sowie Muasara („Zeitgemäßheit").
Literatur: Smail Bali´c: Islam für Europa, Köln/Weimar/Wien 2001.

Re-Islamisierung, Fundamentalismus, Islamismus

Seit den 1970er- Jahren setzte eine Bewegung ein, die damals oft als Re-Islamisierung bezeichnet wurde. Dabei handelt es sich im Grunde nicht um eine grundsätzlich neue Entwicklung. Bestimmte Bevölkerungsteile standen der Verdrängung des Islam aus dem gesellschaftlichen Leben aber schon immer skeptisch gegenüber. Zu diesen Kräften gehörten neben der erwähnten pakistanischen Djamaat-e-islami u.a. beispielsweise auch die Muslimbrüder, die vor allem in den Vierziger- und Fünfzigerjahren in Ägypten und seinen Nachbarländern eine wichtige Rolle spielten, aber auch heute noch aktiv sind. Die Re-Islamisierung begann als eine in vielen Bevölkerungsschichten verbreitete Betonung des islamischen Kulturerbes. Es handelte sich bei weitem nicht nur um ein politisches Programm. Vielmehr ging es – ähnlich wie in Afrika oder auch im indischen Raum – um eine Rückbesinnung auf die vorkoloniale Zeit, die – abgesehen von der Revision gesellschaftlicher Konzeptionen – z.B. im Verlegen des Ruhetages vom Sonntag auf den Freitag, in der Wiedereinführung orientalischer Kleidung, einer Neuordnung des am Westen orientierten Erziehungssystems und auch in der Verbreitung der „heiligen" arabischen Sprache und ihrer Reinigung von nichtarabischen Elementen zum Ausdruck kommen konnte. Die Re-Islamisierung gehört somit wesentlich in den Zusammenhang der postkolonialen Identitätsfindung.

Für viele westliche Beobachter galt der Islam in jener Zeit als eine fortschrittsfeindliche Kraft, die dem Menschen eine mittelalterliche Lebensform aufzwingt. Es ist aber ein fragwürdiges Vorgehen, das Wesen einer Religion mit Begriffen wie „links" oder „rechts",

„fortschrittlich" oder „entwicklungshemmend" zu charakterisie-
ren. Im Zusammenspiel mit anderen Kräften kann eine Religion
ebenso zur Stabilisierung von bestehenden Verhältnissen als auch
zur Legitimierung von revolutionärer Veränderung in Anspruch
genommen werden. Die Tatsache, dass sich konservative Parteien
bei uns bisweilen christlich nennen, liegt kaum am konservativen
Wesen des Christentums als vielmehr an der Neigung einiger
Kreise, Religion als die Bewahrung des Althergebrachten zu begreifen. Auch im Islam sind solche unterschiedlichen Tendenzen
vorhanden. Einerseits bedienen sich einige Theologen und Politiker der Religion, um ihre Position in einer überholten Gesellschaftsordnung zu festigen. Gemeinsam war vielen Re-Isla-
misierungsbemühungen auch der Wunsch, nach einer Enttäu-
schung über die europäisch-orientierten Regierungen im Nahen
Osten, die es oft nicht vermochten, die zahlreichen wirtschaftlichen und sozialen Probleme zu lösen, durch Rückkehr zu der eigenen islamischen Tradition eine Vermenschlichung der oft einseitig
materialistisch und technisch orientierten Modernisierung zu erreichen und sich eine menschenwürdige Gesellschaft im Einklang
mit religiösen Prinzipien aufzubauen. Der westlichen Gesellschaft stand man auch deshalb kritisch gegenüber, weil die Beschränkung des Christentums auf einen ausschließlich privaten
Bereich des Menschenlebens nicht als nachahmenswert empfunden wurde.

Was in den 1970er- Jahren als Re-Islamisierung begann, fand seine Fortsetzung in einer immer engeren Form des Fundamentalismus oder Islamismus, wie ihn seine Anhänger zum Teil selber nennen. Dieser „Islamismus" hat zwar auch vom Erstarken der Re-
Islamisierung profitiert, darf mit ihr aber nicht gleichgesetzt werden. Es handelt sich um eine Erscheinung, die auf den identitäts-
bedrohenden Gesellschaftswandel mit einer intoleranten Ablehnung aller nichtislamischen Ismen und Ideologien sowie mit einer
totalitären Einbeziehung des Islam in alle Lebensbereiche geant-
wortet hat. Es handelt sich weniger um eine religiöse Erneuerung als
um eine totalitäre Ideologie, welche die Religion in ihren Dienst
stellt und selbst konstruktive Kritik auf das Schärfste bekämpft. Der
Islam erhielt somit einseitig eine herrschaftserhaltende Funktion.
Bisweilen verbündete sich dieser „Islamismus" auch mit der stärks-
ten Ethnie in einem Land, deren Angehörige oft auch zur herr-

schenden islamischen Schulrichtung gehören. So kam es in Pakistan zu Konflikten zwischen den islamistischen Pandjabis und den Balutschen, Kashmiris, Pashtunen und Sindhis, im Iran zwischen den Persern und den Minderheiten der Araber, Balutschen, Turkmenen und Kurden, in Algerien zwischen Arabern und Berbern, in Mauretanien zwischen den Mauren und der südlichen Bevölkerung und schließlich in Afghanistan zwischen Paschtunen und Tadjiken und anderen Volksgruppen.

Deutliche Unterschiede zwischen beiden Strömungen wurden z.B. bei der Diskussion um die Stellung der Frau deutlich. Während damals bei den Republikanischen Brüdern im Sudan oder den Volksmodjahedin im Iran die Frauen eine aktive revolutionäre Rolle spielten und nach der Vorstellung dieser Gruppen die Frau auch in Beruf und Gesellschaft gleichberechtigt sein sollte, betonten die „Islamisten" stärker die traditionellen Aufgaben der Frau im häuslichen Bereich und sprachen sich auch für eine Wiederverschleierung aus. Negative Höhepunkte dieser Entwicklung bildeten die ersten Jahre nach der islamischen Revolution im Iran und die 1996–2001 dauernde Herrschaft der Taliban in Afghanistan. Manche Frauen, die ursprünglich freiwillig den Schleier anzogen, um sich gegenüber der westlichen Dekadenz abzugrenzen, begriffen dies später als unangebrachte Bevormundung. Ähnlich kontrovers verlief auch die Diskussion über Freizeitunterhaltung und Musik, die von den Republikanischen Brüdern sogar im Gottesdienst als Wiederbelebung der mystischen Tradition empfohlen wurde, während die meisten „Islamisten" sie als unislamische Entartungsformen ablehnen.

Der Islamismus bzw. islamische Fundamentalismus, obwohl dieser Terminus ungenauer ist, zeichnet sich durch folgende Merkmale aus: Rückkehr zum Koran als unverfälschte Glaubensquelle; Orientierung am Frühislam, als die Einheit der Umma (islamische „Gemeinschaft") noch Realität war; Errichtung einer islamischen Gemeinschaft, in der die Sharia, das islamische Recht, alle Bereiche des menschlichen Lebens regelt; Betonung der Gleichheit aller Gläubigen und Einheit Gottes. Im Nahen Osten sind fundamentalistische Denker immer dann aufgetreten, wenn sich die islamische Welt in einer Krise befand. Auch der Wahhabismus, die offizielle Religionsrichtung Saudi-Arabiens, war eine Bewegung gegen religiöse Neuerungen, u.a. Heiligenverehrung.

Doch bei den Bezeichnungen Konservative, Säkularisten, Fundamentalisten usw. handelt es sich um Begriffe aus der westlich-christlichen Tradition, die nicht unbedingt auf die islamische Wirklichkeit übertragbar sind. Heinz Halm nennt den Begriff Fundamentalismus zur Beschreibung des Aufbruchs in der islamischen Welt bezeichnenderweise eine „Leerformel". Häufig wird die Gruppe, die dem Westen gerade als besonders bedrohlich erscheint, „fundamentalistisch" genannt, während die Anhänger einer anderen Gruppierung, die sich in ihren religiösen Zielen nicht wesentlich unterscheidet, als „Freiheitskämpfer" gelten. Besonders deutlich wurde dies in Afghanistan. Solange die Modjahedin als mutige Djihad-Kämpfer gegen die Sowjets kämpften, waren sie mit Hilfsgütern versorgte Verbündete. Nach der Perestroika mutierten die ehemaligen Freiheitskämpfer zu Fundamentalisten, und die Rolle des edlen Freiheitskämpfers übernahmen zumindest vorübergehend Ahmad Shah Masuud und seine Nordallianz. Dass Saudi-Arabien ideologisch eigentlich fundamentalistisch zu nennen ist, spielt, solange die Erdöl- und Bündnispolitik stimmt, eher eine untergeordnete Rolle.

Im Unterschied zum christlichen Fundamentalismus werden von Islamisten technologische und ökonomische Neuerungen im Islam nicht kritisiert oder abgelehnt. Wenn auch der Islamismus oft in Verbindung mit terroristischen Aktivitäten steht und diese Tendenz in den letzten Jahren zugenommen hat, gehört Gewaltbereitschaft nicht zu seinen primären Merkmalen. Das Verhältnis zur Gewalt ist immer zwiespältig gewesen. Einerseits haben viele Reformbewegungen in der islamischen Geschichte die an der Macht befindlichen Regierungen mit dem Vorwurf bekämpft, sich vom „wahren Islam" entfernt zu haben. Man kann in diesen Bewegungen Vorläufer der heutigen Islamisten sehen. Andererseits betonen einige Islamisten auch, dass sie ihre Ziele ohne Gewalt verwirklichen wollen. Typisch für Islamismus ist ferner die Unduldsamkeit gegenüber Mehrdeutigkeit. Dahinter steht auch ein Traum von islamischer Einheit – ein Traum, der bereits im Frühislam an den politischen Realitäten scheiterte.

Mit dem Erstarken des Islamismus wurde die unkritische Übernahme westlicher Demokratiemodelle zunehmend in Frage gestellt. Forderungen nach einer eigenen islamischen Staatsform auch in Richtung einer Wiedereinführung des 1922 abgeschafften

Kalifats wurden laut. Während die Verfassungen islamischer Länder sich bis in die 1970er- Jahre mit dem Artikel begnügten, dass die Gesetzgebung im Einklang mit der Sharia, dem islamischen Recht, erfolgen sollte, enthielten die Verfassungen der Folgezeit das Gebot, dass kein Gesetz im Widerspruch zur Sharia stehen dürfe.

Einige Beispiele für islamistische Parteien und Gruppen

1. Die Muslimbrüder

Die so genannten Muslimbrüder („Al-Ikhwan al-Muslimun") waren eine islamisch-fundamentalistische Organisation mit stark sozialem Charakter. Die in Ägypten entstandene Bewegung wurde 1928 von dem Lehrer Hassan al-Banna gegründet, hatte zunächst in Ägypten, später auch in Syrien großen Einfluss. Die Muslimbrüder waren die erste Gegenbewegung zum arabischen Säkularismus und eine der Grundlagen für extremistische Strömungen im Islam. Durch die Rückbesinnung auf den Koran wollte Hassan al-Banna den Niedergang des Islam in der ägyptischen Gesellschaft aufhalten. Die Organisation gründete Schulen, baute Krankenhäuser, verbesserte den Lebensstandard auf dem Land durch die Schaffung eigener genossenschaftlich geführter Betriebe, organisierte Religions- und Alphabetisierungskurse. Die Muslimbrüder agitierten in Ägypten gegen die britische Besatzung und setzten sich 1936 auch für die Situation der Palästinenser ein. Die anfänglich religiöse Bewegung entwickelte sich immer mehr zu einer politischen, verbreitete sich in Syrien, Palästina, Jordanien, Libanon und Irak. Nach dem Ende des Kolonialismus blieben die Muslimbrüder in der Opposition, und zwar vor allem gegen die arabischen Nationalstaaten, die für sie – wie zum Beispiel Jordanien – nur aus den strategischen Interessen des Westens entstehen. Die Muslimbrüder traten für eine „islamische Lösung" ein, wollten den bestehenden Staat durch ein islamisches System ersetzen, dem ein gewählter geistiger Führer voran steht. Außerdem sollte die Sharia Basis der Rechtsprechung werden.

Wesentlich mitverantwortlich für die Radikalisierung des Islam war der ägyptische Muslimbruder Sayyid Qutb, der in den 1960er-Jahren schrieb, dass alle säkularen Gesellschaften – westliche, aber auch arabische – „ungläubig" (djahili) seien. Der verwendete Begriff bezeichnet in der arabischen Welt die vorislamische Welt. „Ein Kampf gegen die säkulare Gesellschaft ist damit kein Kampf gegen Muslime, Christen oder Juden, sondern ein Kampf gegen Ungläubige, wie ihn der Prophet Mohammed geführt hat" (Esther Saoub). Auf dem Nährboden solcher Ideen entstanden Terrororganisationen wie der islamische Djihad, die Djamaa Islamiyya und Hamas.

Literatur: Ulrike Dufner: Islam ist nicht gleich Islam. Die türkische Wohlfahrtspartei und die ägyptische Muslimbruderschaft: ein Vergleich, Opladen 1998 – Esther Saoub: Jahili heißt ungläubig. Von der Muslimbruderschaft zum islamischen Extremismus. In: Zeitzeichen 11/2001, S. 18–20 – Reinhard Schulze: Geschichte der Islamischen Welt im 20. Jahrhundert, München 2001[2].

2. Hamas
(arab. Eifer, Engagement)

Das Wort bildet gleichzeitig die Abkürzung für die Harakat al-muqawama al-islamiya (Bewegung für den Islamischen Widerstand). Die Hamas wurde 1987 als „militärischer Arm" der palästinensischen Muslimbruderschaft gegründet. Bis zum Sechs-Tage-Krieg 1967 war der palästinensische Widerstand vorwiegend national begründet gewesen. Doch dann forderten einige seiner Mitglieder eine islamische Reform der Gesellschaft. Zunächst war das Verhältnis zwischen Hamas und PLO relativ gut. Jedoch kam es nach der Einrichtung der Autonomen Palästinenserbehörde im November 1988 zum Bruch. Die Hamas, mit der immer größer werdende Teile der palästinensischen Bevölkerung sympathisiert, erregte vor allem durch Selbstmordanschläge in Israel internationale Aufmerksamkeit.

Am 27. 2. 1997 fand eine Versöhnungskonferenz der verschiedenen palästinensischen Gruppen statt. Eine zweispältige Rolle beim Friedensprozess spielt der Hamas-Führer Scheich Ahmad Yasin, der einerseits die Ermordung von Israelis durch Terrorattentate verurteilte, andererseits zum Djihad gegen Israel aufrief. Im Zusammenhang mit den jüngsten Friedensbemühungen im Nahen Osten ist die Rolle der Hamas immer radikaler geworden.

Literatur: M. Shadid: The Muslim Brotherhood Movement in the West Bank and Gaza, in: Third World Quarterly 10 (1988), S. 658ff.

3. Hizbollah

(Arab. Hizb Allah, „Die Partei Gottes")

Bezeichnung einer vom Iran unterstützten militanten reformistischen shiitischen Gruppe im Libanon. Die Hizbollah entstand bereits während der Iranischen Revolution 1979, als sie Streiks und Demonstrationen organisierte und nach dem Umsturz des Schahregimes als Kontrollgruppe für Recht und Ordnung der neuen Islamischen Republik Iran fungierte.

Nach dem israelischen Einmarsch in den Libanon 1982 entstand eine militante antiwestliche und antizionistische Hizbollah im Libanon, deren Mitglieder vom Iran unterstützt und finanziert wurden.

Während des Bürgerkriegs war die Hizbollah an Geiselnahmen und Selbstmordanschlägen auf die amerikanischen und französischen Truppen beteiligt, nahm jedoch nach dem Ende des Bürgerkriegs regelmäßig an Parlamentswahlen teil. Gleichzeitig bekämpften ihre Mitglieder die israelischen Truppen, die in der „Sicherheitszone" im Süden des Libanon stationiert waren.

Nachdem am 9. April 1996 jüdische Siedler im Norden Israels bombardiert worden waren, zerstörte die israelische Luftwaffe in einem Vergeltungsschlag Verkehrsknotenpunkte, Brücken, Bewässerungsanlagen und Kraftwerke des Landes. Als bei einem Angriff auf den UN-Stützpunkt in Qana 102 libanesische Zivilisten umkamen, wurde internationaler Druck auf Israel ausgeübt. Im Frühjahr 2000 wurden alle israelischen Truppen aus dem Gebiet abgezogen, und die Hizbollah übernahm die Kontrolle über das Gebiet. Der Konflikt bleibt.

Literatur: J. Haber: Hezbollah, Born with a Vengance, 1997.

4. Islamische Heilsfront

Bei der „Front Islamique du Salut" (FIS) handelt es sich um die 1989 gegründete und 1992 verbotene islamistische Partei Algeriens. Der Parteigründung vorausgegangen waren der Niedergang des Ölpreises in Algerien, eine drastische Zunahme der Jugendarbeitslosigkeit sowie die überall in der arabischen Welt kursierenden Vorstellungen einer islamischen Reform. Die von dem Präsidenten Abbasi Madani, dem Vizepräsidenten Ali Bey Hadjdj sowie den Herausgebern des Parteiorgans al-Munqidh geführte Partei übernahm erfolgreich die Rolle der Opposition. Ziel der FIS war die Entstehung einer einheitlichen islamischen Gesellschaft, in der

Religion und Politik eine Einheit bilden sollten, sowie die Zurück-
drängung des westlichen Einflusses. Das Land sollte von religiösen Gelehrten regiert werden. Bei den Wahlen 1991 gewann die
FIS 193 von 430 Sitzen mit guten Aussichten für die Nachwahlen
im Januar 1992. Doch dann unternahm die Armee am 11.1.92 einen Staatsstreich und zwang den Präsidenten Chadli Benjedid
zum Rücktritt. Die FIS wurde verboten und viele ihrer Mitglieder
ins Gefängnis geworfen. Als der neue Präsident Mohammd
Boudiaf ermordet wurde, nutzte die Armee die Gelegenheit, um
gewaltsam gegen die FIS vorzugehen und die Organisation zu
zerschlagen.

Unter der Führung des militärischen Arms der FIS, „Armée
Islamique du Salut" AIS, bildeten sich militante islamische Gruppierungen, die den Djihad ausriefen und das Land mit einer Welle
der Gewalt überzogen. Der folgende Bürgerkrieg forderte allein bis
1998 80 000 Tote. Der Konflikt dauert an, obwohl der Ausnahme-
zustand aufgehoben und Abbassi Madani aus dem Gefängnis entlassen wurde.

5. Djamaat

(arab. al-Djamaat al-islamiya", „Islamische Gruppierungen")
Djamaat ist der Sammelbegriff für verschiedene, meistens unabhängig voneinander handelnde islamische Organisationen, die seit
den 1970er- Jahren in Ägypten auftreten. Anwar as-Sadat (gest.
1981) hatte damals einige Mitglieder der ursprünglich verbotenen
Muslimbrüder amnestiert, um ein Gegengewicht gegen die sozialistisch orientierten Nasseristen zu erhalten.

Die neu entstandenen Djamaat übernahmen zusammen mit vielen in jener Zeit neu gegründeten Moscheen soziale Aufgaben vor
allem in den Städten, wo sie kostenlos Kleidung und Essen verteilten
und Koranunterricht anboten. Gleichzeitig entstanden neue Hochschulen, zum Beispiel in Assuan, al-Fayyum und Qina, wo islamische Studentenorganisationen an Einfluss gewannen.

Da Sadat in der Djamaat wichtige Zentren des Widerstands gegen seine Versöhnungspolitik mit Israel sah, beschnitt er ihre Frei-
heiten und Rechte, worauf sich ein Teil der Gruppierungen radikalisierte. Für die Ermordung Sadats am 6.10.1981 war jedoch wahrscheinlich keine Gruppe der Djamaat, sondern eine der Djihad-
Gruppen verantwortlich.

Die Djamaat forderte eine islamische Regierung und die Wiedereinführung der islamischen Sharia sowie eine Eindämmung des
staatlichen Einflusses auf die Moscheen. Ihr selbsternannter Anfüh-
rer Umar Abd ar-Rahman rief die Muslime Ägyptens zur Re-
gierungsübernahme allerdings ohne Gewalt auf.

In der Folgezeit kam es zu zahlreichen Zusammenstößen zwischen der Djamaat und den ägyptischen Ordnungskräften, Verhaf-
tungen und Hausdurchsuchungen. Die Gewaltbereitschaft der
Djamaat-Mitglieder nahm zu.

Im Zuge der blutigen Ausschreitungen wurden der Sprecher der
Volksversammlung Rifaa al-Mahdjub im Oktober 1990, der liberale Schriftsteller Fradj Foda im Juni 1992 ermordet, auf den Premierminister Atif Sidqi im November 1993 ein Attentat verübt sowie
mehrere Anschläge auf Touristen verübt (November 1997 in Lu-
xor). Ein neues Antiterrorgesetz wurde erlassen und alle Reformis-
ten streng verfolgt. Die Anschläge blieben in der Folgezeit fast ganz
aus. Allerdings führte das Vorgehen der Ordnungsmächte zu Pro-
test bei der Bevölkerung und trug dazu bei, dass radikale islamische
Gruppen stärkeren Zulauf erhielten.

Literatur: U. Kupferschmidt: Reformist and Militant Islam in Urban and
Rural Egypt, in: Middle East Studies 23 (1987), S. 403ff.

6. Taliban

(arabisch/persisch „Suchende" bzw. „Studenten der islamischen
Wissenschaft(en)")

Bezeichnung der 1996–2001 in Afghanistan herrschenden fundamentalistischen Gruppe, die von dem Mujahedin-Anführer Mullah Mohammed Umar gegründet wurde und 1994 erstmalig in Erscheinung trat. Die Taliban bestehen aus Afghanen, die als Flüchtlinge in pakistanischen Religionsschulen ausgebildet wurden, und
aus islamischen Kämpfern, Mudjahedin. Im September 1996 nahmen die bei vielen Afghanen ausgesprochen freundlich begrüßten
Taliban die Hauptstadt Kabul ein. Ethnisch sind die Taliban vorwiegend Pashtunen. Sie wurden von der afghanischen Pashtunen-
gemeinschaft unterstützt, die von den tajikischen und uzbekischen
Führern enttäuscht waren. Mohammed Umar, der sich in Anlehnung an die Kalifen „Herrscher der Gläubigen" nannte, wurde religiöses und politisches Oberhaupt, die Regierungsgewalt übernahm

ein sechsköpfiger Rat. Rückhalt fanden die Taliban insbesondere deshalb, weil sie die herrschende Korruption im Land beseitigten, Frieden wieder herstellten, die Wirtschaft wieder ankurbelten und nicht mit den bisherigen Herrschern paktierten. Ziel der Taliban ist der islamische Staat, in dem es keine Frivolitäten wie Fernsehen, Musik und Kino gibt. Öffentliche Hinrichtungen und Amputationen von Körperteilen gehörten zum geltenden Strafrecht. Mädchen war es nicht mehr erlaubt, Schulen zu besuchen, und Frauen durften nicht arbeiten. Mit Ausnahme des vom bis zu seinem Tod (16.9.01) tajikischen Führer Ahmed Shah Masood beherrschten äußersten Norden (Nordallianz) des Landes unterstand Afghanistan bis zu ihrer Niederlage Ende 2001 der Herrschaft der Taliban.

Nach den Terroranschlägen in den USA (11.9. 01) galt der aus Saudi-Arabien stammende Terrorist Usama bin Laden als Kopf der Attentate. Die USA verlangten die sofortige Auslieferung von Afghanistan, wo Bin Laden Gastrecht genoss. Daraufhin begannen die USA und Großbritannien im Oktober mit Luftangriffen. Nach dem Sturz der Taliban ist eine Übergangsregierung bemüht, die politischen Verhältnisse zu stabilisieren.

Literatur: Werner Ende, Udo Steinbach (Hg.): Der Islam in der Gegenwart, München 1996 - Ulrich Haarmann, Geschichte der arabischen Welt, München 1987 – Heinz Halm: Die Schia, Darmstadt 1988 – Albrecht Noth/Eugen Paul (Hg.): Der Islam in der Geschichte, Würzburg 1998 – Sigrid Hunke: Allahs Sonne über dem Abendland, Stuttgart 1960 (TB-Ausgabe Frankfurt/Main 2001)

Der islamische Glaube

Das islamische Glaubensbekenntnis enthält fünf bzw. sechs Artikel:

1. Glaube an den einen Gott
2. Glaube an Gottes Engel
3. Glaube an die Bücher Gottes
4. Glaube an die Gesandten Gottes
5. Glaube an den Jüngsten Tag
6. Die Sunniten fügen noch den Glauben an die Vorherbestimmung hinzu, der in einigen neueren Darstellungen allerdings weggelassen wird. Dieser Glaubensartikel wird in diesem Kapitel im Zusammenhang mit dem Glauben an Gott erörtert.

Im Koran steht dazu:

„Die Gläubigen sind nur diejenigen, die an Gott und seinen Gesandten glauben und hierüber keinen Zweifel hegen."(49,15)

„Der Gesandte glaubt an das, was ihm von seinem Herrn herab gesandt wurde, ebenso die Gläubigen, sie alle glauben an Gott und an seine Engel und an seine Bücher und an seine Gesandte. Wir machen keinen Unterschied zwischen ihnen."(2,284)

Der Glaube an den einen Gott
Im Mittelpunkt der islamischen Gotteserfahrung steht der Glaube an den einen und einzigen wahren Gott, der täglich in der Shahada (wörtl. Zeugnis) öffentlich bezeugt wird: „Ich bezeuge, dass es keine Gottheit außer Gott gibt, und ich bezeuge, dass Mohammed der Gesandte Gottes ist." Der Islam verleiht der Einzigartigkeit Gottes ein solches Gewicht, dass er alles ablehnt, was auch nur entfernt eine Verfälschung dieses Gedankens bedeuten könnte: Sag: Er ist Gott, ein Einziger, Gott, durch und durch. Er hat weder gezeugt, noch ist er gezeugt worden. Und keiner ist ihm ebenbürtig.« (112,1–4) Die schwerste Sünde besteht darin, Gott andere Wesen beizugesellen (Shirk) und damit seine Einheit (Tauhid) zu beeinträchtigen: „Gott vergibt nicht, dass man ihm andere Götter beigesellt." (4,48). Mit dem Begriff Shirk werden z. B. der Polytheismus und die christliche Trinitätslehre beschrieben; er meint aber im übertragenen Sinn heute auch allgemein die Vergötzung von Personen und Sachen. Gott

hat keine Gefährtin gehabt (6,101). Er braucht keine Nachkommen zu zeugen, da er bereits die ganze Schöpfung besitzt (10,68). Er schafft nicht durch Zeugung, sondern durch sein schöpferisches Wort (19,35). „Ihm gleicht nichts" (42,11), verkündet der Koran und verhindert dadurch Vorstellungen, nach denen Gott menschliche Gestalt zugeschrieben wird. Der Koran lehnt die Idee der christlichen Gottessohnschaft ab.

Gott – der Transzendente und der Nahe

Gott ist der Transzendente und Erhabene, den das menschliche Auge nicht erblicken kann (6,103). Ähnlich wie in der christlichen Theologie wird Gott häufig mit Allmachtsvokabeln und Superlativen beschrieben: „Den einen Gott preist alles, was im Himmel und auf der Erde ist. Er ist der Mächtige und Weise. Er hat die Herrschaft über Himmel und Erde. Er macht lebendig und lässt sterben und hat zu allem die Macht. Er ist der Erste und der Letzte, deutlich erkennbar und zugleich verborgen. Er weiß über alles Bescheid." (57,1–3) Die Ehrfurcht vor dem erhabenen Gott kommt im sog. „Thronvers" zum Ausdruck: „Gott ist einer allein. Es gibt keinen Gott außer ihm. Er ist der Lebendige und Beständige. Ihn überkommt weder Ermüdung noch Schlaf. Ihm gehört alles, was im Himmel und auf der Erde ist. Wer könnte außer mit seiner Erlaubnis am Jüngsten Tag bei ihm Fürsprache einlegen? Er weiß, was vor und hinter ihnen liegt. Sie aber wissen nichts davon – außer, was er will. Sein Thron reicht weit über Himmel und Erde, und es fällt ihm nicht schwer, sie vor Schaden zu bewahren. Er ist der Erhabene und Gewaltige." (2,255) Gott wird auch als der Fürsorgende (16,80f.) und ganz Nahe gesehen, der dem Menschen näher ist als seine eigene Halsschlagader (50,16). Der Koran spricht von den schönsten Namen Gottes (7,180; 59,24), die von der Tradition auf die Zahl 99 festgelegt wurden. Dabei werden, abgesehen von seiner Einheit und Transzendenz, vor allem auch sein schöpferisches Wirken, seine Barmherzigkeit, seine Rolle als Friedensstifter, seine Vorhersehung und seine Aufgabe als Richter beschrieben.

Gott ist auch der Schöpfer des Himmels und der Erde und des Menschen. Die koranischen Schöpfungserzählungen erinnern in ihren Motiven an das Alte Testament:

6,95–99: „Gott lässt keimen das Korn und den Dattelkern. Er bringt das Lebendige aus dem Toten hervor und das Tote aus dem

Lebendigen. Das ist Gott. Warum erkennt ihr dies nicht an? Er lässt den Morgen anbrechen und schafft die Nacht als Ruhepause. Sonne und Mond lässt er zur Zeitrechnung entstehen. Alles dies geschieht auf Anordnung des Mächtigen, des Wissenden. Er hat die Sterne geschaffen, damit ihr mit ihrer Hilfe in der Finsternis zu Lande und zu Wasser rechtgeleitet werdet. Wir haben die Zeichen für Leute auseinander gesetzt, die Bescheid wissen. Er ist derjenige, der euch aus einem einzigen Wesen geschaffen hat und euch einen Ort der Ruhe und der Zuflucht gab. Wir haben die Zeichen nun deutlich für einsichtige Leute erklärt, und er ließ vom Himmel Wasser herabkommen. Dadurch haben wir Wachstum aller Art hervorgebracht und daraus das Grüne, aus dem wir dichtes Korn hervorbringen, und aus den Blütenscheiden der Palmen lassen wir niederhängende Fruchtbüschel entstehen und Gärten voller Weintrauben, Oliven und Granatäpfel, einander ähnlich und unähnlich. Schaut euch ihre Frucht an, wenn sie keimt und reift. Ja, dies sind Zeichen für Menschen, die glauben."

„Gott ist es, der Himmel und Erde und alles, was dazwischen ist, in sechs Tagen geschaffen und sich daraufhin auf dem Thron zurechtgesetzt hat, um die Welt zu regieren ... Er, der alles, was er geschaffen, gut gemacht hat und den Menschen zuerst aus Lehm geschaffen ... und ihn hierauf zur menschlichen Gestalt geformt und ihm Geist von sich eingeblasen hat und der euch Gehör, Gesicht und Verstand gegeben hat. Wie wenig dankbar seid ihr.« (32,4–9) Der Koran belohnt an vielen Stellen, dass die wunderbare Schöpfung in erster Linie für den Menschen bestimmt ist und dass der Gläubige Gott aus der Natur erkennen kann.

Gott – der barmherzige Erbarmer

Gott wird im Koran allenthalben als „barmherziger Erbarmer" erfahren. Jede Sure (mit Ausnahme der neunten) beginnt mit der Einleitungsformel: „Im Namen Gottes, des barmherzigen Erbarmers." Viele Muslime pflegen ihre Arbeit mit diesem Hinweis auf Gottes Barmherzigkeit zu beginnen. Manche Politiker leiten damit ihre Reden ein und stellen sie wichtigen Dokumenten voran. Überwältigend oft ist im Koran – mehr als 700 Mal – von Gottes „Rahma/Barmherzigkeit" die Rede, wird Gott als der „barmherzige Erbarmer" erfahren.

Gottes Barmherzigkeit, die weibliche Rahma, ist das großzügige Angebot Gottes an die von ihm geschaffenen und umsorgten Menschen. Nach islamischem Verständnis ist Religion niemals als menschlicher Versuch zu bewerten, sich aus eigener Kraft zu Gott aufzuschwingen: von unten nach oben. Der Glaube kommt von Gott. Die Gegenüberstellung von „forderndem" und „schenkendem" Gott, von Gesetz und Evangelium, setzt einen Interpretationsrahmen, der dem Islam nicht gerecht wird und schiefe Alternativen aufbaut.

Wer die islamische Glaubenspraxis, diese Lust am korrekten, geordneten Handeln, ausschließlich aus dem Blickwinkel von Werkgerechtigkeit, Gesetzlichkeit usw. betrachtet, missdeutet sie. Er erkennt nicht ihre Intentionen, die „innere Dimension" dieser Frömmigkeitsform. Für den Christen hat Gott aus Liebe zu den Menschen in dem historischen Jesus von Nazareth seine Transzendenz durchbrochen und sich der menschlichen Beschränkung unterworfen. Gott ist für den Islam der „ganz Andere" (Rudolf Otto): „Ihm gleicht nichts" (42,11), sagt der Koran und richtet damit die Grenze zwischen Gott und Mensch unüberwindlich auf: Gott und Mensch stehen einander als Schöpfer und Geschöpf gegenüber. Nach islamischer Auffassung wird von Gott in der Bildlichkeit von Größe, Herrschaft, Erhabenheit gesprochen – nicht aber in der Symbolik von Schwäche und Erniedrigung. Und dennoch: Dieser große, mächtige, heilig-erhabene Gott ist seinen Geschöpfen ganz nahe, umsorgt sie mit seiner Rahma.

Gott hat sich zur Barmherzigkeit verpflichtet: 6,54: „Und wenn zu dir diejenigen kommen, die an unsere Lehren glauben, so sage: „Frieden über euch!" Vorgeschrieben hat sich Gott selbst die Barmherzigkeit, denn wer von euch etwas Schlechtes unwissentlich tut, dann aber bereut und sich bessert, dem zeigt er sich bestimmt als vergebend und barmherzig."

Eine ebenso wichtige Gotteserfahrung ist Gottes Gerechtigkeit, die mit Gnade und Erbarmen verbunden ist. Der fromme Muslim weiß, dass er nicht selten hinter den Anforderungen Gottes zurückbleibt und auf Erbarmen angewiesen ist. Der Koran spricht normalerweise nicht von Gottes Liebe, zumindest nicht in einem bedingungslosen Sinn. Gottes Barmherzigkeit erreicht zwar auch den, der vom rechten Wege abgeirrt ist, doch muss dieser Mensch aufrichtige Reue zeigen.

In der islamischen Mystik hingegen wurde und wird Gott oft als der Liebende und Fürsorgende beschrieben, der seine Wohltaten sogar demjenigen erweist, der nichts getan hat, sie zu verdienen.

Gott ist auch der Richter des Jüngsten Tages: „Die Menschen werden dich auch über die letzte Stunde befragen. Sprich: „Nur Gott allein weiß sie und will sie dir nicht kundtun; doch vielleicht ist diese Stunde schon nahe. Die Ungläubigen hat Gott verflucht und für sie das Höllenfeuer bereitet, und ewig werden sie darin bleiben, ohne einen Beschützer und Helfer finden zu können. O Gläubige, fürchtet Gott und sprecht nur wohlüberlegte Worte, damit Gott eure Werke gedeihen lasse und euch eure Sünden vergebe; denn, wer Gott und seinem Gesandten gehorcht, der soll sich großer Glückseligkeit erfreuen." (33,70–72) Ein zeitgenössischer Autor unterscheidet zwischen Gott als Richter und als Herr, wobei sein Herrsein noch höher bewertet wird. Ein Richter sei verpflichtet, gerecht zu handeln und die Übeltäter zu bestrafen. Der Herr hingegen handele nach freiem Ermessen und könne auch die größten Sünden verzeihen.

Exkurs: Die Vorherbestimmung

Ein besonders schwieriges Problem stellt die Idee der göttlichen Vorherbestimmung dar. Muslime gelten oft als Fatalisten, die sich angesichts eines willkürlich agierenden Gottes passiv verhielten und alle persönlichen und gesellschaftlichen Gegebenheiten als gottgewollt hinnähmen. Man spricht auch häufig vom Kismet-Glauben der Muslime und unterstellt damit eine Passivität des Gläubigen, da Gott ohnehin alles vorherbestimmt habe und der Mensch nichts tun könne. Um ein ausgewogenes Bild zu erhalten, muss man zwischen den einzelnen Phasen der Verkündigung Mohammeds unterscheiden. In der ersten mekkanischen Phase warnt Mohammed bekanntlich vor dem Jüngsten Gericht. Er betont die Macht Gottes, um die Menschen zur Umkehr anzuspornen. Gute Taten werden belohnt, schlechte aber bestraft. Die Vorherbestimmung ist also in dieser Zeit kein Thema. „Ein jeder haftet für das, was er in seinem Erdenleben getan hat, ausgenommen die Seligen. Sie werden dereinst in Gärten der Wonne sein und sich gegenseitig fragen, was aus den Sündern geworden ist. Sie entdecken sie dann unten in der Hölle und fragen: Was hat euch in die Hitze der Hölle gebracht? Die Sünder sagen: Wir haben nicht zu denen gehört, die das Gebet verrichten, wir haben den Armen nichts zu essen gegeben, es mit denen gehalten, die lose plaudern, und den Tag des Gerichts für Lüge erklärt, bis zu uns kam, was allen gewiß ist (d. h. der Tod). Nun nützt ihnen keine Fürsprache mehr." (74,38–48) In einigen Texten der zweiten mekkanischen Phase ist davon die Rede, dass Gott die Menschen „in die Irre führt". In der Regel geschieht dies aber als Strafe für vorher begangene Taten. Mohammed erfährt angesichts des beginnenden Widerstandes der Mekkaner gegen seine Botschaft eine Bestärkung und Tröstung durch die Gewissheit, dass es nicht seine Schuld ist, wenn die Menschen uneinsichtig sind: „Du kannst mit deiner Botschaft nur jemanden warnen, der der Mahnung folgt und den Barmherzigen im Verborgenen fürchtet. Dem aber verkünde, dass er dereinst Vergebung und vortrefflichen Lohn zu erwarten hat!" (36,11) In der dritten mekkanischen Phase nimmt der Widerstand jedoch in einem solchen Maße zu, dass Mohammed die Mekkaner als „verstockt" empfindet. Trotzdem wird auch hier von der Verantwortung des Menschen gesprochen, der für sein Erdenleben Rechenschaft ablegen muss: „Und wenn Gott einen rechtleiten will, weitet er ihm die Brust für den Islam. Wenn er aber einen irreführen will, macht er ihm die Brust eng und bedrückt. So legt Gott die Unreinheit auf diejenigen, die nicht glauben, so dass sie verstockt bleiben. Dies, was dir offenbart worden ist, ist der Weg deines Herrn. Er ist gerade. Wir haben die Verse auseinander gesetzt für Leute, die sich mahnen lassen. Ihnen wird dereinst bei ihrem Herrn die Behausung des Heils zuteil. Und er ist ihr Freund. Dies zum Lohn für das, was sie in ihrem Erdenleben getan haben." (6,125–127) In Medina räumt Mohammed der Freiheit des Menschen wieder größeren Raum ein. Allerdings muss er bei der Organisation seiner Gemeinde auch die Feststellung machen, dass seine Anhänger schwach sind, zum Unglauben neigen und Gottes Zeichen nicht beachten. Aber dennoch können sie aus eigener Kraft umkehren (2,6 ff.). Die teilweise widersprüchlich erscheinenden Aussagen im Koran, die sich aber aus dem situativen Kontext erklären lassen, wirkten sich auf die spätere Theologie aus. Die Schule der Djabariten ging davon aus, dass es keinen freien Menschen geben könne, da die Allmacht Gottes dadurch beeinträchtigt würde. Die Qadariten und später die Mutaziliten vertraten die Ansicht, dass ein gerechter Gott nur einen frei handelnden Menschen zur Verantwortung ziehen könne.

Bei den Mutaziliten handelt es sich um die Begründer der ältesten spekulativen Schule innerhalb des sunnitischen Islam. Entstanden ist sie in der ersten Hälfte des 8. Jh. Sie war im Irak, in Ägypten und später auch in Spanien und dem Iran vertreten. Ihre Blüte erlebte sie im 9. Jh. Ihre Entstehung ist eng verbunden mit der Frage nach der Verantwortlichkeit des Menschen. Das Verhalten Alis gegenüber seinen Gegnern sowie die Einstellung der Umaiyaden, die alle Vergehen muslimischer Bürger mit der göttlichen Vorherbestimmung entschuldigten, bestimmten ihre Doktrin von der Freiheit des Menschen im Denken und Handeln. Da nach Ansicht der Mutaziliten der Glaube durch die Vernunft verstanden werden sollte, gerieten sie in Konflikt zu den Traditionsanhängern, für die nur der Wortlaut der Offenbarung maßgebend war. Die Mutaziliten übten aber auch an den Shiiten und nichtislamischen Religionen Kritik, wobei sie auch einiges von Juden und Christen übernahmen. Ihre Opposition zu den Umaiyaden stellte sie in die Gunst der Abbasiden und half mit, jene Atmosphäre zu schaffen, die die Übernahme griechischer Wissenschaft ermöglichte. Angeregt vom griechischen Gedankengut, gelang es ihnen, ihre Lehre weiter zu systematisieren, die sich in den Hauptpunkten Fragen nach dem Wesen Gottes und des Prophetentums, der Erschaffenheit des Korans und den Folgen der menschlichen Freiheit beschäftigte.

Einige shiitische Richtungen eigneten sich Elemente der Lehre der Mutaziliten an. Auch trug sie zur Entwicklung der christlichen Scholastik und der jüdischen Religionsphilosophie bei. Heute gibt es sog. Neumutaziliten, die sich vor allem dem klassischen Anliegen der Freiheit des Menschen widmen.

Die Schule der Ashariten trat schließlich für einen Kompromiss ein. Die Verantwortung des Menschen besteht darin, dass dieser der von Gott gewollten und in ihm erzeugten Handlung zugestimmt hat. Die Freiheit des Menschen vollzieht sich demnach in einem abgesteckten Rahmen. In der heutigen Diskussion wird der Freiheitsraum des Menschen wieder erweitert. Während früher die Sunniten den fünf Glaubensartikeln im Allgemeinen noch den Glauben an die Vorherbestimmung hinzufügten, schränken heutige Katechismen diesen Gedanken ein, lassen ihn teilweise sogar weg oder beziehen ihn auf Erscheinungen außerhalb des menschlichen

Bereiches, z. B. auf die Natur. Auf den Begriff Kismet sollte bei der Beschreibung des islamischen Gottesbildes verzichtet werden. Er ist kein theologischer Begriff und spielt lediglich im Volksglauben eine gewisse Rolle. Man verwendet ihn, wenn sich für Schicksalsschläge oder Glücksfälle im Leben keine direkte Ursache angeben lässt. Ein frommer Muslim rechnet immer mit dem Eingreifen Gottes. Dies ist nicht Ausdruck von Fatalismus, sondern Gottvertrauen. Die dem Orientalen nachgesagte Inaktivität im privaten, politischen oder wirtschaftlichen Bereich sollte man nicht einseitig der Religion anlasten. Oft spielen klimatische, kulturelle und politische Ursachen die entscheidende Rolle.

Der Glaube an Gottes Engel

Neben den namentlich erwähnten Engeln Djibril (Gabriel), der Mohammed den Koran überbrachte, Mikail, Harut und Marut kennt der Koran zwei Gruppen von Engeln, die „Wächter der Hölle" (74,31) und die „Nahegebrachten" (4,172). Bei den Engeln handelt es sich hauptsächlich um Wesen, die Gott loben und preisen. Im Auftrag Gottes bewachen und schützen sie auch die Menschen, verzeichnen ihre Taten und nehmen die Seelen der Toten in Empfang.

Iblis, der in den so genannten Israiliyat auch ursprünglich als Engel gilt, wurde aus dem Paradies vertrieben, weil er sich weigerte, vor dem von Gott geschaffenen Menschen niederzufallen: „Und wir haben doch euch Menschen geschaffen. Hierauf gaben wir euch eine ebenmäßige Gestalt. Hierauf sagten wir zu den Engeln: „Werft euch vor Adam nieder! Da warfen sie sich alle nieder außer Iblis. Er gehörte nicht zu denen, die sich niederwarfen. Gott sagte: „Was hindert dich daran, dich niederzuwerfen, nachdem ich es befohlen habe?" Iblis sagte: „Ich bin besser als er. Mich hast du aus Feuer erschaffen, ihn nur aus Lehm." Gott sagte: „Geh vom Paradies hinab auf die Erde! Du darfst darin nicht den Hochmütigen spielen. Geh hinaus, du gehörst künftig zu denen, die gering geachtet sind." Iblis sagte: „Gewähre mir Aufschub bis zu dem Tag, da die Menschen vom Tod erweckt und zum Gericht versammelt werden!" Gott sagte: „Du sollst zu denen gehören, denen Aufschub gewährt wird." (7,11–15) Der Mensch steht über den Engeln, weil er im Gegensatz zu den sündlosen Himmlischen die Möglichkeit besitzt, zwischen Gut und Böse zu wählen.

Der Glaube an Gottes Bücher

Der Glaube an Gottes Bücher umfasst im Wesentlichen Psalter, Tora, das als ein Buch aufgefasste Evangelium und an erster Stelle den Koran.

Im Koran heißt es: „Ich glaube an all das, was Gott an Schriften herabgesandt hat. Und mir ist befohlen worden, ich soll mit Gerechtigkeit unter euch richten."(42,15)

Für den Muslim ist der Koran wichtigster Glaubensinhalt, der die Bedeutung, welche die Bibel für die Christen hat, weit übersteigt. Muslimische und christliche Theologen – so bereits Nathan Söderblom und Heinrich Frick – vergleichen, wie bereits erwähnt, bisweilen die Bedeutung des Korans für den Islam mit der Jesu Christi im Christentum. Daher versteht man auch, warum sich die Muslime gegen die Bezeichnung Mohammedaner wehren; denn diese Analogiebildung zu Christen weist Mohammed eine heilsgeschichtliche Bedeutung zu, die er nicht besitzt. „Die heilige Nacht des Christentums ist die Weihnacht, in der Gott in einem Stall Mensch wurde. Im Islam entließ im heiligen Monat Ramadan Gott aus Gnade und Barmherzigkeit ein Buch, den Koran, der von dem göttlichen Gesandten Mohammed empfangen und den Menschen zur Rechtleitung übermittelt wurde ... Somit ist der Koran und nicht sein bloßer Überbringer das Bindeglied zwischen Gott und Mensch im Islam." (H. Frick: Vergleichende Religionswissenschaft, Berlin und Leipzig 1928, S. 68ff.) Die heilige Offenbarungsnacht des Islam wird folgendermaßen beschrieben:

„Siehe, WIR ließen IHN niedersteigen zur Herrlichen Nacht.
Kannst du dir ausdenken, was diese herrliche Nacht ist?
Diese herrliche Nacht ist besser als tausend Monde.
Da stiegen die Engel herab und der Geist auf ihres Herrn Geheiß mit der Ganzheit des Wortes.
Heilbringend war sie bis zum Aufstieg des Morgenrots." (Sure 97 in der Übersetzung von Claus Schedl: Mohammed und Jesus. Die theologisch relevanten Texte des Korans, neu übersetzt und erklärt, Wien u.a. 1978, S. 111)

Der Koran ist das „Wort Gottes". Doch hat nicht etwa ein Mensch aufgrund göttlicher Eingebung diese Schrift verfasst. Der

Prophet verhielt sich nämlich beim Offenbarungsempfang vollkommen passiv. Der verbal inspirierte Koran darf nicht mit Werken
menschlicher Literatur auf eine Stufe gestellt werden. Die Sprache
des Korans ist das Arabische, das damit zu einer heiligen Sprache
wird: „Die Form des Korans ist die arabische Sprache, die religiös
gesprochen so unzertrennbar vom Koran ist, wie der Körper Christi
von Christus selbst." (Seyyid Hossein Nasr: Ideals and Realities of
Islam, London 1975, S. 44) Zwar wurde der Koran später zum
Zweck der religiösen Unterweisung in die verschiedensten Sprachen übersetzt, aber trotzdem kommt dem arabischen Original bis
heute eine unvergleichliche Bedeutung zu. Jeder islamische Theologe muss daher auch des Arabischen mächtig sein. Der Koran ist
das Abbild eines präexistenten Urbuches, der „Mutter des Buches",
mit der er genau übereinstimmt. Gott selbst hat mit der „göttlichen
Feder" diese Schrift verfasst. Nicht nur der gesamte Koran, sondern
jeder einzelne Vers gilt als Wunderzeichen (Aya). Später arbeiteten
islamische Theologen die Lehre von der Unübertrefflichkeit des
Korans aus, der keine inneren Widersprüche und nur zutreffende
Prophezeiungen, ja sogar die Vorwegnahme einer Reihe naturwis-
senschaftlicher Erkenntnisse enthalte.

Die ursprüngliche Bedeutung des Wortes „Koran" ist nicht vollständig geklärt. Wahrscheinlich handelt es sich um ein arabisches
Lehnwort aus dem Aramäischen in der Bedeutung „Lesung, Rezitation". Der Koran besteht aus 114 Kapiteln (Suren), die ihrerseits
aus Versen (Aya) zusammengesetzt sind. Die Suren sind nicht in
einer zeitlichen Reihenfolge geordnet. Vielmehr wurde die Anordnung, von einigen Ausnahmen abgesehen, nach fallender Länge
vorgenommen. Die zweite Sure umfasst als längste 286 Verse, während die 114. aus drei Versen besteht. Jede Sure trägt einen Namen
(z. B. die Kuh [Nr. 2], die Frauen [Nr. 4]), der jedoch nicht ohne
weiteres als Themenangabe des ganzen Textes verstanden werden
darf. Man teilt den Koran im Allgemeinen in drei mekkanische
und eine medinensische Phase ein. Die Suren der ersten mekkanischen Phase sind von dem Gedanken an die unmittelbare Ankunft des Jüngsten Gerichts sowie der Vorstellung des gütigen
Schöpfergottes bestimmt, der im Gegensatz zu den vorislamischen Göttern nicht willkürlich handelt, sondern sich jedem
Lebewesen fürsorglich zuwendet und gerecht ist. Mohammeds
Hauptabsicht bestand in dieser Zeit darin, die ungläubigen

Mekkaner zu dem einen Gott zu bekehren. Daher schildern viele
dieser frühen Suren die Belohnung der Frommen und die Höllenqualen der Sünder. Der Stil dieser eschatologischen Gerichts-
predigten ist eine dichterisch anmutende Reimprosa. Ähnlich wie
die Sprüche der altarabischen Wahrsager zeichnet sich die Sprache
des frühen Korans durch kurze rhythmische Verse aus:
  „Trag vor in des Herren Namen, der euch schuf aus blutigem
Samen! Trag vor! Er ist der Geehrte, der mit dem Schreibrohr
lehrte, was noch kein Menschenohr hörte. Doch der Mensch ist
von störrischer Art, nicht achtend, dass er ihn gewahrt. Doch zu
Gott führt einst die Fahrt."(96,1–8, in der Übersetzung von H.
Grimme; zit. bei H. Gätje: Koran und Koranexegese, Zürich u. a.
1971, S. 16)
  In der zweiten mekkanischen Phase werden diese Endzeitge-
danken durch mancherlei Beispiele aus der Natur und warnende
Geschichten erläutert. Die ekstatische Rede nimmt ab, die Verse
nehmen an Länge zu, und Wiederholungen treten auf. Bei den war-
nenden Geschichten handelt es sich teilweise um Überlieferungen
aus der arabischen Welt, aber auch um jüdische und christliche Themen. Diese Geschichten enthalten oft Berichte über das Schicksal
früherer Propheten. Es wird geschildert, wie ein Prophet auftritt und
die Menschen warnt, diese seiner Botschaft jedoch kein Gehör
schenken, worauf Gottes Gericht folgt. Es handelt sich hierbei um
die sogenannten Straflegenden. Für die frühen Verkündigungen
sind auch Schwurformeln typisch, deren Form auch von den altarabischen Wahrsagern übernommen wurde (52,1ff.; 53,1; 77,1ff.;
85,1ff.). Davon zu trennen sind Verwünschungsformeln gegen konkrete Gegner Mohammeds in Mekka (z. B. 111). In der dritten
mekkanischen Phase wird die Sprache zunehmend prosaischer und
zeichnet sich durch zahlreiche Wiederholungen aus. In dieser Periode und vereinzelt auch früher begegnen uns Gleichnisse. Mit Ausnahme des Gleichnisses vom „Reichen Weingärtner und vom armen Mann" (18,32–44) sind sie eher kurz: „Seid rechtgläubig gegen
Gott, und setzt ihm kein Wesen zur Seite, denn wer Gott ein Wesen
zur Seite setzt, der gleicht dem, was vom Himmel herabfällt, aber
von den Raubvögeln erhascht oder vom Sturm an einen entfernten
Ort verweht wird" (22,31). Thematische Schwerpunkte der Gleichnisse sind vor allem das Verhalten zwischen Gläubigen und Ungläubigen sowie der eine Gott und die vielen Götter.

In der medinensischen Phase konnte sich Mohammed nicht mehr damit begnügen, eine auf das Jenseits gerichtete Botschaft zu verkünden. Er musste eine soziale Ordnung schaffen. Die Suren aus dieser Zeit enthalten daher vorwiegend Bestimmungen des familiären und gesellschaftlichen Zusammenlebens, der Verteidigung nach außen, Kriegführung und Behandlung von Nichtmuslimen. Der Stil dieser Suren erinnert bisweilen an juristische Werke (z. B. Sure 2). Für alle Offenbarungsphasen sind hymnische Texte typisch, in denen Gottes wunderbare Schöpfung beschrieben wird (6,95–99; 57,1ff.; 62,1 ff.; 64,1ff.).

Die Offenbarungen vollzogen sich mündlich. Mohammed trug die Offenbarungen immer wieder seinen Anhängern vor, bis diese sie sich eingeprägt hatten. Bis zur endgültigen Redaktion unter dem Kalifen Uthman (um 650), d. h. nicht einmal 20 Jahre nach dem Tode des Propheten, kursierten noch mindestens vier weitere Sammlungen. Sie unterschieden sich in erster Linie durch die Anordnung der Suren und durch kleinere textliche Abweichungen. Nach der Entstehung der Koransammlung durch Uthman war immer noch kein einheitlicher Text geschaffen, da die diakritischen Punkte und Vokalzeichen fehlten, die in der arabischen Schrift Buchstaben gleicher Form und Wörter mit gleichem Konsonantengebilde unterscheiden. Der Einigungsprozess über diese Probleme zog sich einige Zeit hin. Außerdem waren die vier anderen Textsammlungen auch noch verbreitet, obwohl die Version Uthmans bald als die allgemein verbindliche galt.

Der Glaube an Gottes Gesandte

Der Koran erwähnt in einigen Suren (3,33; 4,163ff.; 6,83ff.) vorislamische Gesandte, die verschiedenen Völkern eine Schrift zur Rechtleitung brachten, zum Beispiel Mose und Jesus. Da die Menschen nicht auf die göttliche Botschaft hören wollten, wurden immer neue Gesandte geschickt, um die Menschen zu warnen und auf den rechten Pfad zu führen. Mohammed ist für den Islam der letzte Gesandte.

Darüber hinaus erwähnt der Koran frühere Propheten wie zum Beispiel Abraham, dem im Islam eine besondere Bedeutung zukommt. Mohammed ging von der Verwandtschaft der drei „Abrahamsreligionen" (Judentum, Christentum, Islam) aus, stellte sich in die Reihe der früheren Propheten (Adam, der Erwählte Gottes; Noah, der Prophet Gottes; Abraham, der Freund Gottes; Moses, das Wort Gottes; Jesus, der Geist Gottes). Mohammed selbst verstand sich als „Siegel", d. h. als Abschluss der Propheten.

Alle Gesandte gelten auch als Propheten, jedoch nicht umgekehrt, da Gesandte nur solche Propheten sind, die eine heilige Schrift überbrachten.

Abraham wird im Koran als der erste Muslim gesehen, als „Anhänger des reinen Glaubens" (2, 135), gilt als „Vorbild für die Menschen" (2, 124), „Anvertrauter" Gottes. Abraham spielt neben Moses, Jesus und den übrigen Propheten Israels als Verkünder der gleichen göttlichen Offenbarung in allen Zeitabschnitten der mekkanischen Periode eine bedeutende Rolle. Schon in der historisch gesehen 7. Sure (87,18–19) erwähnt der Koran den alttestamentlichen Patriarchen. Mit dem Hinweis auf die Schriften Abrahams und Moses sollen die mekkanischen Polytheisten von der Wahrheit überzeugt werden. Wenn der Koran Juden und Christen tadelt, beruft er sich auf den kompromisslosen Monotheismus Abrahams. Der Koran bringt Abraham in Verbindung mit Bau (2,127) und Reinigung der Kaaba von Götzen (22,26). Außerdem gilt Abraham als Begründer der Wallfahrt (3,97). Der Koran schildert: Abrahams Gotteserkenntnis; seine Kritik am polytheistischen Götterglauben; Abraham verlässt seinen Vater; er bittet für die vom Untergang bedrohte Stadt Sodom; Abraham unter der Eiche von Mare und die Geschichte von der Opferung seines Sohnes Isaaks bzw. Ismails. Gott verhindert, dass Abraham sein Vorhaben in die Tat umsetzt und seinen Sohn umbringt. In Erinnerung daran begehen die Muslime am 10. Tag des Wallfahrtsmonats ihr größtes Fest, das Opferfest.

Exkurs: Jesus im Islam

Im Islam spielt Jesus eine bedeutende Rolle. Im Koran heißt er Isa (25Mal), ein in der islamischen Welt geläufiger männlicher Vorname. Erwähnt wird Jesus in 15 Suren des Korans, d.h. in etwa 100 Versen. Sechs gehören zu den mekkanischen Suren, neun zu den späteren medinensischen. Teils erfolgt die Erwähnung Jesu sporadisch, teils in zusammenhängenden Erzählungen. Im Allgemeinen findet sich der Isa-Stoff in einen Rahmen von Prophetenerzählungen eingefügt (19,1–41). Isa ist Abd („Diener"), Nabi („Prophet"), Rasul („Gesandter"), Al-Masih („Messias"), Kalima („Wort Gottes"), Ruh („Geist Gottes") und Bringer der Schrift, nämlich des als ein Buch aufgefassten Indjil („Evangelium"). Der Koran nennt Isa „Sohn der Maria", nicht aber „Sohn Gottes", weil dies gegen den Monotheismus verstößt. Isa wird als Zeuge gegen die Christen angerufen: Statt in seiner Botschaft den bereits von anderen Propheten vor ihm verkündeten Monotheismus hervorzuheben, haben die Christen Isa vergöttlicht und in ihrer Trinitätslehre zu einem von dreien gemacht. Isa ist gestorben, zu Gott erhöht worden (3,55). Jesus ist jedoch nicht gekreuzigt worden (4,154ff.). Wie die anderen Propheten und Gesandten vor ihm hat Isa den Auftrag, den Dienst der Menschen gegenüber dem einen und einzigen Gott zu verkünden: „Gott ist mein Herr und euer Herr; dient ihm also! Das ist ein gerader Weg!" (19,36; 43, 64 u.ä.). Isa werden außerordentliche Beschaffenheiten zugesprochen, die sonst in ihrer Gesamtheit im Koran keinem anderen Menschen, nicht einmal Mohammed, zugeschrieben werden. Wie Adam (3,59), so entstand er ohne menschlichen Vater – einfach auf einen Befehl Gottes. Isas Mutter Maria wird wegen ihrer „Reinheit" über „die Frauen in aller Welt" gehoben (3,42). Vom koranischen Isa werden nicht nur außergewöhnliche Aya („Zeichen") – Wundertaten, Heilungen, Totenerweckungen – berichtet. Isa gilt selbst als „Zeichen Gottes, mit dem Gott die Menschen auf sich hinweisen und ihnen mitteilen will, dass er vorhat, ihnen mit Barmherzigkeit zu begegnen. Dieser Zeichencharakter unterscheidet Isa von allen anderen Propheten, Mohammed eingeschlossen. Während Isa im Koran vor allem durch sein Reden und Handeln hervortritt, zeichnet der Sufismus, die islamische Mystik, von ihm das Bild eines heimatlos-asketischen Wanderers.

Auch moderne islamische Denker beschäftigen sich mit Isa. So interpretieren ihn islamische Sozialisten zum Beispiel als Sozialreformer und Bruder Mohammeds, weil beide versuchten, die Menschheit vor Tyrannei und Ungerechtigkeit zu befreien. Der ägyptische Schriftsteller und Orthopäde Mohammed Kamil Husain, der mit seinem 1954 erschienenen Jesus-Roman „Sündige Stadt" (gemeint ist Jerusalem) einen Literaturpreis seines Landes gewann, schildert die Atmosphäre in Jerusalem am Kreuzigungstag. Er erörtert unter psychologischem Blickwinkel die Folgen, die dieses Ereignis für das allgemeine christliche Bewusstsein hatte. Optimistisch folgert Husain: Wenn alle an der Kreuzigung beteiligten Personengruppen sich von ihrem Gewissen hätten leiten lassen, wäre die furchtbare Tat verhindert worden.

Der Glaube an den Jüngsten Tag

Im Koran heißt es: „Du wirst kein Volk finden, das an Gott und an den Jüngsten Tag glaubt und dabei diejenigen liebt, die sich Gott und seinem Gesandten widersetzten."(58,22) „Wer echt handelt und dabei gläubig ist, hat am Jüngsten Tag weder Unrecht noch Gewalt zu befürchten."(20,112)

Der Glaube an Auferstehung der Toten und Gericht gehört zu den zentralen islamischen Glaubensauffassungen. Unmittelbar nach dem Eintritt des Todes erscheint der Todesengel Izrail, nimmt die Seele des Verstorbenen und trägt sie zu einem Zwischengericht in den Himmel. Nur der Seele eines gläubigen Menschen wird dort die Aussicht auf das spätere Paradies zuteil; den anderen dagegen bleibt es verschlossen. In beiden Fällen kehrt die Seele zum Körper zurück. Nach der Bestattung wird das Zwischengericht im Grab fortgesetzt. Dem Verstorbenen wird eine Buchrolle um den Hals gehängt, in der alle guten und schlechten Taten des Toten aufgeschrieben sind. Zwei Engel treten in Erscheinung, die den Toten mit folgenden für den Islam charakteristischen Fragen konfrontieren: Wer ist dein Gott? (Antwort: Gott/Allah) – Wer ist dein Prophet? (Antwort: Mohammed) – Welches ist deine Religion? (Antwort: Islam) – Welches ist deine Gebetsrichtung? (Antwort: Mekka). Wenn der Tote die richtigen Antworten weiß, bestätigen ihm die Engel seinen Eingang in das Paradies. Wenn der Mensch die Antworten nicht weiß, bestrafen ihn die Engel schon im Grab und bestätigen das zuvor erfahrene himmlische Urteil. Die Seelen gelangen nun entweder in das Paradies oder Höllenfeuer. Für solche Seelen, die zwar gläubig waren, aber in ihrem Leben gesündigt haben, gibt es einen Läuterungszustand. Im Anschluss an Zwischengericht und Läuterungszustand folgt eine Phase des Wartens bis zum endgültigen Gericht. Dann wird der Engel Israfil die Posaune zum Gericht blasen. Alle Lebewesen, auch die Engel, werden sterben. Dann wird Gott zunächst die Engel, dann den Propheten Mohammed, schließlich alle Menschen zum Endgericht wecken. Nach erfolgtem Gericht entsprechend der guten und schlechten Taten der Menschen gelangen die Verdammten in die Hölle, die Gerechten und Gläubigen in das Paradies. Es gibt verschiedene Überlieferungen darüber, wie die Urteilsfindung geschieht: Entweder spielt das Buch eine Rolle, das den Toten im Grab um den Hals gehängt worden war. Oder auf einer Himmelswaage werden die guten und schlechten Taten gewogen. Auch vom Überqueren einer Brücke ist die Rede. Von ihr stürzen die Übeltäter in die Hölle. Der Anbruch dieser Endzeit wird in vielen Koranversen eindrucksvoll geschildert:

„Wenn die Sonne sich verschleiert und die Sterne erblassen,
Wenn die Berge schwanken, Kamelstuten sind verlassen, wenn
die wilden Tiere sich rotten, wenn das Meer aufgejagt,
Wenn die Seelen sich paaren, wenn man die getöteten Töchter
fragt,
Um welcher Schuld sie ermordet, wenn Rechnung ist vorgebracht,
Wenn der Himmel enthüllt ist, das höllische Feuer entfacht,
Wenn nahe der Paradiesesgarten, dann erkennt die Seele, was sie
gemacht."(Sure 81, Übersetzung in: R. Hartmann: Die Religion des Islam, Berlin 1944, S.8)

Nach diesen endzeitlichen Erscheinungen folgt die allgemeine Auferstehung. Gott weckt die Toten auf und erscheint als Richter der Welt. Die Propheten werden als Zeugen über die Völker befragt, zu denen sie einst gesandt wurden. Die Gesandten und die Engel dürfen mit Erlaubnis Gottes Fürsprache einlegen. Dann spricht Gott das Urteil unter Berücksichtigung des Glaubens und der Taten der Menschen. Die Höllenqualen der Ungläubigen und Gottlosen sind fürchterlich (38,55ff.; 40,71f.): „. . . Der Jüngste Tag ist ein Tag, zu dem die Menschen alle versammelt werden . . . Unter ihnen gibt es dann welche, die unselig, und welche, die selig sind. Die Unseligen werden dann im Höllenfeuer sein, wo sie vor Schmerzen laut aufheulen und hinausschreien und wo sie weilen, solange Himmel und Erde währen – soweit es dein Herr nicht anders will" (11,103-107, mit Auslassungen). Die Schilderungen des Paradieses enthalten die Aussicht auf wunderbare Freuden, herrliche Gärten, reichliche Früchte und verlockende Jungfrauen

(14,23; 36,55ff.; 52,17ff.; 55,46ff.; 76,5ff.). Auch den Frauen werden die Wonnen des Paradieses zuteil: „Gott hat den gläubigen Männern und Frauen Gärten versprochen, in deren Niederungen Bäche fließen, dass sie ewig darin weilen, und gute Wohnungen in den Gärten von Eden. Aber Wohlgefallen Gottes bedeutet noch mehr als alles dies." (9,72) Die höchste Seligkeit des Paradieses ist die Schau Gottes.

Literatur: Johann-Dietrich Thyen: Bibel und Koran. Eine Synopse gemeinsamer Überlieferungen, Köln/Wien 1993[2] – Karl-Josef Kuschel: Streit um Abraham. Was Juden, Christen und Muslime trennt – und was sie eint, München 1994 – Abdoldjavad Falaturi: Der Koran: Zeugnis der Geschichte seiner Zeit. In: Der islamische Orient, hg. von Albrecht Noth/ Eugen Paul, Würzburg 1998, S. 45–79 – Michael Krupp: Den Sohn opfern? Die Isaak-Überlieferung bei Juden, Christen und Muslimen, Gütersloh 1995 – Tieman Nagel: Der Koran. Einführung – Texte – Erläuterungen, München 1983 – Rudi Paret: Der Koran, Stuttgart 1980[2] – R. Paret: Der Koran. Kommentar und Konkordanz, Stuttgart 1980 – Paul Schwarzenau: Korankunde für Christen, Stuttgart/Berlin 1982 – Claus Schedl: Mohammed und Jesus. Die christologisch relevanten Texte des Koran, Wien/Freiburg/Basel 1978 – Adel Th. Khoury/Ludwig Hagemann: Christentum und Christen im Denken zeitgenössischer Muslime, Altenberge 1986 – Martin Bauschke: Jesus – Stein des Anstoßes. Die Christologie des Korans und die deutschsprachige Theologie, Köln-Weimar-Wien 2000 – Ders.: Jesus im Koran, Köln/Weimar/Wien 2001 – Hans Zirker: Islam. Theologische und gesellschaftliche Herausforderungen, Düsseldorf 1993 – Richard Gramlich: Der eine Gott. Grundzüge der Mystik des islamischen Monotheismus, Wiesbaden 1998 – Tilman Nagel: Geschichte der islamischen Theologie. Von Mohammed bis zur Gegenwart, München 1994 – Annemarie Schimmel: Engel im Islam. In: Religionen im Gespräch (RIG), hg. von Reinhard Kirste/Paul Schwarzenau/ Udo Tworuschka, Bd. 2 (Engel, Elemente, Energien), Balve 1992, S. 282–291.

Die islamische Gesellschaft

Die islamische Umma

Im Anschluss an die Auswanderung nach Medina schuf der Prophet eine religiöse und politische Gemeinschaft, welche die alten Stammesbande ersetzte. Eine solche Gemeinschaft (Umma) ist ein Volk bzw. der Teil eines oder mehrerer Völker, zu dem Gott einen Gesandten schickte, den diese Gemeinschaft akzeptierte. Der Islam spricht beispielsweise auch von einer christlichen oder jüdischen Umma. Die islamische Umma wird im Koran als die beste beschrieben, die in Gottes Heilsplan vorgesehen ist: „Ihr seid die beste Umma, die unter den Menschen entstanden ist. Ihr gebietet, was recht ist, verbietet, was verwerflich ist, und glaubt an Gott." (3,110) In der islamischen Gemeinschaft ist Gott der eigentliche Herrscher und der Mensch sein Treuhänder, was über Wert und Würde des Menschen bereits eine Menge aussagt. Die Mitglieder der Umma sind verpflichtet, nach Gottes Willen zu leben und seine Gebote zu achten. Der Mensch kommt Gott nahe, indem er sich bemüht, an dem geschichtlichen Streben der Umma mitzuwirken und Gottes Reich auf Erden zu verwirklichen. Die Umma ist eine Gemeinschaft, deren Zusammenhalt in erster Linie auf der Gläubigkeit ihrer Mitglieder beruht. Da der Muslim seinen religiösen Auftrag in dieser Welt nicht auf einen separierten sakralen Bereich beschränkt, umfasst die Umma zugleich auch das staatliche Leben, ohne mit einzelnen Staaten identisch zu sein. Das Zusammengehörigkeitsgefühl der Umma basiert nicht nur auf der gemeinsamen Religion der Tradition und dem Wertesystem, sondern schließt auch einen gemeinsam zu bewältigenden politischen Auftrag mit ein. Bis zur Zeit der Abbasiden 750 bestand die Umma hauptsächlich aus arabischen Muslimen. Später führte die zunehmende Konversion von Nichtarabern dazu, aus einer Umma der Araber eine Gemeinschaft werden zu lassen, die viele verschiedene Völker umfasste, was naturgemäß zu Konflikten führte. In dieser Zeit entstand vermutlich die heute noch gern zitierte Überlieferung: "Ihr seid alle Brüder und gleich. Niemand soll ein Privileg oder eine Überlegenheit gegenüber dem anderen beanspruchen. Ein Araber ist keinem Nichtaraber vorzuziehen und kein Nichtaraber einem Araber; noch ist ein Weißer einem Farbigen vorzuziehen, es sei denn, er zeichnet sich durch größere Rechtschaffenheit aus." (Ahmad ibn Hanbal, V,411) Die Vorstellung der islamischen Umma als Glaubensgemeinschaft blieb teilweise bis in unsere Zeit bestehen. Im 19. Jahrhundert bemühten sich islamische Reformer, den Zerfall der Umma aufzuhalten, die sie durch den zunehmenden Einfluss Europas, durch innerislamische Differenzen und schließlich durch den Anspruch der Osmanen, den Islam allein zu vertreten, gefährdet sahen. Bei ihrem Wunsch, die Umma zu reaktivieren, setzten sich einige für eine panarabische, andere hingegen für eine panislamische Lösung ein. In der Ideologie der syrischen Baathpartei beispielsweise wurde mit Umma ein arabisches nationales Großreich, sozusagen eine staatspolitische Utopie bezeichnet. Unter diesem Einfluss verkündeten fast alle Verfassungen der arabischen Länder, dass ihr gegenwärtiges Staatsgebiet ein Teil der arabischen Umma sei: „Die Umma kämpfte zur vergangenen Zeit und tritt auch heute noch für den Aufbau eines geeinten arabischen Staates ein, der befreit ist von allen Formen der Ausbeutung, Zerstücklung und kolonialer Herrschaft. Die Errichtung eines Einheitsstaates ist der wirkliche Rahmen zur Vervollkommnung der Persönlichkeit der arabischen Umma und der Weg zur Ausübung ihrer wirkungsvollen Rolle in der internationalen Gesellschaft." (Syrien, Präambel, 1971, S. 3f.) Auch die religiöse Komponente der Umma ist weiterhin lebendig. Umma meint für viele noch immer die ideale islamische Gemeinschaft: „Umma basiert nicht auf einer Rasse, Sprache, Geschichte oder einem Land, sondern auf den ewigen menschlichen religiösen Prinzipien. In ihr verschmelzen Völker, Rassen und Farben zu einer familiären Bruderschaft. Zu ihr gehören arabische, nichtarabische, östliche, westliche, weiße und schwarze Menschen. Die Umma steht jedem offen, der den Islam annimmt und nach seinen Geboten handelt." (Ausschnitt aus einem ägyptischen Religionsschulbuch)

Der islamische Staat

In der islamischen Frühzeit stellte die Religion das staatsbildende Prinzip dar. Umma und Staat bildeten eine Einheit. Der Staat war Träger der islamischen Botschaft, und das religiöse Gesetz war sowohl Grundlage der Rechtsprechung als auch der Ausübung der öffentlichen Ämter. Ursprünglich war der islamische Staat eine

Theokratie, in der Gott das unsichtbare Staatsoberhaupt darstellte. Nach dem Tode des Propheten bestand die Aufgabe seiner Nachfolger, der Kalifen, darin, eine geordnete Existenz für die islamische Gemeinschaft zu gewährleisten, in der die Gläubigen rechtschaffen nach Gottes Geboten leben können. Die Muslime sollen die staatliche Autorität anerkennen und an der Verwirklichung der idealen islamischen Gesellschaft mitwirken: „Gehorcht Gott, seinem Gesandten und denjenigen, die den Befehl unter euch haben!" (4,59). Während im shiitischen Islam ein Widerstandsrecht gegen ungerechte Herrscher verankert ist, kennt der sunnitische Islam keine irdische Kontrollinstanz. Der Herrscher darf das religiöse Gesetz nur auslegen, nicht aber eigenmächtig ändern. Jedoch ist er während seiner Regierungszeit für sein Tun verantwortlich, für das er dereinst bei Gott Rechenschaft ablegen muss. Auch die im Koran anempfohlene Beratung (Shura) hatte keine kontrollierende und gesetzgebende Funktion und entsprach eher einer Art Lagebesprechung mit bestimmten Persönlichkeiten. Eine feste Institution stellte sie nur im spanischen Umaiyadenreich dar, während sie in den übrigen Ländern eher sporadisch ausgeübt wurde. Obwohl der Kalif nur in der klassischen Epoche geistliche und weltliche Macht in seiner Person vereinte und das Kalifat später vornehmlich geistliche Autorität genoss, blieb die Idee eines universalen Kalifats bis in die Gegenwart lebendig. Im Laufe der islamischen Geschichte hat es viele Formen politischer Machtausübung und ihrer religiösen Legitimierung gegeben. Besonders nach dem Ende des klassischen Kalifats (etwa vom 9. Jh. an) wurde die staatliche Autorität nicht immer selbstverständlich als von Gott gegebene Obrigkeit anerkannt. Immer wieder gab es religiöse Reformbewegungen, bei denen die Erwartung eines künftigen Endreiches zu gesellschaftskritischem Handeln führte. Die inhaltlichen Vorstellungen eines solchen Endreiches oder einer neuen besseren islamischen Gesellschaft orientierten sich teilweise an dem Ideal der Urgemeinde von Medina unter der Führung des Propheten und der ersten rechtgeleiteten Kalifen. Für einige Muslime bildet dieses Modell den Maßstab, an dem sich jede islamische Gesellschaftsordnung messen lassen muss. Generell kann man sagen, dass Staat und Gesellschaft so lange islamisch legitimiert sind, als sie sich als Garanten der Religion begreifen und das göttliche Gesetz durchsetzen.

Die religiösen Grundpflichten

Der islamische Glaube unterscheidet zwischen den Pflichten, die der Mensch Gott schuldet, und den Pflichten gegenüber seinen Mitmenschen und der Gemeinschaft. Bei den fünf religiösen Grundpflichten, welche oft die „fünf Säulen" (Arkan) des Islam genannt werden, sind beide Pflichtbereiche betroffen. Die fünf Grundpflichten sind gleichzeitig persönliche und gesellschaftliche Handlungen. Ihre Bedeutung liegt weiterhin darin, dass sie von den Gläubigen gemeinsam und öffentlich verrichtet werden. Die kultischen Handlungen können nicht durch eine Frömmigkeit im „stillen Kämmerlein" ersetzt werden. Der Islam ist eine „öffentliche Religion" (J. van Ess), und durch richtiges Handeln in der Gemeinschaft gewinnt das Leben des Gläubigen Halt und Orientierung. Vielen, insbesondere protestantischen Christen, erscheint es befremdlich, dass der Islam alle Bereiche des Lebens durch genaue Vorschriften regelt. Da die Religion des Propheten jedoch von einer Ganzheitlichkeit von Mensch und Welt ausgeht, darf es keinen Bereich geben, der sich dem religiösen Einfluss entzieht. Muslime und Christen bezeichnen den Islam oft als Gesetzesreligion. Dabei ist aber zu unterstellen, dass sie Unterschiedliches damit meinen: der Muslim etwas Positives, der Christ (insbesondere der protestantische) etwas Negatives. Gesetzesreligion ist der Islam für Muslime nicht in dem Sinne, dass er aus einer Summe von Gesetzen, wie z.B. den römischen, besteht. Es geht dem Muslim nicht um Gesetze im Sinne von Einschränkungen, sondern um Handlungen, die das Mensch-Gott-Gemeinschaft-Verhältnis verwirklichen sollen. Gesetzesreligion darf daher nicht im christlich-protestantischen Sinne als Leistungsreligion und Werkgerechtigkeit verstanden werden. Nicht der Muslim strebt von sich aus eigenmächtig zu Gott, sondern die Aktion geht immer vom barmherzigen Gott aus, der dem Menschen seine Gnade schenkt, aber zugleich auch von ihm Handlungen fordert.

Das Glaubenszeugnis (Shahada)

Das Bezeugen des Glaubens durch den Satz: „Ich bezeuge, dass es keine Gottheit außer Gott gibt, und ich bezeuge, dass Mohammed der Gesandte Gottes ist", ist die erste und wichtigste Pflicht des

Muslims. Der Islam kennt keine Taufe zur Mitgliedschaft in der Gemeinde, und so darf sich jeder als Muslim betrachten, der diese Worte in bewusster und aufrichtiger Absicht ausspricht. Damit gelobt er seine Zugehörigkeit zur islamischen Gemeinschaft, in deren Mittelpunkt der Glaube an die Einheit und Einzigkeit Gottes steht. In einigen islamischen Ländern wird ein Glaubensübertritt urkundlich bestätigt. Fast alle islamischen Gelehrte machen die Konversion für Männer zur Pflicht, die eine Muslimin heiraten wollen. Muslimische Männer dürfen hingegen Christinnen heiraten, ohne dass ein Glaubensübertritt gefordert wird. Allerdings geht man davon aus, dass die Kinder, die aus einer solchen Ehe hervorgehen, islamisch erzogen werden. Ein Glaubensübertritt von Muslimen zu anderen Religionen kommt zwar vor, wird aber als Apostasie bewertet und in einigen Ländern sogar mit dem Tod bestraft. Dahinter steht der Gedanke, dass der Islam die ursprüngliche natürliche Religion darstellt (Din al-Fitra) und man daher als Muslim geboren wird. Hinzu kommt die Vorstellung, dass die islamische Gemeinschaft durch einen Glaubensübertritt geschwächt wird.

Das rituelle Pflichtgebet (Salat)

Der Islam kennt zwei Arten von Gebeten: das rituelle Pflichtgebet (Salat), welches zu den fünf Grundpflichten gehört, und das freiwillige spontane Gebet (Dua), das jeder Gläubige zu beliebigen Zeiten sprechen kann, wann immer er sich an Gott wenden will. In der frühen mekkanischen Zeit war ein solches Gemeinschaftsgebet noch nicht üblich. Erst in der zweiten und dritten mekkanischen Phase wurde diese Praxis allmählich eingeführt. In Medina stellt sie einen festen Bestandteil des Gemeindelebens dar. Zunächst wurde das rituelle Pflichtgebet in Richtung Jerusalem durchgeführt, bis Mekka als Gebetsrichtung vorgeschrieben wurde (2,142ff.). Zu Lebzeiten des Propheten variierten zunächst Anzahl und Zeiten der Gebete, wurden aber dann auf fünf festgesetzt. Nach der Überlieferung erreichte Mohammed auf der Himmelsreise eine Reduzierung von ursprünglich fünfzig Gebeten auf fünf. Die Gebete, die vom Gebetsrufer (Muezzin) bzw. immer häufiger durch ein Tonband angekündigt werden, sollen zur Zeit der Morgendämmerung (1), zur Mittagszeit (2), am Nachmittag (3), am Abend (4) und vor dem Einbruch der Nacht (5) verrichtet werden (20,130; 17,78; 30,17f.) Obwohl der Koran die Gebetspflicht aller Muslime betont (2,3; 4,103; 14,31), sind Kranke, Altersschwache und Reisende dispensiert oder dürfen das Gebet in verkürzter Form verrichten (4,101). Der Muslim muss sich vor dem Pflichtgebet durch Waschungen rituell reinigen. Im Allgemeinen wird er dafür das Wasser verwenden, das in der Nähe jeder Moschee vorhanden ist. Ist kein Wasser zu finden, dann darf er sich auch mit sauberem Sand reinigen. Betritt der Gläubige die Moschee, so zieht er aus Achtung vor diesem Ort die Schuhe aus. Der Muslim braucht jedoch die Moschee nicht zum Gebet; denn einer bekannten Überlieferung zufolge wurde „die ganze Erde für ihn zur Moschee gemacht". Betet er unterwegs, so zeichnet er den Gebetsort in der Regel von der Umgebung durch einen mitgebrachten Teppich oder notfalls ein Stück Zeitung aus. Der größte Teil der Pflichtgebete findet selbstverständlich zu Hause statt, wo auch die notwendigen Reinigungsvorkehrungen getroffen werden. Diese äußerliche Reinheit, die durch anständige Kleidung vervollständigt wird, soll die innere Reinheit und einen Weihezustand symbolisieren. Vor Beginn des Pflichtgebets wird die Absicht, sich der Andacht zu widmen, zum Ausdruck gebracht. Zu Anfang des Gebets wendet sich der Gläubige in Richtung Mekka, die innerhalb einer Moschee durch die Gebetsnische (Mihrab) angezeigt wird. Der Weihezustand beginnt mit den Worten: „Gott ist am größten." Das Gebet besteht aus der Rezitation von Suren (vor allem der Eröffnungssure) und Gebeten, in deren Verlauf der Gläubige steht, sich verbeugt, auf den Boden wirft und sitzt. Die verschiedenen Körperhaltungen verdeutlichen auch die Bereitschaft, sich freiwillig Gott ganz hinzugeben. Das Freitagsgebet wird unter der Leitung eines Vorbeters (Imam) in der größten Moschee des jeweiligen Bezirks, eventuell aber auch unter freiem Himmel verrichtet. Der Imam ist kein ordinierter Priester, sondern ein Gläubiger, der das Pflichtgebet vorschriftsmäßig leiten kann und die Ansprache (Khutba) erbaulich-religiösen und politisch-aktuellen Inhalts hält. Die Frauen, die in der Frühzeit des Islam am Gemeinschaftsgebet teilnahmen, verrichten heutzutage das Gebet z.B. nach Ansicht der hanbalitischen Rechtsschule zu Hause bzw. nach shafiitischer Meinung in einem separaten Raum der Moschee. Interessanterweise wurden 1981 im früheren Jugoslawien trotz der ursprünglichen Einwände der dort verbreiteten hanafitischen Rechtsschule Frauen zum Freitagsgebet zugelassen. Frühere Vorbehalte der Gestalt, dass die Anwesenheit von Frauen und Mädchen die Männer vom Gebet ablenken, wurden vom damaligen jugoslawischen Rais ul-Ulama (Oberste geistliche Instanz) als überholt und nicht stichhaltig genug bezeichnet, die Frauen aus der Moschee als einer Stätte besinnlichen Nachdenkens und der Frömmigkeit fernzuhalten. Nach dem Gottesdienst, der mit einem Gruß nach links und rechts endet, verteilen manche Frommen Speisen an ihre bedürftigen Glaubensbrüder und -schwestern. Große Moscheen besaßen schon in früheren Zeiten – abgesehen von Einrichtungen wie Bibliotheken und Krankenhäusern – eigene Armenküchen.

Der im Islam jeden Freitagmittag stattfindende, an die Stelle des üblichen Mittagsgebetes tretende, aus mindestens 40 Teilnehmern bestehende Gottesdienst in der Freitagsmoschee sieht so aus: Ein auf der Kanzel stehender Prediger hält die Predigt (Lobpreisungen Gottes und Mohammeds, Ermahnungen an die Muslime, Bittgebete für die Gläubigen, insbesondere auch Herrscher). Freitag ist im Islam das Pendant zum jüdischen Sabbat und christlichen Sonntag. Ein Gebot der „Heiligung" des Freitags kennt der Islam nicht. In vielen islamischen Ländern wird aber freitags nicht gearbeitet, und es gibt schulfrei.

Die Pflichtabgabe (Zakat)

Der Koran lobt an verschiedenen Stellen die Muslime, die bereit sind, ihren Besitz mit anderen zu teilen: „Wenn nun einer von dem, was er besitzt, anderen etwas abgibt, gottesfürchtig ist und an das Paradies glaubt, werden wir es ihm leicht machen, des Heils teilhaftig zu werden." (92,6f.) Schon früh galt die Zakat als empfohlenes Werk der Frömmigkeit, das für jeden verpflichtend war, der einen Überschuss an Besitz erzielte. Aus diesem Überschuss entwickelten die Rechtsgelehrten später einen zu versteuernden Mindestsatz auf verschiedene Güter und Waren (z.B. Ernten Viehherden, Edelmetalle und Handelsgüter), wobei der Mindestsatz 2 1/2 % der jährlichen Nettoeinnahmen betrug.

Die Empfänger der Zakat werden folgendermaßen beschrieben: „Die Zakat sind nur für die Armen und Bedürftigen bestimmt, ferner für diejenigen, die damit zu tun haben, für diejenigen, die für die

Sache des Islam gewonnen werden sollen, für den Loskauf von Sklaven, für die, die verschuldet sind, für den Djihad und für den, der unterwegs ist." (9,60) Die einzelnen Rechtsschulen interpretieren die Empfänger unterschiedlich. Man war sich z.B. nicht darüber einig, ab wann jemand arm bzw. als bedürftig anzusehen war. Als Schuldner galten vor allem solche Leute, die sich für einen frommen Zweck verschuldet hatten (z.B. durch den Bau einer Moschee). Auch bei Reisenden dachte man in erster Linie an Personen, die sich auf einer Wallfahrt oder anderen religiös motivierten Reisen befanden. Andere Reisende waren jedoch nicht generell ausgeschlossen. Die Formulierung „die für die Sache des Islam gewonnen werden sollen" führte zu Meinungsverschiedenheiten, da der Prophet einzelnen Mekkanern – vermutlich um sie umzustimmen – Teile der Zakat gegeben hatte, was allgemein Missfallen erregte. Später wandte man diesen Passus nur noch auf solche Personen an, denen durch ihren Glaubensübertritt größere materielle Nachteile entstanden waren. Die Formulierung „für den Loskauf von Sklaven" wurde in der Regel so ausgelegt, dass Sklaven, die einen Freikaufvertrag abgeschlossen hatten, durch die Zakat unterstützt wurden. Die Formulierung „für den Djihad" bezog sich auf die Muslime, die durch ihre Teilnahme an Kämpfen in wirtschaftliche Not geraten waren. Im Gegensatz zu den anderen vier Grundpflichten konnte die Zakat in einen gewissen Konflikt zu den staatlichen Interessen geraten. Da sie nämlich zur Zeit der Entstehung des Islam entsprechend den Erfordernissen einer Beduinengesellschaft formuliert worden war, bot sie späteren Regierungen in anderen Gesellschaftsformen nicht genügend Einnahmequellen. Daher wurden zusätzlich zur Zakat noch andere Steuern erlassen, wodurch ihre ursprüngliche Bedeutung etwas in den Hintergrund gedrängt wurde. Die Zakat ist heute noch ein wichtiger Bestandteil des islamischen Sozialsystems. In der Regel erfolgt ihre Einsammlung und Verteilung ohne staatliche Kontrolle. Das Verfahren variiert dabei von Land zu Land. In diesem Zusammenhang muss darauf hingewiesen werden, dass es neben der Zakat, die sich zur Pflichtabgabe entwickelte, die Sadaqa als freiwillige Spende gibt. Sie bedarf im Unterschied zur Zakat keiner ausdrücklichen Absichtserklärung. In neuerer Zeit werden immer mehr Stimmen laut, welche die Zakat zu einem umfassenden Steuersystem ausweiten wollen, um auf diese Weise alle Ausgaben für

Armenfürsorge, sozialen Wohnungsbau, Gesundheitsfürsorge und Erziehung zu decken und eine ideale islamische Sozialordnung aufzubauen.

Das Fasten (Saum) im Monat Ramadan

Jeder erwachsene gesunde Muslim muss während des Ramadans, der aufgrund der islamischen Zählung nach dem Mondkalender bei uns jedes Jahr ca. elf Tage früher als im Vorjahr beginnt, von Sonnenaufgang bis Sonnenuntergang auf jegliche Nahrungsaufnahme und den Genuss von Nikotin verzichten sowie auch geschlechtliche Enthaltsamkeit üben. Altersschwache, Kranke und Reisende sowie schwangere und stillende Frauen erhalten Erleichterungen oder werden von der Fastenpflicht befreit. Sie sind aber gehalten, das Fasten zu einer anderen Zeit nachzuholen oder, wenn dies nicht möglich ist, als Ersatzleistung einen Armen zu speisen: „Ihr Gläubigen! Euch ist vorgeschrieben zu fasten, so wie es auch euren Vorfahren vorgeschrieben worden ist. Vielleicht werdet ihr gottesfürchtig sein. Das Fasten ist eine bestimmte Anzahl von Tagen einzuhalten. Und wenn einer von euch krank ist oder sich auf einer Reise befindet und deshalb nicht fasten kann, ist ihm eine entsprechende Anzahl anderer Tage zur Nachholung des Fastens auferlegt. Und diejenigen, die es an sich leisten können, sind, wenn sie es trotzdem versäumen, zu einer Ersatzleistung verpflichtet, nämlich zur Speisung eines Armen. Und wenn jemand freiwillig ein gutes Werk leistet, so ist das besser für ihn." (2,183f.) Aufgeschlossene Theologen neigen dazu, Schwerstarbeitern eine Unterbrechung des Fastens zu gestatten unter der Bedingung, dass das Fasten nachgeholt werden muss oder, falls dies nicht möglich ist, Geld gespendet werden soll. Nach einer in verschiedenen Rechtstraditionen verbreiteten Ansicht darf bzw. muss das Fasten unterbrochen werden, wenn jemand befürchtet, durch diese Verzichtsübung sich selbst oder anderen Schaden zuzufügen. Kinder fasten in der Regel vom 9. Lebensjahr an mit, aber teilweise in gemilderter Form. Manche jüngeren Kinder verzichten in dieser Zeit auf Süßigkeiten, um so ihren Beitrag zum Fasten zu leisten. Der Monat Ramadan gilt als eine besonders gnadenreiche Zeit, in der die Gläubigen für die Offenbarung des wunderbaren Korans danken. Diese „Nacht der göttlichen Macht bzw. Herrlichkeit" wird besonders gefeiert. Es finden zahlreiche Gottesdienste statt, und in den Häusern werden Koranabschnitte feierlich verlesen. Verwandte und Freunde feiern zusammen, und es gilt als verdienstvoll, ärmere Mitbürger zu den allabendlichen Feiern des Fastenbrechens einzuladen. Der Fastenmonat ist eine Zeit der Selbstbesinnung und der Buße, in der man sich mit seinen Feinden versöhnen soll. Auch soll der Gläubige vorzugsweise in dieser Zeit lernen, Selbstbeherrschung im physischen und psychischen Bereich zu üben. Manche Mediziner raten dazu, den Ramadan zum Anlass zu nehmen, sich z.B. das Rauchen abzugewöhnen. Der im Fasten zum Ausdruck kommende Solidaritätsgedanke macht es einzelnen Muslimen im Ausland natürlich schwer, sich auszuschließen. Daher ist auch das an sich erlaubte Verschieben des Fastens problematisch, da der gemeinschaftliche Rahmen fehlt. Hinzu kommt, dass gerade im Zuge der Re-Islamisierung islamische Geistliche stärker als früher die allgemeine Einhaltung des Fastens verlangen und weniger flexibel in Bezug auf Ausnahmen sind. Die im Ausland lebenden Muslime wollen sich auch häufig gar nicht ausschließen, da die Situation fern vom Heimatland den Wunsch verstärkt, mit allen Muslimen der Welt den Ramadan gemeinsam feierlich zu begehen. Es gibt sowohl in den islamischen Ländern als auch bei uns Stimmen, die auf wirtschaftliche Nachteile, abnehmende Leistungen oder sogar zunehmende Unfallgefahren während des Ramadans hinweisen und daher eine noch größere Anpassung an die moderne Arbeitswelt fordern. Da das Fasten aber zu den fünf Grundpflichten gehört, die im Koran und im Recht eine Sonderstellung einnehmen, sind die meisten Ausnahmeregelungen zeitlich und örtlich beschränkt.

Die Wallfahrt (Hadjdj)

Obwohl die islamische Wallfahrt auf einige vorislamische Traditionen zurückgeht, besitzt sie auch für Muslime eine besondere Bedeutung, weil Mohammed den Bau der Kaaba auf Abraham zurückführte und seine Religion als Erneuerung der Religion Abrahams verstand. Darüber hinaus unternahm er vor seinem Tod eine Abschiedswallfahrt nach Mekka. Die Muslime unternehmen also die Pilgerfahrt nach Mekka, weil dort der Islam entstand und um die Abschiedswallfahrt des Propheten nachzuahmen.

Im Koran steht dazu:

„Das erste Gotteshaus, das für die Menschen errichtet wurde, ist ganz gewiss dasjenige zu Bekka (Mekka) als Quelle des Segens und der Führung für alle Völker."(3,95)

„In ihm sind deutliche Zeichen, die Stätte Abrahams. Und wer es betritt, ist sicher. Und der Menschen Pflicht gegenüber Gott ist die Wallfahrt zu diesem Gotteshaus, da er den Weg zu ihm machen kann, und wenn einer die Zeichen Gottes missachtet, so ist es sein eigener Schade, denn Gott bedarf nicht der Weltbewohner."

„Und vollzieht die Wallfahrt und den Besuch der Kaaba zum Gefallen Gottes, und wenn ihr verhindert worden seid, so opfert, was euch mit Leichtigkeit erreichbar ist. Und beeilt euch nicht mit dem Scheren eures Haupthaars, bis das Opfer dargebracht ist. Und wenn einer von euch krank oder mit einem Leiden am Kopf behaftet ist und muss deshalb das verbotene Scheren vornehmen, so soll er dafür eine Ablösung durch Fasten oder Almosen oder Opfer entrichten. Und wenn einer in Freuden lebt und einer den Besuch (Umra d.h. die verkürzte Wallfahrt) mit der Wallfahrt verbindet, so opfere er, was ihm mit Leichtigkeit erreichbar ist, wenn aber einer von euch nichts besitzt, der faste drei Tage während der Wallfahrt und sieben, wenn er zurückgekehrt ist. Diese zehn Tage sind zu vollenden. Das gilt auch für denjenigen, dessen Familie in der Heiligen Moschee nicht mit anwesend war. Fürchtet also Gott und wisset, dass Gott streng bestraft.

Die Wallfahrtsmonate sind bekannte Monate, wenn sich daher jemand die Wallfahrt in diesen Monaten auferlegt hat, so soll es während der Wallfahrt keinen Beischlaf, keinen Frevel, keinen Streit geben, und was ihr an Wohltat tut, das weiß Gott, auch versorgt er euch mit Wegesvorrat.

Der beste Wegesvorrat ist jedoch außerdem die Gottesfurcht, und fürchtet mich, o ihr Verständigen.

Es ist keine Sünde, dass ihr Gewinn von eurem Herrn begehrt (während der Pilgerfahrt Handel treibt). Und wenn ihr herbeieilt vom Berg Arafat, so gedenkt Gottes bei der heiligen Stätte und gedenkt seiner, wie er euch geleitet hat ungeachtet dessen, dass ihr früher unter den Irrenden ward.

Auch kehrt miteinander zurück, von wo die Massen miteinander zurückkehren, und bittet Gott um Nachsicht, Gott ist ja verzeihend und barmherzig.

Und wenn ihr eure Riten vollzogen habt, so gedenket Gott, wie ihr früher eure Väter gepriesen, und mit noch viel mehr Lob." (2,196–200)

Sofern keine finanzielle Notlage oder andere Hindernisse vorliegen, sollen alle erwachsenen Muslime einmal im Leben eine Wallfahrt nach Mekka unternehmen. Viele sparen jahrelang für dieses Ereignis. Im Gegensatz zur Besuchswallfahrt, der Umra, die nicht zu den Grundpflichten gehört, ist der Beginn der offiziellen Hadjdj auf zehn Wochen nach dem Ende des Ramadan festgelegt.

Vor Beginn der Wallfahrt muss sich der Pilger in einen Weihezustand versetzen. Er tauscht deshalb seine Alltagskleider gegen das Pilgergewand ein. Während der Wallfahrt soll sich der Pilger auf keinen Streit einlassen und auch keinen Umgang mit Frauen haben (2,197). Ferner soll er nicht jagen oder das Fleisch erlegter Tiere essen (5,95f.). Auch das Schneiden der Haare und Nägel sowie der Gebrauch von Parfüm gelten als Handlungen, die den Weihezustand beeinträchtigen. Erlaubt sind hingegen soziale Kontakte und Handelsgeschäfte. Die Wallfahrtszeremonie besteht aus mehreren Teilen: In Mekka angekommen, umläuft der Pilger die Kaaba siebenmal und küsst den schwarzen Stein, der in einer Ecke eingemauert ist. Wenn möglich, trinkt er auch Wasser aus dem Zamzam-Brunnen. Anschließend läuft er zwischen den Hügeln Safa und Marwa dreimal hin und zurück und einmal wieder hin (2,158). Nachdem die Pilger eine Predigt gehört haben, ziehen sie in Gruppen zum Berg Arafat und von dort zur Stadt Mina, wo sie die Nacht verbringen. Als Höhepunkt der Wallfahrt wird nach Sonnenaufgang der Berg Arafat bestiegen. Dort steht der Gläubige Gott mit vorbehaltloser Hingabe gegenüber. Die Erfahrung der überwältigenden Nähe Gottes drückt der Gläubige dadurch aus, dass er den Satz: „Da bin ich, Herr" mehrfach wiederholt. Nach Sonnenuntergang ziehen die Pilger über Muzdafila zurück nach Mina, wo sie viele Steinchen auf drei verschiedene Haufen werfen, was eine symbolische Steinigung des Teufels bedeutet. Danach findet ein großes Opferfest zur Erinnerung an das Opfer Abrahams statt (37,107).

„Und als er das Alter erreichte, wo er mit dem Vater (Abraham) arbeiten konnte, sagte dieser: ‚O mein lieber Sohn, ich sehe im Traum, dass ich dich opfere, überlege nun, was du meinst.' Er

erwiderte: ‚O mein Vater tue, was dir befohlen, du wirst mich, so Gott will, als einen der Standhaften finden.'
Und als die beiden sich dem Befehl Gottes gefügt und er ihn auf die Schläfe gelegt hatte, da riefen wir ihn: ‚O Abraham, du hast wirklich das Traumgesicht wahr gemacht!'Also belohnen wir die Rechtschaffenen. Dies, dies war offenbare Prüfung, und wir lösten ihn durch ein großes Opfer aus und ließen sein [Abrahams] Gedenken unter den Späteren weiterleben. Friede sei über Abraham. Also belohnen wir die Rechtschaffenen." (37, 102–109)

Zum Abschluss der Wallfahrt werden noch einmal die Haare geschnitten, und die Pilger umschreiten abermals siebenmal die Kaaba. Nach dem Ende der offiziellen Wallfahrt kann noch das Grab des Propheten in Medina besucht werden. Im Zentrum der Wallfahrt steht die Erinnerung an Abraham. Andere Elemente wie z. B. das Küssen des Schwarzen Stein, sind nicht Pflichtbestandteile. Auch bei der Wallfahrt steht der Gedanke der Gleichheit und Zusammengehörigkeit der Muslime im Mittelpunkt, was durch das gleiche Pilgergewand für Arm und Reich symbolisiert wird. Außerdem bot die Wallfahrt von jeher die Möglichkeit für Muslime in aller Welt, Gedanken auszutauschen und Kontakte zu pflegen. Nicht selten erfuhren Muslime während der Wallfahrt neue Ideen und versuchten nach ihrer Rückkehr Reformen einzuleiten. Die Wallfahrt entwickelt also auch politisches Potenzial.

Die wichtigsten Feste

Es gibt im Islam zwei Hauptfeste:

1. *Das Fest des Fastenbrechens (Id al-Fitr bzw. türkisch: Seker Bayram)*
   Der türkische Name bedeutete zunächst wohl „Dankfest", wird heute aber mit den Süßigkeiten (seker = türk. Zucker) in Verbindung gebracht, die an diesem Tag verschenkt werden. Das Fest des Fastenbrechens beendet die Fastenzeit mit einem gemeinsamen Gebet der Gemeinde. Man besucht Freunde und Verwandte. Kinder erhalten Geschenke und neue Kleider. Jeder Muslim, der nicht unter Armut leidet, ist verpflichtet, die Armen durch eine Gabe an der

Festfreude teilnehmen zu lassen. Das Fest ist eine Zeit der Danksagung an Gott dafür, dass er den Muslimen die Einhaltung des Fastens ermöglicht hat, sowie eine Zeit des Bittens um Vergebung für Übertretungen. Das Fest dauert drei Tage.

2. Das Opferfest (Id al-Adha)

Das viertägige Id al-Adha ist das größte islamische Fest am Ende der jährlichen Wallfahrt. Der türkische Name lautet Qurban Bairam. Es wird auch „Großer Bairam" genannt. Die Hingabe des Menschen an Allah und seine Barmherzigkeit hat eine hohe Bedeutung bei diesem Fest. Sein Anlass ist eine Erzählung aus der hebräischen Bibel und dem Koran: Gott fordert Abraham auf, seinen Sohn Ismail als Zeichen seines Gehorsams zu opfern. Im letzten Augenblick verzichtet Gott jedoch auf das Opfer und schickt ein Schaf an seine Stelle. Indem sie dieses Fest begehen, wollen Muslime zeigen, dass sie auch bereit sind, ihr Leben zu opfern, so wie der Prophet Abraham zu einem großen Opfer bereit war.

In Erinnerung daran kaufen viele muslimische Familien zu diesem Fest ein Schaf, das nach den religiösen Regeln geschlachtet und gemeinsam verzehrt wird. Ein Drittel des Fleisches erhalten Bedürftige, ein weiteres Drittel die Verwandtschaft, das letzte Drittel verzehrt man selbst. Viele Muslime bringen ein finanzielles Opfer: bis zu 10% ihres Jahreseinkommens. Die finanziellen Gaben werden für arme Familien, karitative Einrichtungen, Behinderte u.a. verwendet. In islamischen Ländern bleiben Schulen und Behörden geschlossen. Die Aleviten beziehen das Opfer nicht auf Ismail, sondern auf Isaak, den Stammvater der Juden.

Neben den beiden Hauptfesten gibt es folgende weitere Feiertage:

3. Neujahr

Neujahr wird im Monat Muharram („der Heilige"), dem ersten Monat des islamischen Kalenders, begangen. Nach islamischer Vorstellung begaben sich viele wichtige Heilsereignisse an diesem Datum: Mohammed übersiedelte in diesem Monat von Mekka nach Medina. Die sunnitischen Muslime begehen daher in Erinnerung an die Auswanderung Mohammeds von Mekka nach Medina am 1. Muharram ihr Neujahr. Außerdem bat Adam, der erste Mensch und Prophet, Gott im Monat Muharram um Vergebung. Noah und seine Arche wurden vor der großen Regenflut in Schutz gebracht.

Moses rettete das Volk Israel vor dem Angriff des Pharaos. Heute schenken sich die Muslime aus Anlass dieses Tages Süßigkeiten, erzählen spannende und erbauliche Geschichten von Mohammed und anderen Propheten. Die Muslime in Saudi-Arabien und den Golfstaaten begehen diesen Tag nicht, weil Mohammed ihn nicht besonders herausgestellt hatte. Die Shiiten feiern am 1. Muharram kein Neujahr, sondern den Beginn ihres Trauermonats.

4. Ashura

Auch der Ashura-Tag am 10. Muharram ist ein Gedenktag, der mehreren Ereignissen gewidmet ist. Die Türken feiern Ashure als Fest der Errettung der Arche Noahs. Als sie auf dem Berg Ararat landete, wurde nach der Überlieferung aus den Lebensmittelresten, die auf der Arche waren, ein Festessen zubereitet. Zur Erinnerung daran kocht man in der Türkei eine aus 40 Zutaten bestehende Süßspeise und verteilen sie an Freunde und Nachbarn. Dem Propheten Jakob wurde im Monat Muharram sein Sohn Yusaf (Josef) geboren, der später auch in diesem Monat aus dem Gefängnis befreit wurde, in das er durch eine Verleumdung geraten war. Abraham wurde vor der Verbrennung, die Newrod angeordnet hatte, bewahrt, und Moses rettete sein Volk vor den Pharaonen. Eine herausragende Bedeutung hat der Ashura-Tag bei den Shiiten. Die Söhne des Kalifen Ali, Hasan und Husain wurden im Jahr 661 in der Wüste bei Kerbela vom umayadischen Kalifen belagert und bekämpft. Husain kam dabei um. Deshalb ist der 10. Muharram für Shiiten ein trauriger Gedenktag.

5. Die heiligen Nächte

Zu den „heiligen Nächten" gehören „Mevlid Kandili" (Feiernacht des Geburtstages des Propheten), „Regaib Kandili" (Feiernacht der Empfängnis des Propheten), „Miradj Kandili" (Feiernacht der nächtlichen Himmelsreise des Propheten), „Kadir Gecesi" (Feiernacht der ersten Offenbarung des Korans), „Beraat Gecesi" (die Nacht des Schuldenerlasses) und die Nacht der Sichtung.

a) Der Geburtstag des Propheten Mohammed

Mohammeds Geburtstag wird in der islamischen Welt an zwei verschiedenen Tagen des dritten Monats Rabi I. gefeiert: Für die Sunniten gilt der 12. Rabi sowohl als Tag der Geburt des Propheten wie auch als sein Todestag. Die Shiiten begehen den feierlichen Anlass am 17. Rabi I. Im frühen Islam wurde das Fest noch nicht gefeiert. Größere Geburtstagsfeiern gehen erst auf das 10./11. Jh. zurück. In der Geburtstagsnacht erleuchten in islamischen Ländern ungezählte Kerzen und Lampen die Moscheen. Der Abend wird sehr stimmungsvoll begangen. Man erzählt sich Geschichten aus dem Leben Mohammeds, der für alle Muslime ein besonderes Vorbild darstellt. Die Feiernacht der Empfängnis des Propheten wird ähnlich begangen.

b) Die Nacht der Himmelsreise

Der islamischen Überlieferung zufolge unternahm Mohammed zu Lebzeiten eine Himmelsreise, wo er im Himmel mit verschiedenen religiösen Persönlichkeiten der Vergangenheit zusammentraf. Schließlich erreichte er eine Reduzierung der Pflichtgebete für die Gläubigen von ursprünglich 50 Mal auf fünfmal täglich, damit die Religion es dem Menschen nicht so schwer mache. Die Muslime veranstalten an diesem Abend besondere Zusammenkünfte, bei denen Vorträge über das Leben Mohammeds gehalten werden.

c) Die „Nacht der Macht"

Üblicherweise wird am 27. Ramadan die Lailat al-qadr („Nacht der Macht/Bestimmung") gefeiert, die an den Beginn der Offenbarung des Korans erinnert. Auch zu diesem Anlass trifft man sich zu Koranlesungen und Gebeten in der Moschee.

d) Die Nacht des Schuldenerlasses

In dieser Nacht wird Gott um Vergebung für böse Taten gebeten. Die Nacht entscheidet das Schicksal der Menschen im kommenden Jahr.

e) Nacht der Sichtung

Eine weitere wichtige Nacht ist die Nacht der Sichtung. Sie wird zu Beginn des Monats Ramadan gefeiert, wenn die Sichel des Neumonds zum ersten Mal gesichtet wird. In manchen Ländern wird dieser Zeitpunkt astronomisch festgestellt, in anderen ist eine Sichtung des Neumonds durch Menschen vorgeschrieben, und es werden bei bedecktem Himmel sogar Flugzeuge zu diesem Zweck über die Wolken geschickt.

Literatur: Annemarie Schimmel: Im Namen Allahs, des Allbarmherzigen, München 1996 – William Montgomery Watt: Islamic creeds, Edinburgh 1994 – Mohammed Rassoul: As-Salah. Das Gebet im Islam, Köln 1983 – Haji Amina Adil: Über die heiligen Monate Rajab, Shaban, Ramadan, das Fasten, das Gebet und mancherlei mehr [Niedergeschrieben und aus dem Türk. übers. von Radhia Shukrullah], Bonndorf 1997[2] – Angela Grünert/Christel Becker-Rau: Ramadan-Fasten mit allen Sinnen, München 2001 – Klaus Lech: Geschichte des islamischen Kultus. Rechtshistorische und hadith-kritische Untersuchungen zur Entwicklung und Systematik der Ibadat, Bd. 1: Das Ramadan-Fasten, Wiesbaden 1979 – Udo Tworuschka: Heilige Wege. Die Reise zu Gott in den Religionen, Frankfurt/Main 2002 – Gaby Franger/Hubert Kneipp (Hg.), Miteinander leben und feiern. Ausländische und deutsche Kinder feiern Feste, Frankfurt a.M. 1987[2] – Reinhard Kirste/Herbert Schultze/Udo Tworuschka: Die Feste der Religionen. Ein interreligiöser Kalender mit einer synoptischen Übersicht, Gütersloh 1997[2] – Gertrud Wagemann: Feste der Religionen – Begegnung der Kulturen, München 1996.

Einige Aspekte des Menschenbildes

Der von Gott gut geschaffene Mensch nimmt innerhalb der Schöpfung den höchsten Rang ein. Gott setzte ihn als Treuhänder und Statthalter (Khalifa) auf Erden ein und lehrte ihn die Namen aller Dinge. Der Mensch ist nicht nur Statthalter, sondern auch Diener (Abd) Gottes, wie es z.B. in dem Vornamen Abd-allah (Diener Gottes) zum Ausdruck kommt. Muslime empfinden dies jedoch nicht als erniedrigend, weil die Hingabe an den einen Gott eine freiwillige Tat ist. Der Islam kennt keine Erbsünde im christlichen Sinn. Trotzdem ist der Mensch ein ambivalentes Wesen. Er besitzt die Möglichkeit, aus eigener Kraft und mit göttlicher Rechtleitung Gutes zu tun, ist aber von Natur aus eher schwach (4,28), unbeständig und leicht resignierend (30,36). Er ist streitsüchtig, rechthaberisch (36,77) und reagiert ungerecht (33,72). Seine Seele verlangt gebieterisch nach dem Bösen (12,53). Auch aus muslimischer Sicht lässt sich die Vertreibung Adams und Evas aus dem Paradies als Rebellion gegen Gott und Missbrauch des freien Willens deuten. Die Menschen sind jedoch nicht grundsätzlich böse. Ihre „Sünde" besteht einmal im Ungehorsam gegen den göttlichen Willen, wird aber weit häufiger noch in ihrer Vergesslichkeit und Schwäche gesehen. Die Offenbarung Gottes erinnert sie daher daran, nach den göttlichen Geboten zu leben. Der Koran spricht an keiner Stelle von der menschlichen Gottebenbildlichkeit, wie sie Juden und Christen kennen. Dem erhabenen und transzendenten Gott kann ja nichts ähnlich sein. Allerdings sind wichtige Kerngedanken, wie etwa die Vormachtstellung des Menschen gegenüber anderen Geschöpfen, im Begriff „Khalifa" enthalten. Eine Reihe heutiger islamischer Apologeten geht weniger auf die realistisch-düsteren Aspekte des koranischen Menschenbildes ein. In bewusstem Kontrast zur christlichen Theologie, deren Erbsündenlehre als negativ und versklavend empfunden wird, hebt man den Gedanken des Stellvertretertums Gottes hervor. Der Mensch wird als prinzipiell in der Lage gesehen, sich immer fortschrittlicher und besser zu entwickeln und eine ideale Gesellschaftsordnung zu verwirklichen.

Im Koran finden sich zahlreiche Hinweise darauf, dass die Natur in erster Linie zum Wohl des Menschen geschaffen wurde. Jedoch fehlt der Hinweis auf den Untertanencharakter aller nichtmenschlichen Kreatur und Natur. Wie bereits erwähnt, ist der Mensch das edelste aller Geschöpfe und Stellvertreter Gottes auf Erden. Es ist seine Pflicht, Bodenschätze und andere Gaben der Natur ausfindig zu machen und zum Wohl der Allgemeinheit zu verwenden. Im Koran und in der Überlieferung finden sich Hinweise darauf, dass der Mensch Natur und Universum erforschen, sie aber auch bewahren soll. Der Islam geht auch bei seiner Naturbetrachtung vom Prinzip der Einheit (Tauhid) aus, d.h., er bietet ein ganzheitliches und umfassendes Erklärungsprinzip für alle Lebensbereiche, so dass selbst Naturbetrachtung und Naturgesetze keinen völlig vom geistlichen getrennten Bereich einnehmen. Auch die Naturgesetze gelten für viele als „Gewohnheiten" Gottes. Für einige der Mystik nahestehenden Denker ist die Natur der Spiegel einer göttlichen Realität. Ziel der menschlichen Existenz ist es, alle von Gott geschaffenen Dinge vollkommen zu begreifen, um so ein vollkommener Mensch zu werden. Für Gott liegt nach dieser Auffassung der Sinn der Schöpfung darin, sich selbst in der Natur durch sein perfektestes Geschöpf, den Menschen, erkennen zu lassen. Der Mensch hat in der Welt eine doppelte Aufgabe: Er ist gleichzeitig Herr und Wächter der Natur. Nie darf er den göttlichen Bezug der

Natur außer Acht lassen; denn als Bindeglied zwischen Gott und Natur gehört er beiden Bereichen an.

Im Koran 17, 22–38 befindet sich eine Parallele zum jüdisch-christlichen Dekalog:

„1. Setz nicht dem einen Gott einen anderen Gott zur Seite, damit du schließlich nicht getadelt und verlassen da sitzest!"

2. Und dein Herr hat bestimmt, dass ihr ihm allein dienen sollt.

3. Und zu den Eltern sollt ihr gut sein. Wenn eines von ihnen Vater oder Mutter oder alle beide bei dir im Haus hochbetagt geworden und mit den Schwächen des Greisenalters behaftet sind, dann sag nicht ‚Pfui!' zu ihnen, und fahr sie nicht an, sondern sprich ehrerbietig zu ihnen. Und senke für sie in Barmherzigkeit den Fittich der Selbst Erniedrigung und sag: ‚Herr! Erbarm dich ihrer ebenso mitleidig, wie sie mich aufgezogen haben, als ich klein und hilflos war!' Euer Herr weiß wohl, was ihr in euch bergt. Er erkennt falls ihr rechtschaffen seid euren guten Willen an, auch wenn ihr seinen Geboten nicht durchweg nachzukommen vermögt. Den Bußfertigen ist er bereit zu vergeben.

4. Und gib dem Verwandten, was ihm von Rechts wegen zusteht, ebenso dem Armen und dem, der unterwegs ist. Aber sei dabei nicht ausgesprochen verschwenderisch! Diejenigen, die verschwenderisch sind, sind Brüder der Satane. Und der Satan ist seinem Herrn gegenüber undankbar. Und falls du dich von ihnen abwendest ohne ihnen etwas zu geben, indem du erwartest, dass dein Herr, wie du hoffst, sich ihrer erbarmen wird, dann sprich wenigstens begütigend zu ihnen! Mach nicht, dass deine Hand gleichsam an deinen Hals gefesselt ist! D. h. sei kein Geizkragen. Aber streck sie auch nicht vollständig aus indem du hemmungslos Geschenke austeilst, damit du schließlich nicht getadelt und aller Kittel entblößt da sitzest! Dein Herr teilt den Unterhalt reichlich zu, wenn er will, und begrenzt ihn auch wieder. Er kennt und durchschaut seine Diener.

5. Und tötet nicht eure Kinder aus Furcht vor Verarmung! Wir bescheren ihnen und euch den Lebensunterhalt. Sie zu töten ist eine schwere Verfehlung.

6. Und lasst euch nicht auf Unzucht ein! Das ist etwas Abscheuliches – eine üble Handlungsweise!

7. Und tötet niemand, den zu töten Gott verboten hat, außer wenn ihr dazu berechtigt seid! Wenn einer zu Unrecht getötet wird,

geben wir seinem nächsten Verwandten Vollmacht zur Rache. Er soll aber dann im Töten nicht maßlos sein und sich mit der bloßen Vergeltung begnügen. Ihm wird beim Vollzug der Rache geholfen.

8. Und tastet das Vermögen der Waise nicht an, es sei denn auf die denkbar beste Art! Lasst ihr Vermögen unangetastet bis sie volljährig geworden ist und selber darüber verfügen darf!

9. Und erfüllt die Verpflichtung die ihr eingeht. Nach der Verpflichtung wird dereinst gefragt.

10. Und gebt, wenn ihr zumesst, volles Maß und wägt mit der richtigen Waage! So ist es am besten für euch und nimmt am ehesten einen guten Ausgang.

11. Und geh nicht einer Sache nach, von der du kein Wissen hast! Verdächtige nicht, wenn du nichts Sicheres weißt. Gehör, Gesicht und Verstand, für all das wird dereinst Rechenschaft verlangt.

12. Und schreite nicht überheblich auf Erden einher! Du kannst ja weder ein Loch in die Erde machen, die Erde spalten, noch die Berge an Höhe erreichen. Jedes derartige schlechte Verhalten ist deinem Herrn zuwider."

Dem christlichen Gebot der Nächstenliebe entsprechen der Gedanke der Brüderlichkeit und der Verpflichtung gegenüber dem Gast. Hierzu zwei wichtige Überlieferungen: „Die wertvollste aller Handlungen ist für Gott zu lieben." (Abu Dawud) „Ihr könnt nicht ins Paradies ohne zu glauben, und ihr könnt nicht glauben, ohne einander zu lieben." (Muslim, Adu Dawud, at-Tirmidhi)

Die Stellung der Frau

Das Bild von der muslimischen Frau ist im Westen seit langem von stereotypen Vorstellungen geprägt. Frühere europäische Kritiker glaubten zu wissen, dass die Frau im Islam keine Seele besäße und damit weit unter dem Mann stände. Sie dürfe nicht am gesellschaftlichen Leben teilnehmen (Stichwort: Schleier und Harem), und sie müsse sich im Bereich des Familienrechts den Interessen des Mannes unterordnen (z.B. Polygamie, Scheidung). Erfreulicherweise nimmt zwar auch die Anzahl der Veröffentlichungen zu, welche Hintergründe erläutern und das Thema vielschichtig und komplex behandeln. Dennoch: Ein großer Teil kreist um immer wiederkehrende Klischees und Halbwahrheiten und dient dazu, die bedauernswerte islamische Frau mit einer Mischung aus Mitleid und westlicher Überheblichkeit zu betrachten. Daneben gibt es auch Berichte, die zu Recht Entgleisungen und Fehlverhalten von Muslimen gegen islamische Frauen anprangern. Schließlich geschehen gerade unter dem Einfluss des Islamismus Menschenrechtsverletzungen gegenüber Frauen. Oft werden diese Vergehen mit der Religion gerechtfertigt, oder sie wird in den Dienst ihrer macht- bzw. machopolitischen Interessen gestellt. Hier hoffen viele benachteiligte Frauen in islamischen Ländern auf die Unterstützung von westlichen Menschenrechtsorganisationen und Politikern.

Das Negativbild hierzulande wird also auch genährt durch die weitverbreitete Realität in islamischen Gesellschaften, in jüngerer Zeit vor allem Afghanistan unter den Taliban und Iran nach der islamischen Revolution sowie durch die gängige Rechtspraxis: Polygamie, einseitiges Scheidungsrecht, das alleinige Fürsorgerecht des Mannes für die Kinder nach der Scheidung sowie Ausschluss der Frau aus dem gesellschaftlichen Leben.

Manche westliche Beobachter neigen dazu, die Schuld an diesem Fehlverhalten einseitig dem Islam anzulasten, ohne genügend auf politische, wirtschaftliche und kulturelle Gründe hinzuweisen.

Viele Muslime fühlen sich durch diese einseitige Betrachtung wiederum in die Defensive gedrängt, so dass sie in einem Übereifer an Verteidigung ihrer Position oft Äußerlichkeiten und Details überbetonen und dadurch das Wesen der islamischen Religion und die koranische Grundidee in den Hintergrund treten lassen. Daher sind viele islamische Stimmen, die sich mit der westlichen Kultur auseinander setzen, leider oft ebenso einseitig. Aus einer Angst, die eigenen Töchter könnten unter unislamischen Einfluss geraten, wird die westliche Gesellschaft verteufelt und anhand einiger spektakulärer Negativbeispiele (übertriebene sexuelle Ausschweifungen, völlig zerrüttetes Familienleben) abgeurteilt. Ein vernünftiger Dialog, bei dem beide Seiten den gegenseitigen Standpunkt verstehen lernen, auch wenn sie ihn nicht in allen Punkten nachvollziehen, wird seltener und schwieriger.

Die Stellung der Frau im Islam ist ein komplexes Thema. Sie variiert von Land zu Land, und innerhalb einzelner Länder spielt das Stadt-Land-Gefälle eine beträchtliche Rolle. Viele die Frau betreffende Verhaltensweisen und Tabus sind nur teilweise religiös bedingt. Mannigfache kulturelle Faktoren und teilweise auch Bestandteile eines vorislamischen Gewohnheitsrechts sind für eine Gesamtbeurteilung notwendig. Auch der ausgeprägte Ehrbegriff in Bezug auf weibliche Familienangehörige hat seine Ursachen nicht ausschließlich im Islam. Vielmehr handelt es sich um typische Merkmale patriarchalischer Gesellschaften, die auch im christlichen Orient, im orthodoxen Judentum und in Ländern mit überwiegend katholischer Bevölkerung (Spanien, Italien, Lateinamerika) anzutreffen sind.

Verglichen mit dem vorislamischen Arabertum stellten Mohammeds Anordnungen bezüglich der Frau beträchtliche Reformen dar: Die Frau ist in ihren religiösen Rechten und Pflichten dem Manne gleichwertig. Auch sie ist Stellvertreterin Gottes auf Erden, für ihr Tun verantwortlich und zusammen mit dem Mann beauftragt, Gottes Heilsplan zu verwirklichen. „Wer aber Rechtes tut, Mann oder Frau, und gläubig ist ..., wird nicht das entfernteste Unrecht zu leiden haben." (4,124)

Es gibt keinen Wertunterschied zwischen Mann und Frau. Beide wurden in gleicher Weise aus einem Wesen geschaffen. Nach koranischer Vorstellung ist auch Eva nicht die Verführerin Adams und damit an der Vertreibung aus dem Paradies schuldig, sondern Satan verführt sie beide (7,19ff.). Nicht die Familie, sondern die Frau erhält das Brautgeld und verwaltet ihr Vermögen selbst. Die vorislamische Polygamie wird auf vier Frauen beschränkt – mit der Auflage, sie alle gleich zu behandeln. „Und wenn ihr fürchtet, in Sachen der eurer Obhut anvertrauten weiblichen Waisen nicht Recht zu tun, dann heiratet, was euch an Frauen gut dünkt, ein jeder zwei, drei oder vier. Und wenn ihr fürchtet, so viele nicht gerecht zu behandeln, dann nur eine oder was ihr an Sklavinnen besitzt! So könnt ihr am ehesten vermeiden, Unrecht zu tun." (4,3)

Der Islam schätzt Ehe und Familie sehr. Der Koran sieht in der Ehe geradezu eine Verpflichtung für heiratsfähige Männer und Frauen. Das heilige Buch der Muslime knüpft an Ehe und Scheidung aber bestimmte Bedingungen. In Sure 4,3 wird dem Mann die Möglichkeit eingeräumt, bis zu vier Frauen zu heiraten. Gleichzeitig wird jedoch die Forderung gestellt, dass der Mann alle seine Ehefrauen gleich und gerecht behandeln müsse.

Die Ehe gilt als eine vom Koran empfohlene Einrichtung, in der beide Partner in Liebe, Barmherzigkeit (Rahma) und Verständnis einander zugetan sein sollen.

Die islamische Ehe ist kein Sakrament. Dennoch hat sie eine tiefe religiöse Bedeutung. Der vorher abgeschlossene Ehevertrag, bei dessen Abschluss zwei männliche oder ein männlicher und zwei weibliche Zeugen anwesend sein müssen, legt die Bedingungen fest. Hauptbestandteil des klassischen Ehevertrages sind die Höhe des Brautgeldes sowie die Bedingungen für eine eventuelle Scheidung. Oft wird in neueren Eheverträgen die Heirat mit einer zweiten Frau ausgeschlossen.

Trotzdem genießt der Mann eine gewisse rechtliche Vormachtstellung. So gilt zum Beispiel seine Zeugenaussage in Familienrechtsangelegenheiten mehr als die einer Frau. Man geht nämlich davon aus, dass die Frau durch ihren fehlenden gesellschaftlichen Umgang nicht die gleiche Urteilsfähigkeit besitzt. Töchter erben auch weniger als Söhne. Dies hängt damit zusammen, dass der Mann mit der Eheschließung die Verpflichtung übernimmt, für einen standesgemäßen Unterhalt seiner Frau, der Kinder (und unter Umständen anderer unverheirateter Angehöriger seiner Familie) zu sorgen, während die Frau nicht aus ihrem Vermögen zum Haushalt beitragen muss.

In einer Zeit, in der nicht nur auf der arabischen Halbinsel, sondern in nahezu allen Kulturen die Entrechtung der Frau die vorherrschende gesellschaftliche Tendenz war, war es das Hauptanliegen des Korans, der Frau eine gleichwertige Stellung einzuräumen. Bezeichnend dafür ist das koranische Verbot, weibliche Säuglinge zu töten. Der Erfolg blieb jedoch dadurch beschränkt, dass sich die traditionellen, vom Koran bekämpften Gesellschaftsstrukturen wieder festigen konnten. Auch erreichte Teilerfolge wurden vielfach, wenn auch nicht überall verletzt.

Bereits seit dem 19. Jahrhundert werden in den islamischen Ländern, auch unter dem Einfluss der Frauenbewegung im Westen, kontroverse Diskussionen über dieses Phänomen geführt. Man analysiert, was von den oben genannten Phänomenen kulturabhängig und was originär islamisch ist. Die eigentliche Grundlage für die Verbesserung der Stellung der Frau kann der Koran liefern, vorausgesetzt, dass traditionelle Interpretationen in Frage gestellt werden und der Koran selbst nach seinem Konzept dafür befragt wird.

Viele Erfolge zugunsten der Frau bzw. zur Unterbindung der Willkür des Mannes konnten bereits erzielt werden, wenn auch das Erstarken der islamistischen Kräfte in einigen Ländern zu einer deutlichen Verschlechterung der Stellung der Frau geführt hat.

Der Islam bestimmt die Stellung des Individuums stärker aus seiner Einbindung in die Gemeinschaft. Als kleinste Einheit dieser Gemeinschaft kommt der Familie eine besondere Bedeutung zu: nicht im Sinne der Kleinfamilie westlicher Prägung, sondern als Verband der verwandtschaftlich verbundenen Großfamilie. Hieraus leitet sich auch die Aufgabe beider Geschlechter ab. Während der Mann die Familie nach außen hin in der Gesamtgemeinschaft vertritt, kommt der Frau die Aufgabe zu, den Familienverband zu festigen und zu stärken. Hieraus leitet sich auch die besondere Treuepflicht von Frau und Mann ab. In Übereinstimmung damit gilt in der Ehe für beide Partner eine gegenseitige Verpflichtung zum Schutz der Persönlichkeit.

Die Willkür des Mannes bei der Scheidung wird eingeschränkt, da er gewisse Sorgepflichten erfüllen und Wartezeiten einhalten muss (4,35). Auch die Frau kann sich unter bestimmten Umständen scheiden lassen (z.B. verletzte Unterhaltspflicht des Mannes, bestimmte Krankheiten oder langjähriges Fortbleiben des Mannes, schlechte Behandlung). Dennoch ist sie nach unseren Maßstäben im Ehe-, Scheidungs- und Erbrecht benachteiligt; denn sie kann sich nur bei Unterlassungen und Fehlern des Mannes, nicht aber aufgrund einer veränderten Neigung scheiden lassen.

Nach dem Verständnis des Korans hat der Mann kein Recht, seiner Frau Befehle zu erteilen, außer in religiösen Angelegenheiten. Andererseits hat auch die Frau die Verpflichtung, ihren Mann bei religiösen Verfehlungen zurechtzuweisen. Außer dem Recht auf sexuelle Beziehungen darf der Mann von der Frau rechtlich nichts verlangen. Sie darf hingegen für Dienstleistungen, sogar für das Stillen des eigenen Kindes, vom Mann Geld beanspruchen. Ein Gelehrter aus Saudi-Arabien bezeichnete die Arbeit der Frau zu Hause sogar als Sadaqa („Almosen") für Mann und Kinder. Die finanziellen und sozialen Verpflichtungen des Mannes sind im Islam sehr groß. Es ist seine Aufgabe, in jeder Hinsicht für ein standesgemäßes Leben seiner Frau zu sorgen, wie sie es aus dem Elternhaus gewohnt ist. Daneben muss er für Eltern, Kinder, Geschwister und nahe Verwandte der Frau sorgen, falls sie Hilfe benötigen. Die Frau hinge-

gen, die uneingeschränkt und selbstständig über ihr Eigentum verfügt, ist nicht verpflichtet, etwas beizusteuern.

Die Verpflichtung des Mannes fasst Sure 4,34 zusammen: „Die
Männer sind verantwortlich für die Frauen." Der zweite Teil des
Verses lautet: „dadurch, dass Gott die einen vor den anderen mit
Vorzügen bedacht hat, und dadurch, dass die Männer von ihrem
Vermögen für die Lebensbelange der Frau aufkommen."

Wenn im Koran vom Vorrang des Mannes vor der Frau die Rede
ist, wobei beiden gleichermaßen jeweils besondere Vorzüge zuge-
standen werden, wird dies aus der eben genannten Verantwortung
begründet. Der Mann verliert diese Vorrangstellung in dem Mo-
ment, wenn er nicht mehr in der Lage ist, seiner sozialen Verpflichtung nachzukommen. Der Vorrang ist also in erster Linie funktional
begründet.

Wenn der Ehemann seiner Fürsorge und Schutzverpflichtung gegenüber der Familie nicht nachkommt, hat die Frau das Recht, öffentlich vor Gericht gegen ihn Klage zu führen. Im Fall der Aufleh-
nung der Ehefrau gegenüber dem Mann – gemeint ist nur Untreue
oder Veruntreuung seines Vermögens –, verlangt der Koran (Sure
4,34) zum Schutz des guten Rufes der Frau in der Öffentlichkeit
zunächst eine Beilegung des Streits in der Familie. Selbst in diesem
– aus der Sicht des Korans – das Familienleben zerstörenden Fall
soll das Problem zunächst durch „wirksame Gespräche" (Predigten) gelöst werden, was sicher in den meisten Fällen Erfolg versprechen dürfte. Sollte dies nicht der Fall sein, schlägt der Koran als
weiteres Druckmittel Liebesentzug vor: „Meidet sie im Ehebett."
Der Mann soll seiner Gattin deutlich zeigen, dass er die Verletzung
seiner Rechte (eheliche Treue und sorgsamer Umgang mit seinem
Besitz) nicht hinnehmen wird. Bleibt auch dieser Weg erfolglos,
deutet dies auf eine Zerstörung des Familiengefühls bei der Frau hin.
Die letzte Konsequenz ist dann die Scheidung. Weil diese jedoch aus
der Sicht des Islams eine verpönte Handlung ist, legt der Koran als
letzten Rettungsversuch vor: „Schlagt sie." (4,34)

Die Misshandlung von Frauen durch ihre Männer war zur Zeit
von Mohammed weit verbreitet. Diese Praxis wird von Mohammed
entschieden bekämpft. Schon kurz nach Mohammeds Tod beschäftigte dieser Vers die Muslime. Das „Schlagen" wurde gedeutet im
Sinne eines die Unzufriedenheit symbolisch ausdrückenden „nicht-
schmerzenden Schlages". Die auch unter Muslimen verbreitete

Rechtfertigung von Tätlichkeiten gegenüber der Frau widerspricht insgesamt dem Grundanliegen des Korans. Der tunesische Historiker Mohammed Talbi geht davon aus, dass das den Männern eingeräumte Recht, Frauen unter bestimmten Umständen zu schlagen, einen Konflikt in der Gemeinde von Medina widerspiegelt. Die Frauen der aus Mekka eingewanderten Neumuslime hätten angesichts des selbstbewussten Auftretens der medinensischen Frauen angefangen, den Männern zu widersprechen und sich als Herrinnen im Haus aufzuführen. Darüber habe sich der einflussreiche Prophetengefährte Umar ibn al-Khattab bei Mohammed beschwert. Der Prophet, der ein Gegner von Gewalt gegen Frauen war, hätte unter dem Druck seiner Weggefährten und geschwächt durch militärische Niederlagen dem Streit durch eine entsprechende Offenbarung ein Ende zugunsten der Männer bereitet.

Trotzdem kommt Misshandlung von Frauen bis heute in der islamischen Welt vor, wobei sich manche Täter sogar auf den Koran berufen. Doch widerspricht diese auch unter Muslimen verbreitete Rechtfertigung von Tätlichkeiten gegenüber der Frau aus dem Koran insgesamt der Intention des Korans. Auf großes Befremden stößt bei uns zu Recht das zum Teil aus dem Koran abgeleitete islamische Strafrecht. Es schreibt vor, Ehebrecher zu schlagen oder zu steinigen. Hinzu kommt, dass in der heutigen Praxis oft übersehen wird, welche strengen Maßstäbe der Koran an die Zahl der Zeugen legt und dass Falschaussagen streng geahndet werden sollen.

Obwohl die Stellung der Frau durch die Reformen Mohammeds entscheidend verbessert wurde, entwickelte sich im Islam unter dem Einfluss der orientalischen Umwelt eine vornehmlich patriarchalische Familienstruktur. Der Vater oder älteste Sohn ist das Oberhaupt der Familie und vertritt diese im öffentlichen Leben nach außen. Er hat die Pflicht, seine Familie zu beschützen. In einem viel stärkeren Maß, als dies bei einer westeuropäischen Familie der Fall ist, hat der Familienvater das Recht, über das Geschick der übrigen Familienmitglieder zu bestimmen. Nach traditioneller Auffassung besteht die Hauptaufgabe der Frau darin, eine gute Hausfrau und Mutter zu sein, doch wird dieses Rollenverständnis heute z.T. in Frage gestellt. Sexualität gilt im Rahmen der Ehe als etwas Positives. Zwar wird sie in erster Linie vom Standpunkt des Mannes begründet, aber auch der Frau wird das Recht auf sexuelle Erfüllung nicht ausdrücklich abgesprochen. Man kann den Gelehrten der klassischen Periode kaum den Vorwurf machen, dass sie dieses Thema nicht erörtert hätten; denn eine aktive sexuelle Rolle der Frau ist in Europa erst seit einigen Jahrzehnten in der Diskussion. Voreheliche sexuelle Beziehungen der Frau werden von islamischen Rechtsgelehrten entschieden abgelehnt. Andererseits hat sich im Islam auch keine Leibfeindlichkeit entwickelt, wie sie für einzelne Phasen der Christentumsgeschichte typisch war. Einige islamische Kritiker sehen in der christlichen Rede von der Sünde eine grundsätzlich ablehnende Haltung gegenüber Sexualität und Sinnenfreuden im Allgemeinen. Obgleich auch im Islam der eigentliche Sinn des Geschlechtsverkehrs in der Fortpflanzung gesehen wurde, diskutierten interessanterweise schon einige mittelalterliche Theologen Methoden der Empfängnisverhütung. Dies lässt den Schluss zu, dass der Beischlaf nicht ausschließlich durch die Zeugungsabsicht legitimiert wurde. Was die heutige Diskussion betrifft, so gehen die Ansichten über Themen wie z.B. Empfängnisverhütung oder Abtreibung auseinander. Einerseits gibt es religiöse Gutachten, die sich für eine gezielte Familienplanung einsetzen. Andererseits vertreten manche die Ansicht, dass Empfängnisverhütung im Widerspruch zum Islam stehe. Solche Argumente kommen in erster Linie solchen sozialen Schichten zugute, die traditionell in einer zahlreichen Nachkommenschaft ihre einzige Sozialversicherung und Altersversorgung sehen müssen. Im Gegensatz zu den Vertretern der klassischen Schulen, die eine Abtreibung vor dem 4. Monat teilweise zugelassen hatten, wird heute eher die Schutzbedürftigkeit des menschlichen Lebens vom Zeitpunkt der Zeugung an in den Mittelpunkt gestellt; denn das menschliche Lebewesen sei von Anfang an Schöpfung Gottes (23,12–14) und daher nicht der willkürlichen Verfügungsgewalt der Menschen unterworfen. Ausgehend von der Überlegung, dass man von zwei Übeln das geringere wählen soll, gilt eine Abtreibung bei vielen dann als erlaubt, wenn das Leben der Mutter in Gefahr ist (z.B. offizielle Meinung in Ägypten, Algerien, Iran, Pakistan und der Türkei). In einigen Ländern ist eine Abtreibung während der ersten drei Monate auch aus anderen sozialen und medizinischen Gründen erlaubt (Tunesien und Pakistan sowie Marokko und Ägypten, allerdings mit größeren Vorbehalten).

Künstliche Befruchtung gilt bei den meisten islamischen Medizinern als erlaubt, sofern nur der Samen des Ehemanns verwandt wird und die Befruchtung innerhalb der Ehe(dauer) geschieht.

Der Koran enthält keine eindeutige Bestimmung darüber, dass sich Frauen verschleiern müssen und ihr Wirkungsbereich auf das Haus beschränkt ist. Es gibt zwar einen Vers, der es guten Musliminnen empfiehlt, sich außerhalb des Hauses schamvoll zu kleiden, aber von einem Gesichtsschleier ist nicht die Rede. Außerdem sollte diese Bestimmung die Frauen nicht aus der Öffentlichkeit verbannen, sondern dazu beitragen, dass sie als anständige Frauen erkannt werden, da die Sitten in den damaligen Oasenstädten relativ freizügig waren: „Sage auch den gläubigen Frauen, dass sie ihre Augen niederschlagen und sich vor Unkeuschem bewahren sollen und dass sie nicht ihren nackten Körper, außer nur, was notwendig sichtbar sein muss, entblößen und dass sie ihren Busen mit dem Schleier verhüllen sollen." (24,32)

Bräuche wie das Tragen von Schleiern und Institutionen wie der Harem sowie die Verbannung der Frau aus dem öffentlichen Leben entstanden erst, als nach der Übernahme des Kalifats durch die Abbasiden (750) persische und byzantinische Gewohnheiten den Lebensstil zu prägen begannen. Seit dem 19. Jahrhundert entstanden Reformbewegungen, die sich u.a. für die Einbeziehung der Frau in das öffentliche Leben, für eine bessere Ausbildung der Mädchen, für ein verändertes Ehe- und Scheidungsrecht und für das Kennenlernen vor der Ehe einsetzten. Sowohl einige Reformer als auch ihre Gegner beriefen sich auf den Koran, da dort einerseits Verse vorhanden sind, die eine Unterordnung der Frau nahelegen, als auch andererseits solche, in denen Ansätze für eine rechtliche Gleichstellung festzustellen sind. In diesem Zusammenhang diskutierte man die Gültigkeit mancher Verse, die man als Kompromisse Mohammeds an die damalige Zeit deutete.

Heute hängt die Stellung der Frau im Wesentlichen davon ab, ob es sich um Bereiche des Zivilrechts oder des religiösen Sharia-Rechts handelt. Dem zivilen Recht zufolge genießen viele muslimische Frauen aktives und passives Wahlrecht und sind auch im öffentlichen Leben annähernd dem Mann gleichgestellt. Es hat sogar vereinzelt weibliche Minister gegeben (z. B. in Ägypten, Irak, Iran). Behält die Sharia hingegen für das Familienrecht Gültigkeit, so bieten Polygamie und Scheidungsrecht weiterhin Anlass zu Diskussion und Kritik. Generell untersagt ist die Polygamie in der Türkei, in Tunesien und dem Irak, soll aber in der Osttürkei noch vereinzelt üblich sein. In anderen Ländern wird sie – wenn auch mit großen Einschränkungen – noch praktiziert. In Syrien, Libanon und Jordanien muss die Frau ihre Einwilligung zu einer Heirat des Mannes mit einer zweiten Frau geben. In Algerien und der Volksrepublik Jemen sind keine willkürlichen Verstoßungen mehr erlaubt. Das Heiratsalter wurde in fast allen Ländern heraufgesetzt. Allerdings werden oft falsche Altersangaben gemacht. Darüber hinaus gibt es nach wie vor Probleme im Scheidungsrecht, im Sorgerecht für die Kinder und in der geschlechtsspezifischen Erziehung, die im Zuge der Re-Islamisierung eher zunehmen.

Das Erstarken von islamistischen Kräften hat sich generell für die Stellung der Frau als Nachteil erwiesen. Unter Berufung auf den Islam wurden in einigen Ländern, wie zum Beispiel Iran und Afghanistan, Gesetze erlassen, die man kaum als koranisch bewerten kann, die allenfalls eine extreme islamistische Position oder machtpolitische Entscheidung darstellen.

Wenn man die Praxis im vorislamischen Arabien und Mohammeds Reformen betrachtet, kann man daraus erkennen, dass der islamische Prophet die Freiheit, Gleichheit und Würde der Frau durchsetzen wollte. Deshalb sollte sich jede muslimische Gemeinschaft fragen, ob sie diesen Prozess wirklich im Sinne des Korans weiterführt oder ob sie es gestattet, dass beispielsweise spätere kulturelle Einflüsse, tagespolitische Erfordernisse oder einfach männliche Machtansprüche dies verhindern.

Ein Blick in die islamische Geschichte zeigt, dass die Beschneidung der Rechte von Frauen fast immer in politischen und wirtschaftlichen Krisensituationen besonders ausgeprägt war.

Der Kalif al-Hakim zum Beispiel zwang Frauen, sich nicht in der Öffentlichkeit zu zeigen, als das Land von Nilüberschwemmungen, Inflation und sozialen Unruhen heimgesucht wurde.

Massaker an ägyptischen Frauen fanden nach dem Abzug der Truppen Napoleons statt, weil man davon ausging, dass sie durch die ausländische Besatzung moralisch verderbt seien. Nicht zufällig sahen Reformer wie Abduh und Qasim Amin in den despotischen Verhältnissen in der Gesellschaft eine Ursache für die Unterdrückung der Frau in der Familie.

Es gibt verschiedene Entwicklungen in islamischen Ländern, die sich nicht ohne weiteres mit der koranischen Botschaft so in Einklang bringen lassen:

Einige Beispiele:

1. Das Absprechen des Rechtes auf Ausbildung und Beruf

In manchen islamistischen Kreisen werden Stimmen laut, die im Namen des Islam der Frau das Recht auf Ausbildung und Beruf absprechen wollen. Doch im Koran steht ausdrücklich, dass die gläubigen Männer und Frauen Freunde sind und das Gute gebieten und das Schlechte verhindern und an Gott glauben sollen. Denn laut der heiligen Schrift der Muslime ist die Frau wie der Mann Khalifa (Stellvertreter Gottes auf Erden) und damit für eine gottgewollte Ordnung auf dieser Welt mitverantwortlich. Aber dieser Aufgabe kann sie nur gerecht werden, wenn ihr das auch schon im Koran angesprochene Recht auf Ausbildung nicht verwehrt bleibt. Männer sollten daher Frauen diese Mitverantwortung nicht einfach nehmen, selber zu erkennen, wie sie dieses koranische Gebot am besten in die Tat umsetzen sollen.

2. Mädchenbeschneidung

Im Koran wird diese Praktik nicht erwähnt, geschweige denn gut geheißen. Dennoch ist sie in einigen islamischen Ländern verbreitet und wird teilweise auch von muslimischen Gelehrten legitimiert. Erst vor wenigen Jahren wurde das mühsam durchgesetzte Verbot der Mädchenbeschneidung von einem ägyptischen Staatsgericht wieder aufgehoben. Dabei gibt es durchaus autorisierte islamische Exegeten, die sich ausdrücklich gegen die Beschneidung von Frauen aussprechen, wie zum Beispiel die des Großscheichs der al-Azhar-Universität Mohammed al-Tantawi. Dieser beschrieb diese Praktik als afrikanische Tradition, die nichts mit dem Wesen des Islams zu tun habe. Sicher gibt es sogar Stimmen dafür, selbst von Frauen, die darauf hinweisen, dass die Mädchenbeschneidung der Tradition entspricht und damit sinnvoll sei. Aber für eine Ablehnung der Mädchenbeschneidung spricht abgesehen von der Grausamkeit dieser Praxis auch, dass dieser Brauch selbst in ausgeprägt islamischen Ländern wie Saudi-Arabien, Afghanistan oder Iran so gut wie unbekannt ist.

3. Das willkürliche Schlagen von Frauen

Erst vor wenigen Jahren ist in der Türkei ein Streit darüber entbrannt, ob der Ehemann das Recht hat, seine Frau zu schlagen. Für dieses Recht sprachen sich einige Mitglieder der islamischen Wohlfahrtspartei aus. Unterstützung erhielten dabei die Männer auch von den Werken einiger Theologen, wie Bekir Topaloglu, der in seinem Buch „Frau im Islam" dem Mann das Recht zusprach, die Frau zu schlagen, um die Ehe zu retten. In der Tat wird diese Möglichkeit als Ultima Ratio im Koran erwähnt – aber eigentlich als letzte Möglichkeit, wenn alle anderen Mittel gescheitert sind.

Einer Studie der Ankaraner Universität zufolge beklagten 84% geschiedener Frauen, sie seien geohrfeigt, und 70 %, sie seien mit Fäusten traktiert worden, und gar 42%, sie seien krankenhausreif geschlagen worden.

Der umstrittene Vers lautet:

4,34: „Die Männer sind verantwortlich für die Frauen, dadurch, dass Gott die einen vor den anderen mit Vorzügen bedacht hat und dadurch, dass die Männer von ihrem Vermögen für die Lebensbelange der Frau aufkommen. Die guten Frauen sind deshalb gehorsam und Beschützerinnen der Gemeinsamkeit in Abwesenheit des Mannes, weil Gott diese Gemeinsamkeit beschützt haben will. Und wenn ihr fürchtet, dass irgendwelche Frauen sich auflehnen, dann vermahnt sie, meidet sie im Ehebett und schlagt sie! Wenn sie euch dann wieder gehorchen, dann unternehmt weiter nichts gegen sie! Gott ist erhaben und groß und verzeiht ... "

4. Die falsche Bezichtigung der Unzucht

Es kommt in manchen islamischen Ländern nicht selten vor, dass eine Frau es nicht wagt, eine Vergewaltigung oder andere sexuelle Misshandlung anzuzeigen, weil sie vier männliche Zeugen für die Tat beibringen muss. Ist sie dazu nicht in der Lage, kann sich die Sache schnell ins Gegenteil verkehren, und das Opfer wird wegen Unzucht oder Ehebruch angeklagt. Solche Vorfälle stehen im krassen Widerspruch zu dem, was die islamische Gesetzgebung öffentlich bekennt, nämlich dass es ihr um die Wahrung von Schutz und Würde der Frau geht.

Fazit

Es gibt islamische Prinzipien, die kein Muslim oder keine Muslima in Frage stellt, weil es sich um unvergängliche Wahrheiten handelt. Aber andererseits gibt es auch Fehlentwicklungen und aus anderen nichtislamischen Traditionen entnommene Vorstellungen, die nicht mit den islamischen Grundwerten übereinstimmen. Gerade der Islam macht sich in vielen Ländern zum Anwalt der Unterdrückten und prangert die Ausbeutung des Menschen durch den Menschen an. Daher sollten Muslime aber auch den Mut besitzen, dann ihre eigenen Glaubensgenossen zur Raison zu rufen, wenn die Rechte der Frau durch Ausbeutung und Erniedrigung islamischer Männer gefährdet werden. Denn dadurch tragen sie einerseits zur Hebung des Ansehens des Islams bei, der dadurch verdientermaßen weltweit eine bessere Presse bekäme. Andererseits erfüllen sie damit nur die koranische Grundidee. Ein Infragestellen männlicher Unterdrückungsmechanismen, wie sie leider in fast allen Religionen in bestimmten Zeiten anzutreffen sind, stellt keinen Angriff auf den Islam dar, wenn sich dieser entsprechend dem Koran als eine friedliche menschenwürdige Botschaft versteht, die Mann und Frau gleichermaßen auffordert, das Gute zu tun und das Üble zu unterlassen.

Literatur: Mathias Rohe: Der Islam – Alltagskonflikte und Lösungen. Rechtliche Perspektiven, Freiburg i. Br. 2001–Stephanie Waletzki: Ehe und Ehescheidung in Tunesien. Zur Stellung der Frau in Recht und Gesellschaft, Berlin 2001 – Afkham (Hg.): Faith and Freedom. Women's Human Rights in the Muslim World, Nachdruck London u.a. 2000 – Akashe-Böhme: Die islamische Frau ist anders. Vorurteile und Realitäten, Gütersloh 1997 – Smail Bali´c: Islam für Europa, Köln/Weimar/Wien 2001 – Göhle: Republik und Schleier. Die muslimische Frau in der modernen Türkei, Berlin 1993 – N. Keddi/L. Beck: Women in the Muslim World, 1979 – Michael Klöcker, Monika Tworuschka (Hg.): Die Frau in den Religionen, Weimar 1995 – Fatima Mernissi: Der politische Harem, Freiburg i.Br. 1992–Laila Minai: Schwestern unterm Halbmond. Muslimische Frauen zwischen Tradition und Anpassung, München 1991[4] – Annemarie Schimmel: Meine Seele ist eine Frau. Das Weibliche im Islam. 1995.

Das islamische Recht und seine Entwicklung
Die Rechtsquellen

Das islamische Recht (Fiqh) sieht im Koran seine Hauptquelle. Als nach dem Tode des Propheten neue Fragen und Probleme aufkamen, die im Koran keine direkte Antwort fanden, hielt sich die Gemeinde an die vielerlei mündlichen Überlieferungen über Aussprüche und Handlungen des Propheten. Diese den Koran deutenden Aussagen und Verhaltensweisen Mohammeds heißen Sunna (von arab. sanna = gelten, in Gebrauch sein). Dieser Begriff bezeichnet die inhaltliche Seite der sog. Hadithen (wörtl. Mitteilungen). Abgesehen von Hadithen über vorbildliche Handlungen und Belehrungen des Propheten gibt es auch solche über die Handlungen von Zeitgenossen Mohammeds und der nächsten Generationen, von denen vorausgesetzt wird, dass der Prophet sie gutgeheißen hätte. Ein Hadith selbst besteht in der Regel aus zwei Teilen: dem eigentlichen Text sowie der vorangestellten Kette von Gewährsmännern. Ein Beispiel: „Es berichtet uns Musa ibn Ismail, er sagte, es berichtete uns Mahdi ibn Maimun; er sagte, es berichtete uns Wasli al-Ahdad von al-Marur ibn Suyad von Abu Dharr; er sagte: Der Prophet Gottes sagte – Gott möge Wohlgefallen an ihm haben und über ihne sprechen: Es erschien jemand von meinem Herrn, der ihm mitteilte: Derjenige aus meiner Gemeinde, welcher stirbt, ohne Gott etwas als Teilhaber zuzuschreiben, geht in das Paradies ein ... " (Abu Abdallah Mohammed ibn Ismail al-Bukhari, as-Sahih, Leiden 1868, 1, S. 313). Im dritten Jahrhundert wurden umfangreiche Traditionssammlungen zusammengestellt, welche die im Umlauf befindlichen Überlieferungen nach einer genauen Prüfung beträchtlich reduzierten. Im Allgemeinen gelten die Sammlungen von sechs Sammlern (al-Bukhari, at-Tirmidhi, Abu Daud, Muslim, Ibn Maja, Ibn Hanbal) als verlässlich (sahih) und konnten in der Folgezeit neben Koran und Sunna zu Rate gezogen werden. Da solche Sammlungen für den Gebrauch der Theologen, Richter und Beamten aufgrund ihres Umfangs praktisch schwer zu handhaben waren, wurden sie teilweise zusammengefasst und geordnet.

Wenn in Koran und Sunna keine eindeutige Regelung gefunden werden konnte, wurde als dritte Quelle der durch Koran und Sunna legitimierte Consensus der Rechtsgelehrten (Idjmaa) einer Generation zu Rate gezogen. Befugt zur Ausübung des Consensus waren bestimmte Fachleute und Juristen. Ein Consensus liegt dann vor, wenn etwa eine Generation lang nach Bekanntwerden einer Lehre bei Meinungsfreiheit und unter normalen Verhältnissen kein Widerspruch bekannt wird. Einige Gelehrte lehnen den Consensus ab, weil es schwierig ist, alle relevanten Meinungen einzubeziehen. Nach Ansicht der Schiiten muss beim Consensus ein Imam beteiligt sein. Einige heutige Muslime verstehen unter dem Consensus auch Mehrheiten islamischer Weltkongresse oder Parlamente.

Als vierte Quelle gilt schließlich der Analogieschluss (Qiyas). Man führt dabei ein aktuelles Problem auf eine Regel zurück, die für einen gleichartig oder ähnlich gelagerten Fall geschaffen worden war. Der Qiyas wird von den Schiiten nicht anerkannt. Als legitim galt ursprünglich auch die Rechtsauslegung einzelner Gelehrter, d.h. der von einem Mudjtahid ausgeübte Idjtihad. Im 9. Jahrhundert wurde diese Praxis der selbstständigen Meinungsbildung jedoch untersagt, damit nicht zu viele widersprüchliche Lehrmeinungen entständen. Man sollte nun bei anstehenden Fragen älteren Autoritäten folgen. Diese Nachahmung (Taqlid) wurde von Reformern kritisiert, weil sie Neuerungen verhindert. In der Shia blieb der Idjtihad hingegen eine erlaubte Methode der Rechtsfindung.

Das islamische Rechtssystem erkennt ferner das bei einem Teil einer Bevölkerung übliche Gewohnheitsrecht an. Dazu gehörten auch die Anwendung der in Altarabien sowie im persischen und byzantinischen Rechtssystem gültigen Bestimmungen.

In allen Fällen, in denen aus den anderen Quellen keine Richtlinien zu entnehmen sind, hat der Rechtsgelehrte die Pflicht, sich ein eigenes Urteil zu bilden.

Die Rechtsschulen
1. Die Hanafiten

Die älteste Rechtsschule ist die von Abu Hanifa (699–767) und seinen Schülern Abu Yusuf (731–798) und ash-Shaibani (749–804) gegründete hanafitische Rechtsschule. Da sie neben den vier anerkannten Rechtsquellen als Zusatzquelle den Istihsan (wörtl. für gut halten = Abweichen von einer Regel zugunsten einer anderen) billigte, wurde sie von verschiedenen Seiten kritisiert.

Verbreitung: offizielle Rechtsschule der Abbasiden und Osmanen, Balkan, Afghanistan, Pakistan, Zentralasien, Indien, China, Südamerika, Österreich.

2. Die Malikiten

Malik ibn Anas (715–795), der Gründer der malikítischen Rechtsschule, der insbesondere die Rechtspraxis in der Umgebung von Medina berücksichtigte, ließ, abgesehen von den Hauptquellen, als Zusatzquelle das Gewohnheitsrecht in der Umgebung von Medina gelten.

Verbreitung: Nordafrika (Marokko, Algerien, Tunesien, Libyen), Nordwestafrika Oberägypten, Mauretanien, Nigeria, Sudan, Golfstaaten.

3. Die Shafiiten

Ash-Shafii (767–820), das Oberhaupt der dritten und wichtigsten shafiitischen Rechtsschule, gilt als der eigentliche Begründer der islamischen Jurisprudenz. Er systematisierte das Recht, begrenzte die Rechtsquellen auf die vier Hauptquellen und lehnte Zusatzquellen, wie den Istihsan, das Maslaha-Prinzip und Rai (eigenes Urteil von Rechtsgelehrten) ab.

Verbreitung: Ägypten, Jordanien, Libanon, Bahrain, Indonesien, Malaysia, Sri Lanka, Philippinen, Tansania, Zentralasien und als Minderheiten in Saudi-Arabien, Indien und Iran.

4. Die Hanbaliten

Die Lehre des Gründers der vierten sunnitischen, der hanbalitischen Rechtsschule, Ahmad ibn Hanbal (780–855), stellt in mancherlei Hinsicht eine Reaktion gegen rationalistische Strömungen dar. Diese Schule ist in vielen dogmatischen und kulturellen Fragen eher konservativ und gilt nur im Vertragsrecht als relativ fortschrittlich.

Verbreitung: Saudi-Arabien (wo das aus ihr hervorgegangene Wahhabitentum Staatsreligion ist), Syrien, Irak, in Teilen Ägypten, Indien, Afghanistan und Algerien.

5. Die Djaafariten

Die bedeutendste Rechtsschule der Shia, die djaafaritische, auch Zwölfershia genannt, gilt häufig als fünfte Rechtsschule und wird auf den 12. Imam zurückgeführt.

Verbreitung: Hauptsächlich Iran, Teile Pakistans, Indiens, Iraks, Libanons und Syriens.

Wichtige Bereiche des islamischen Rechts waren ursprünglich die fünf Grundpflichten (Kultusrecht), Djihad, Staatsrecht, Strafrecht, Steuerrecht, Personenstandsrecht. Heute ist es in vielen Ländern auf das Personenstandsrecht und das Kultusrecht beschränkt. Im Zuge der Re-Islamisierung bemühen sich manche Kreise um die Wiedereinführung des islamischen Rechts in alle Lebensbereiche. Einige moderne Juristen benutzen in ihren Kommentaren nicht selten die Lehren verschiedener Rechtsschulen und kombinieren sie. Dieses Verfahren nennt man Talfiq.

Literatur: Abraham Wilhelmus Theodorus Juynboll: Handbuch des islamischen Gesetzes, Leiden 1910 – Harald Motzki: Die Entstehung des Rechts. In: Der islamische Orient, hg. von Albrecht Noth/Eugen Paul, Würzburg 1998, S.151–172 – Said Ramadan: Das islamische Recht, Wiesbaden 1980 – Christopher Melchert: The formation of the sunni schools of law. 9th – 10th centuries C.E., Leiden/ New York/Köln 1997 – Abdur Rahim: The principles of Islamic jurisprudence. According to the Hanafi, Maliki, Shafi'i and Hanbali schools, New Delhi 1994².

Der Islam in der Auseinandersetzung mit einigen Problemen der Zeit

Islam und Wirtschaft

Der Islam sieht im Streben nach wirtschaftlichem Erfolg etwas Positives. Mohammed selbst stammte ja aus einer Kaufmannsgesellschaft, und zahlreiche Beispiele seiner Lehre sind in diesem Milieu angesiedelt. V. Nienhaus hat die islamische Wirtschaftslehre mit der katholischen Soziallehre verglichen und viele Gemeinsamkeiten aufgezeigt. Diese Gemeinsamkeiten sind u.a. darauf zurückzuführen, dass die Lehren Mohammeds etwa zur gleichen Zeit und in einem ähnlichen Raum wie die aus den östlichen Mittelmeerländern und Afrika stammenden Kirchenväter entstanden. Daher konnten sich sehr ähnliche Vorstellungen über einen angemessenen Lebenswandel sowie über soziale Missstände und ihre Überwindung entwickeln, ohne dass daraus die These einer direkten Abhängigkeit beider Lehren abzuleiten ist. Gemeinsam sind der islamischen und katholischen Wirtschaftsethik folgende Punkte:

1. Der Mensch wurde als Ebenbild (Christentum) bzw. Stellvertreter (Islam) Gottes geschaffen. Die Reichtümer der Erde stehen ihm zur Verfügung; jedoch bedarf er der göttlichen Rechtleitung beim Erwerb und Gebrauch der irdischen Güter. Das bedeutet, dass die materiellen Erwägungen des Wirtschaftslebens auf einer gesunden religiösen und moralischen Basis stehen müssen.

2. Alles, was auf Erden existiert, gehört Gott. Der Besitz des Menschen ist dem untergeordnet. Der einzelne und die Gemeinschaft besitzen ein Nutzungsrecht, sind aber gleichzeitig Treuhänder des göttlichen Besitzes auf Erden. Sie sind verpflichtet, diese Güter verantwortungsvoll zu verwalten.

3. Vom Menschen wird kein Leben in Armut verlangt. Er soll allerdings bereit sein, einen Teil seines Vermögens den Bedürftigen zu geben und für wohltätige Zwecke zu spenden. Im Islam wurde diese Forderung in der „Pflichtabgabe" (Zakat) verankert; die Kirchenväter sprachen von der Tugend des freiwilligen Almosens. Die Anhäufung von Besitz wird dann verurteilt, wenn er nicht durch eigene ehrliche Arbeit erworben wurde oder zum Zweck der Ausbeutung und Verschwendung oder zum Ungehorsam gegen Gott verwandt wird.

4. Da der Besitz eine soziale und gemeinschafterhaltende Funktion hat, ist die Gewinnbeteiligung an Geschäften, die zu sozialen Konflikten führen können, verboten. Der Islam nennt in diesem Zusammenhang Spekulationen, Wetten und Glücksspiele. Gewerbetreibende werden ermahnt, sich betrügerischer Methoden zu enthalten und den Arbeitenden einen gerechten Lohn zu zahlen.

5. Geldverleih gegen Zinsen wird im Koran untersagt. Das ist u.a. sicher darauf zurückzuführen, dass die Zinspraktiken jener Zeit ungerecht waren. Oft handelte es sich z.B. um Notkredite nach einer Missernte, wobei der Schuldkredit oft verdoppelt wurde, wenn er zum Fälligkeitstermin nicht zurückgezahlt werden konnte. Anders als im Katholizismus, wo Zinsen heute ja erlaubt sind, gehen im Islam die Meinungen von Rechtsgutachten darüber auseinander, ob der im Koran verankerte Terminus „Riba" mit Wucher oder Zinsen zu übersetzen ist. Es gibt islamische Banken, die Zinsen ablehnen und auf einer Geschäftsbeteiligung basieren (siehe auch: Islam in Deutschland).

Grundvoraussetzung für wirtschaftlichen Erfolg ist die menschliche Arbeit. Aufgrund des ganzheitlichen Menschenbildes gilt im Islam jede menschliche Tätigkeit als Gottesdienst, sofern sie nicht verboten ist und von aufrichtiger Absicht geleitet wird. Daher stellt Arbeit im engeren wirtschaftlichen Sinn für den klassischen Islam kein religiöses Thema dar. Das schon im Koran vorkommende Wort Amal, das in der Neuzeit die Hauptbedeutung von Tat, Arbeit, Wirken, Leistung, Praxis, Geschäft besitzt, beschreibt in den älteren Texten allgemein das Tun des Menschen, wenn es nicht in seinem spezifisch philosophischen oder juristischen Kontext verwendet wird. Die Menschen werden im Koran aufgefordert, richtig zu handeln und gute Taten zu begehen, wofür ihnen Lohn bzw. Strafe im Jenseits in Aussicht gestellt werden. Die Verben kadaha („sich abplacken, sich bemühen") und saa („sich bemühen, streben") heben einerseits die persönliche Verantwortung des Menschen hervor, andererseits die Notwendigkeit der Mühe. Demgegenüber wird das Paradies vornehmlich mit Begriffen der Ruhe und Muße als Belohnung für die irdischen Bemühungen beschrieben. Abgesehen von dem Aspekt der Mühen ist die Arbeit auch ein Mittel, durch das sich die Menschen am Leben erhalten: „auf dass sie von ihren Früchten und der Arbeit ihrer Hände speisen." (36,35) Indirekt zum Wortfeld Arbeit gehört der Begriff Djihad, womit wörtlich das Bemühen, die Anstrengung, der Einsatz „auf dem Wege Gottes" gemeint ist. In neuerer Zeit werden z.b. die Arbeit an wirtschaftlichen Aufbauprogrammen sowie der Einsatz zur Beseitigung sozialer Missstände und Korruption als Djihad bezeichnet.

Anders als in der jüdischen und christlichen Tradition erscheint die Mühe der Arbeit nicht als Strafe für den Sündenfall. Zwischen göttlichem und menschlichem Handeln besteht insofern ein Unterschied: Gott ist der „Schöpfer" (Khaliq), nicht jedoch der „Arbeitende" (Amil). Der Gegensatz von arbeitendem und ruhendem Gott ist dem Islam fremd; denn Gott „überkommt weder Schlummer noch Schlaf" (2,255). Nach islamischem Verständnis beeinträchtigt ein ruhebedürftiger Gott den Gedanken der Allmacht. Der Historiker und Soziologe Ibn Khaldun (1332–1406) bezeichnete die menschliche Arbeit als eine Möglichkeit, Profit zu gewinnen. Als Erwerbszweige nennt er in erster Linie Landwirtschaft, Handwerk und Handel.

Literatur: P. Antes: Ethik und Politik im Islam, Stuttgart u.a. 1982 – V. Nienhaus: Katholische Sozial- und islamische Wirtschaftslehre. Gemeinsamkeiten, Unterschiede, Gegensätze (Cibedo-Texte, Nr. 7, Januar 1981 – W. M. Watt und A. T. Welch: Der Islam I: Mohammed und die Frühzeit. Islamisches Recht – Religiöses Leben, Stuttgart u.a. 1980 – Matthias Rohe, a.a.O.

Islam und Gewalt

Der Islam wurde vom christlichen Abendland fast immer als Bedrohung begriffen. Abgesehen von vereinzelten Phasen der Begegnung, wie etwa zur Zeit der Aufklärung oder während des osmanisch-deutschen Bündnisses im 1. Weltkrieg, blieb das Bild vom gewalttätigen, fanatischen Muslim, der Europa „mit Feuer und Schwert" bekämpft, erhalten. Diese unterschwellige Angst vor den Krummsäbel schwingenden Muslimen, die bereits einmal vor den Toren Wiens standen, scheint auch heute noch lebendig zu sein, wenn bei der Berichterstattung über den Nahen Osten oder angesichts des zunehmenden Islamismus die politischen und militärischen Auseinandersetzungen dem angeblich besonders aggressiven Charakter des Islam angelastet werden. Dieses Problem wird dadurch verschärft, dass sich immer mehr extreme islamische Gruppen dieses Wortes Djihad bedienen, wenn sie Anschläge oder Selbstmordattentate verüben.

Nichtmuslime kennen vom Koran oft nur seine vermeintlichen Aussagen über Krieg und Andersgläubige, obwohl diese Aussagen nur einen geringen Prozentsatz der Verse ausmachen. Die mit der Ausbreitung des islamischen Herrschaftsgebiets verbundenen Kriege, die jedoch nicht mit dem Terminus Djihad zu bezeichnen sind, haben bei vielen den Eindruck entstehen lassen, dass Mohammed und der Koran das Ziel hatten, andere Menschen mit Gewalt zum Islam zu bekehren.

Vielen Nichtmuslimen ist nicht bewusst, dass das Wort Barmherzigkeit und Frieden weit häufiger im Koran vorkommt als Kämpfen und Krieg.

Die meisten Muslime fühlen sich durch diese massive Betonung von Gewalt und Aggression verletzt. Sie argumentieren, dass der Islam zwar Kämpfe zur Erreichung bestimmter Ziele rechtfertige, dass aber die Nichtmuslime zumeist mit einer zu der damaligen Zeit in anderen Teilen der Welt unbekannten Toleranz behandelt wurden. Ferner stellten Kriege im Islam nur eine erlaubte Ausnahme, Frieden (Salam) hingegen den Normalzustand dar. Schließlich hätten westliche Kritiker bereits durch die Gleichsetzung von Djihad und Krieg die Anwendung von Gewalt unterstellt. Die Bezeichnung „Heiliger Krieg" lehnen Muslime ohnehin ab, da es dazu kein arabisches Äquivalent gibt und Kriege nach islamischem Verständnis nicht heilig seien.

Djihad und Krieg im Koran

Wörtlich bedeutet Djihad Mühe, Anstrengung. Al-Djihad-fi Sabil Allah ist der „Einsatz um der Sache Gottes willen". In einem Teil der Koranverse ist mit diesem Einsatz eine gewaltsame kriegerische Handlung gemeint. Dieser Sachverhalt hat dazu geführt, dass Djihad oft als „Heiliger Krieg" übersetzt wurde, was jedoch irreführend ist; denn die arabische Sprache kennt mehrere Ausdrücke für Krieg und Kampf (z.B. Qital, Harb, Fath), die aber im Gegensatz zu Djihad hauptsächlich zum profanen Sprachgebrauch gehören.

Albrecht Noth hat vorgeschlagen, von einem „Heiligen Kampf" zu sprechen, da Djihad nicht die offiziellen Eroberungskriege eines Staates, sondern den religiös verdienstvollen Kampf des Einzelnen bezeichnet. Im Arabischen kommt in diesem Zusammenhang das Wort heilig nicht vor. Es dient aber in unserem Sprachgebrauch dazu, den Djihad als ein von religiösen Motiven getragenes Unternehmen von profanen Kämpfen zu unterscheiden.

Obschon der Djihad nicht zu den fünf Grundpflichten gehört, die jeder Muslim erfüllen muss, gilt er als verdienstvolles Werk, für das Belohnung im Jenseits in Aussicht gestellt wird:

„Es gleichen nicht den Daheimbleibenden unter den Gläubigen diejenigen, die sich mit ihrem Leben und ihrem Besitz für die Sache Gottes einsetzen. Gott hat diejenigen, die unter Einsatz ihres Lebens und ihres Besitzes kämpfen, vor jenen um eine Stufe erhöht. Jedem von beiden hat Gott zwar Güte versprochen, aber den Kämpfern schenkt Gott im Gegensatz zu den Daheimgebliebenen herrlichen Lohn." (Sure 4,95)

Bei der Interpretation von Djihad im Koran stellt sich ein Problem. Da Djihad in einem Teil der Koranverse und vor allem in der späteren Entwicklung des islamischen Rechts als gewaltsamer Kampf begriffen wird, neigen einige Koranübersetzer und Kommentatoren dazu, das Verb djahada auch in solchen Versen mit Krieg in Zusammenhang zu bringen, bei denen andere Übersetzungen naheliegen oder zumindest möglich sind.

Ein Beispiel ist Sure 29, 69, deren literarischer Kontext deutlich macht, dass es gar nicht um das Problem „Krieg", sondern um die Frage „Glaube – Unglaube" geht:

„Und nichts ist das Leben hienieden als ein Zeitvertreib und ein Spiel, aber in der Wohnung im Jenseits, da ist wirkliches Leben. Wenn sie es doch wüssten! Und wenn sie ein Schiff besteigen, rufen sie Gott an, ihm allein ihren Glauben zuwendend. Hat Er sie aber in Sicherheit ans Land gebracht, dann gesellen sie Ihm wieder Götzen bei, so dass sie für das undankbar werden, was wir ihnen gegeben, und sie es dann trotzdem genießen. Aber bald werden sie zur Erkenntnis kommen. Sehen sie denn nicht, dass wir (in Mekka) eine sichere Freistätte schufen, während die Menschen ringsum geplündert werden? Wollen sie denn an das Falsche (Götzen) glauben und für die Gabe Gottes undankbar sein? Und wer ist gottloser als der, wer Gott eine Lüge zuschreibt oder die Wahrheit verleugnet, wenn sie ihm zuteil wurde? Ist denn nicht in der Hölle Wohnung für die Ungläubigen? Diejenigen aber, die in unserer Sache streben, werden wir gewiss auf unserem Wege leiten; denn Gott ist wahrlich mit den Wohltätern."

Henning übersetzt den letzten Vers: „Und diejenigen, welche für uns eiferten, wahrlich leiten wollen wir sie auf unseren Wegen", während Paret in seiner Übersetzung eine Verbindung zu Krieg herstellt. Allerdings fügt er ein Fragezeichen bei: „Diejenigen aber, welche sich für uns abmühen (Kriegsdienst leisten?), werden wir unsere Wege führen." (Der Koran, Stuttgart u.a. 1979, 282) Ein Wortführer der iranischen Revolution, Ayatollah Ahmad Djannati, zitiert in einem Aufsatz diesen Vers und führt aus: „Wörtlich bedeutet djahada ‚sich bemühen' und ‚kämpfen' und setzt Gebrauch von Gewalt voraus." Der gesamte Aufsatz Djannatis betont den gewalttätigen Aspekt von Djihad und geht auf friedliche Formen nicht ein. Dies ist insofern erstaunlich, als gerade dieser Vers bei vielen zeitgenössischen islamischen Denkern als Beleg für einen gewaltlosen Djihad gilt. Der Kommentar der Ahmadiyya-Koranübersetzung sieht einen direkten Zusammenhang zwischen diesem Vers und der menschlichen Arbeit: „Der Islam wünscht, eine Nation harter Arbeiter heranzuziehen. Das Leben ist ein Leben des Kampfes und teilt Wunden aus. Arbeit trägt ihren Segen; der gute Arbeiter lernt beständig an seiner Arbeit, und sie hebt ihn durch zunehmende Leistungsfähigkeit."
Auch in Sure 22, 78 kommt Djihad in einem nicht notwendig im Sinne von Krieg zu interpretierenden Zusammenhang vor: „Und strebt in der Sache Gottes mit dem Eifer, wie er ihm gebührt!" In Vers 25, 52 schließlich geht es zwar um die Behandlung von Ungläubigen, jedoch nicht um einen bewaffneten Kampf, sondern um eine Auseinandersetzung mit dem Koran: „Gehorcht nicht den Ungläubigen, sondern setzt ihnen mit dem Koran heftig zu." (Vgl. Sure 5, 35)
In anderen Versen werden die Muslime zum bewaffneten Kampf aufgerufen, jedoch nicht mit dem Terminus Djihad, sondern dem

eher weltlichen Qital. Generell darf nicht vergessen werden, dass es
im Koran nicht um die grundsätzliche Rechtfertigung oder Ablehnung des Krieges geht, sondern vielmehr um Anweisungen aus aktuellen, geschichtlichen Situationen heraus.

Zunächst befindet sich die junge muslimische Gemeinde in einer
Defensivsituation, in der die nichtislamischen Stammesgenossen
Mohammed und seinen Anhängern zusetzen und versuchen, sie
vom Islam abzubringen. Sie halten die Abmachungen nicht ein (8,
56) und sind immer wieder zum Verrat bereit (8,58); sie haben durch
ihren Unglauben den Zorn Gottes auf sich gelenkt und sind nicht
würdig, die Freunde der Muslime zu sein (60,13). Da sie die
Muslime zum Glaubensabfall bewegen wollen, sollen diese sich zur
Wehr setzen: „Und bekämpft sie, bis die Verführung (zum Unglauben) aufgehört hat und der Glaube an Allah da ist" (2,188 f.) sowie:
„Und kämpft wider sie, bis kein Bürgerkrieg mehr ist und alles an
Allah glaubt." (8,40) Hauptziel ist also nicht die Ausbreitung des
islamischen Glaubens, sondern der Schutz der islamischen Gemeinschaft. Auch die unterschiedlichen Bestimmungen bezüglich
Polytheisten auf der einen Seite sowie Juden und Christen auf der
anderen besitzen zunächst keinen universalen Charakter. Sie beziehen sich vielmehr zunächst auf die Nichtmuslime der unmittelbaren Nachbarschaft (9,5): „Wenn nun die heiligen Monate abgelaufen
sind, dann tötet die Heiden, wo ihr sie findet, greift sie, umzingelt
sie, lauert ihnen überall auf! Wenn sie sich aber bekehren, das Gebet
verrichten und die Pflichtabgabe (Zakat) leisten, dann lasst sie ihres
Weges ziehen." Und (9,29): „Kämpft gegen diejenigen unter den
Schriftbesitzern, die nicht an Gott und den Jüngsten Tag glauben,
die nicht verbieten, was Gott und sein Gesandter verboten haben,
und nicht der wahren Religion anhangen, bis sie den Tribut demütig
aus der Hand entrichten."

Dabei muss man in Betracht ziehen, dass der Koran auf zwei
Ebenen handelt. Einmal geht es um allgemein gültige religiöse Aussagen, die häufig auf Toleranz und freie Entscheidung abheben. Die
Religion des Andersgläubigen wird zwar nicht anerkannt, aber respektiert. Andere Verse beziehen sich auf konkrete historische Situationen. Es handelt sich um die mit Mohammed verwandten
Stämme der Quraish, die Mohammeds Lehre von Anfang an bekämpft hatten. Bis zu der Auswanderung nach Medina (622) hatten
die Quraish Mohammed und seine Getreuen verfolgt und schika-

niert, später versuchten sie die junge Gemeinde mit kriegerischer Gewalt zu vernichten. Der Koran berichtet von diesen Schlachten und nimmt Stellung. Er spricht davon, dass diejenigen, die ihren Besitz und ihr Gut für die Sache Gottes einsetzen, über denjenigen stehen, die „daheim geblieben sind", also die erst einmal abwarten und die anderen vorschicken. In Medina gab es auch eine Gruppe von Menschen, die oft als Heuchler bezeichnet werden. Sie haben zwar offiziell den Islam angenommen, reden aber heimlich hinter Mohammeds Rücken. Sie bezogen auch nicht eindeutig Stellung, wenn es gefährlich wurde oder eine Auseinandersetzung drohte. In dieser Situation verheißt der Koran denjenigen, welche sich zur Verteidigung der islamischen Gemeinde einsetzen und gegen ihre Gegner zu Felde ziehen, Lohn im Jenseits. Keinesfalls handelt es sich bei diesen Versen um grundsätzliche Aussagen zur Gewaltanwendung.

Auch ein Vers wie 47,4: „Und wenn ihr die Ungläubigen trefft, dann herunter mit dem Haupt, bis ihr ein Gemetzel angerichtet habt" wird von der Mehrzahl der Muslime nicht als generelle Aufforderung begriffen, sondern als Kommentar zu einer bestimmten Schlacht.

Sure 3,13 bezieht sich auf die siegreiche Schlacht bei Badr, während in 3,40 auf die Niederlage bei Uhud Bezug genommen wird:

„Es ward euch bereits ein Beweis durch zwei Scharen, die zusammenstießen, die eine Schar, die klein und unbedeutend war, kämpfte für die Sache Gottes, und die andere, die zahlenreichere, verhielt sich ungläubig, die wenigen sahen, dass jene Ungläubigen doppelt so viel waren wie sie – ihre Augen zeigten es ihnen, aber Gott stärkt mit seiner Hilfe, wen er will. Hierin ist zweifellos eine Lehre für die Einsichtigen."

„Wenn das Heer auch eine Wunde getroffen hat, so hat gewiss auch das feindliche Volk eine ähnlich Wunde getroffen. Und solche Schicksalstage lassen wir wechseln unter den Menschen, damit Gott solche Leute festlegt, die gläubig sind, und große Führer aus euch Gläubigen herausgreife, denn Gott liebt nicht die Frevler."

Sure 3,160 beschreibt, dass Sieg und Niederlage in Gottes Hand liegen: „Wahrlich, wenn Gott euch zum Sieg verhilft, so gibt es keinen, der über euch siegen könnte. Wenn er euch aber im Stich lässt, wer könnte euch helfen außer ihm."

Prinzipiell gilt für den Kampf, dass er nur zu Verteidigungszwecken geführt werden darf und Übertretungen vermieden werden sollen, so in 2, 190–194:

„Und kämpft um Gottes willen gegen diejenigen, die euch bekämpfen. Aber begeht keine Übertretung. Gott liebt diejenigen nicht, welche Übertretung begehen. Und tötet sie, wo immer ihr auf sie stoßt, und vertreibt sie, von wo sie euch vertrieben haben, denn die Verführung zum Unglauben ist schlimmer als töten. Und kämpft nicht gegen sie bei der heiligen Moschee, bis sie dort gegen euch kämpfen. Wenn sie aber gegen euch kämpfen, dann tötet sie. Das ist der Lohn der Ungläubigen. Wenn sie aber aufhören, so ist Gott verzeihend und barmherzig. Und bekämpft sie, bis es keine Verführung mehr gibt und der Glaube an Gott da ist. Wenn sie aber aufhören, so soll es keine Gewalttat geben außer gegen die, die Unrecht tun."

Die obigen Verse beziehen sich auf die Auseinandersetzung mit den Mekkanern und sind nicht als prinzipielle Aussagen über Krieg und Frieden zu begreifen.

Schon früh setzte sich der Gedanke durch, dass man nicht direkt am Kampf Beteiligte verschonen soll. Später einigten sich islamische Rechtsgelehrte darüber, dass es sich bei den nicht am Kampf beteiligten Personen um Frauen, Kinder, Mönche, Einsiedler und Behinderte handelt. Während eines Kampfes sollten muslimische Soldaten keine Grausamkeiten begehen, zum Beispiel tote Feinde nicht verstümmeln. Entsprechend Mohammeds Verhalten nach dem Sieg über die Mekkaner bei Badr sollen gefallene Feinde beerdigt werden. Das unnötige Zerstören von Besitz und Eigentum des Feindes soll auch vermieden werden. Mohammed selber hatte bei der Rückeroberung Mekkas 630 die meisten seiner Gegner mit unerwarteter Milde behandelt.

Darüber hinaus verweisen zahlreiche Koranverse auf die Barmherzigkeit Gottes und die Pflicht des Menschen, Barmherzigkeit zu üben und Streit zu schlichten:

60,7: Vielleicht (geschieht es), dass Gott zwischen euch und denjenigen unter ihnen, mit denen ihr verfeindet seid, Frieden stiftet. Denn Gott ist ein Allmächtiger. Gott ist vergebungsreich und barmherzig.

64,14: „Wenn ihr verzeiht, Nachsicht übt oder vergebt, so folgt ihr damit dem Beispiel Gottes. Gott ist barmherzig und bereit zu vergeben."

41, 33–35: „Wessen Rede ist schöner als dessen, der zu Gott ruft und Gutes tut und behaupten kann: ‚Ich bin ja einer der Muslime, (einer der Gottergebenen).

Und es ist das Gute nicht so wie das Böse. Erwidre das Böse mit dem, was besser ist: und dann wird derjenige, mit dem du in Feindschaft lebtest, so umgewandelt werden, als wenn er ein warmherziger Freund wäre."

2, 263: „Gütige Rede und Verzeihung ist besser als ein Almosen, dem Unrecht folgt. Gott ist reich und milde."

49, 9–10: „Und sollten zwei Parteien von den Gläubigen sich gegenseitig bekämpfen, so stiftet Frieden zwischen den beiden. Tut aber die eine von ihnen der anderen Unrecht, so bekämpft die, die Unrecht tut, bis sie sich Gottes Gebot fügt. Und wenn sie sich gefügt hat, so stiftet Frieden zwischen den beiden mit Gerechtigkeit und seid gerecht. Gott liebt ja die Gerechten.

Die Gläubigen sind gewiss Brüder. Drum stiftet Frieden zwischen euren Brüdern und fürchtet Gott, auf dass ihr Barmherzigkeit findet."

8,61: „Sollen die Feinde jedoch zum Frieden geneigt sein, so sei du ebenfalls dazu geneigt und vertraue auf Gott. Er ist ja der Allhörende und der Allwissende."

Djihad in der Entwicklung des islamischen Rechts

Obschon Djihad im Koran nicht ausschließlich die Bedeutung „bewaffneter Glaubenskampf" besitzt, erfährt der Begriff in den juristischen und theologischen Werken der späteren Zeit vorwiegend diese Interpretationsrichtung. Die folgenden Themenbereiche im Zusammenhang mit Djihad stehen dort im Mittelpunkt: Verträge mit Nichtmuslimen, deren Steuerverpflichtungen, die Stellung nichtislamischer Gotteshäuser, die Aufteilung der Welt nach islamischem Völkerrecht, die Bedingungen, unter denen ein Djihad ausgerufen werden kann, gegen welche Art von Feinden er gerichtet ist, welche Handlungen während der Kämpfe verboten sind, die Frage der Beuteverteilung, Behandlung nichtislamischer Diplomaten und Gäste in islamischem Gebiet sowie die Religionsfreiheit und das Familien-, Prozess- und Strafrecht der Schutzbefohlenen (Dhimmi).

Universale Ziele erhielt der Djihad erst nach dem Tode des Propheten. Bei der Legitimierung dieser neuen Ziele setzten sich die Juristen über die Situationsbedingtheit der koranischen Aussagen hinweg und erweckten den Eindruck, dass der Prophet bereits solche Ansprüche gestellt hätte. Djihad erhält zunehmend die Bedeutung „bewaffneter Heidenkampf". Die Expansion des islamischen Staatswesens ist dennoch nicht mit Djihad gleichzusetzen. Sie stellt nur einen möglichen Rahmen dar, in dem sich der Djihad als Kampf des Einzelnen entwickeln kann. Der Staat führt keinen Djihad. Er ruft allenfalls dazu auf. Der einzelne Gläubige konnte der Aufforderung z.B. dadurch nachkommen, dass er sich als Freiwilliger einem Berufsheer anschloss oder als Grenzkämpfer (Murabit) Dienst tat. Die Diskrepanz zwischen dem heiligen Kampf des einzelnen Muslim und der staatlichen Kriegsführung wird noch schärfer betont, wenn die Leitung kriegerischer Unternehmungen durch ungerechte (d.h. im Sinne des Islam sündhafte) Emire zur Sprache kommt. Von solchen Aktionen soll sich der Gläubige distanzieren.

Nach der Lehre des klassischen islamischen Völkerrechts (noch nicht im Koran und in der kanonischen Prophetenüberlieferung) ist die Welt in ein Gebiet des Islams (Dar al-Islam) und ein Gebiet des Krieges (Dar al-Harb) unterteilt. Diese Einteilung ist spätestens seit ca. 800 nachweisbar. Bezeichnenderweise wird hier das weltliche Wort für Krieg (Harb) benutzt, was verdeutlicht, dass in erster Linie die Interessen und Rechte des islamischen Staates betroffen sind. Der persönliche Djihad einzelner Muslime, der als Durchsetzung des Wortes Gottes, nicht aber als Zwang zum Glaubensübertritt verstanden wird, kann zur Umwandlung des Dar al-Harb in das Dar al-Islam dienen. Das Gebiet des Krieges kann aber auch zu einem Vertragsgebiet werden (Dar al-Ahd), wobei die ursprüngliche Vorstellung, ein Waffenstillstand dürfe nicht länger als zehn Jahre dauern, in der Praxis oft umgangen wurde. Im Fall eines solchen Schutzvertrags gewährte die muslimische Regierung der nichtmuslimischen Minderheit Sicherheit und Schutz von Leben und Besitz und gestattete Religionsfreiheit in einem Rahmen, welcher der Minderheit das Recht einräumte, ihre Personenstandsangelegenheiten selber zu regeln, sofern sich die muslimische Majorität durch das Auftreten der Nichtmuslime nicht gestört fühlte. In der Praxis konnte das Zusammenleben daher äußerst friedlich, aber auch von

Spannungen belastet aussehen. Während langer Phasen der islamischen Geschichte war den Muslimen kaum an einem Glaubensübertritt der Nichtmuslime gelegen, da man andernfalls Steuerzahler und der islamische Staat damit seine finanzielle Grundlage verloren hätte. Ebenfalls hatten Nichtmuslime zum Teil hohe Ämter im islamischen Staat inne. „Der Integration der Nicht-Muslime in ihre muslimische Umgebung ist immer wieder ihre Unentbehrlichkeit für die Majorität in den verschiedenen Lebensbereichen zugute gekommen. Das in diesem Zusammenhang von der muslimischen Orthodoxie traditionelle und auch heute noch herangezogene Koranwort: ‚Ihr Gläubigen, nehmt euch die Juden und Christen nicht zu Helfern!‘ (5,51) ist in der Praxis jedenfalls viel öfter umgangen als befolgt worden. Hingewiesen sei auf die jahrhundertelange monopolartige Stellung der Kopten in der ägyptischen Finanzverwaltung ebenso wie auf die Beherrschung ganzer Handwerkszweige durch die Minderheiten, etwa der Gold- und Silberschmiedekunst und ihre führende Rolle bei der Abwicklung von Geldgeschäften, bei denen die Muslime aufgrund des koranischen Zinsverbotes schwerwiegenden Beschränkungen unterworfen waren. So sind z.B. ägyptische Juden im ausgehenden 19. und beginnenden 20. Jahrhundert als Bankiers zu außerordentlichem Reichtum und Einfluss gelangt und haben auf dieser Grundlage wesentlich zum Aufbau einer modernen Infrastruktur im neuzeitlichen Ägypten beigetragen." (A. Noth: Der Islam und die nicht-islamischen Minderheiten, in: W. Ende/U. Steinbach (Hg.): Der Islam in der Gegenwart. München 1996⁴, S. 688f.)

Ebenso ist auf die Rolle der Nichtmuslime bei der Entwicklung des Panarabismus und des Sozialismus hinzuweisen. Demgegenüber stellten trotz nicht selten friedlicher und fruchtbarer Koexistenz die Charakteristika des Erniedrigtseins und der Unterwürfigkeit der Nichtmuslime wichtige Bestandteile des Verhältnisses dar. Die islamische Oberhoheit schützte die nichtislamische Minderheit, sofern diese sich demütig verhielt (9,29) und die eigene Religion nicht zu demonstrativ vor der muslimischen Öffentlichkeit ausübte. Der oft zitierte Koranvers 2,256: „Es gibt keinen Zwang im Glauben" bewahrte vor gewaltsamen Bekehrungsversuchen. Obschon die islamische Toleranz für die damalige Zeit etwas Einmaliges darstellte, existiert im Islam keine der abendländischen vergleichbare Idee der Religionsfreiheit, wie sie sich seit der Aufklärung entwickelte.

Sowohl der Gedanke des Djihad als auch jener der Toleranz spielte bei den Kreuzzügen eine Rolle. Während es sich auf der christlichen Seite um Feldzüge handelte, die in einem religiös-ideologischen Gesamtzusammenhang standen, besaßen die Kreuzzüge für die islamische Welt nicht annähernd die gleiche zentrale und existenzielle Bedeutung. Sie wurden in der zeitgenössischen islamischen Geschichtsschreibung daher zunächst weniger als europäischer Großangriff denn als mit früheren vergleichbare Grenzzwischenfälle betrachtet. Man sah auch nicht unbedingt Zusammenhänge zwischen den einzelnen Kreuzzügen, weil diese gegen verschiedene Gebiete der islamischen Welt gerichtet waren. In mancher Hinsicht waren Syrien und Palästina eher Nebenschauplätze, während die eigentlichen Zentren in Ägypten und dem Irak lagen.

Erst von späteren Chronisten wird der Verteidigungskampf gegen die Kreuzfahrer Djihad genannt. Der Gedanke, dem Einfall der Europäer mit einem Djihad entgegenzutreten, ging zunächst nicht vom Kalif bzw. Sultan, sondern vom Volk aus. Später wurde unter Nurad-Din und Saladin (Salah ad-Din Yusuf ibn Ayyub, 1169–1193) die Vorstellung des Djihad wieder offiziell in Anspruch genommen. Saladin aber war es auch, der 1192 den Christen die Erlaubnis erteilte, ohne Waffen zu den Heiligen Stätten zu wallfahrten, während er andererseits christliche Gefangene hatte ermorden lassen. Auch bei seinem Nachfolger, dem Sultan al-Kamil, zeigt sich situationsbedingte Toleranz.

Dieser bewahrte nämlich Franz von Assisi, der ihn zum Christentum bekehren wollte, vor der Ermordung durch seine Untergebenen. Ferner informierte er Kaiser Friedrich II. vom Mordanschlag des Papstes Gregor IX. und bewahrte die Kreuzfahrer, welche gerade arabische Bevölkerungsteile hingemordet hatten, durch die Übersendung von 4 x 30 000 Broten vor dem Hungertod.

Insgesamt vertieften jedoch die Kreuzzüge die Kluft zwischen beiden Religionen; und bis heute sind weder die Massaker der Osmanen auf dem Balkan noch die Grausamkeiten der Christen in Jerusalem vergessen.

Der große Djihad und die Betonung des Friedens

Neben der oben erwähnten Erörterung des Djihad gibt es eine andere Tradition, welche den bewaffneten Kampf als kleinen

Djihad bezeichnete, während der große Djihad in der Bekämpfung der eigenen negativen Eigenschaften besteht. Zurückgegangen wird dabei auf eine dem Propheten zugeschriebene Überlieferung: „Wir haben uns vom kleinen Djihad zum großen Djihad gewandt" – eine Vorstellung, die auch von al-Ghazali weiterentwickelt wurde. Ebenso betont man solche Koranverse, in denen Djihad eine friedliche Bedeutung besitzt. Abgesehen von den bereits erwähnten Versen sei hier hingewiesen auf 29,6–7: „Und wenn einer sich um Gott bemüht, so bemüht er sich zum eigenen Vorteil. Gott ist unbedürftig der Weltenbewohner. Und von denjenigen, die gläubig wurden und gute Taten verrichten, werden wir wahrlich ihre schlechten Eigenschaften nehmen und sie besser belohnen, als was sie getan haben." Im gleichen Zusammenhang wird auch das Hadith: „Die Wallfahrt ist der höchste Djihad" überliefert.

Der iranische Denker Ali Shariati sieht in dem bekannten Prophetenhadit („In jeder Religion gibt es eine Art Askese [Mönchtum]. Die Askese meiner Religion ist Djihad!") einen friedlichen Einsatz des Menschen zur Überwindung jeglicher Ungerechtigkeit und Unterdrückung und zur Selbstüberwindung: „Der Weg zu Gott führt über die Menschen. Individualismus und Einsamkeit führen nicht dorthin. Nicht im Kloster, sondern in der Gesellschaft sollst du Askese üben. Am Orte des Geschehens und um der Menschen willen kannst du durch Nächstenliebe, Aufrichtigkeit, Selbstlosigkeit, Leidensfähigkeit und durch das Aufsichnehmen von Entbehrungen und Gefahren zu Gott finden."

Aber auch der kleine Djihad wird heute vorwiegend als Verteidigungskampf legitimiert, weil die Eingliederung der nichtislamischen Welt in einen islamischen Universalstaat völkerrechtlich für nicht mehr vertretbar und, von einigen extremen Kreisen abgesehen, auch nicht mehr für wünschenswert gehalten wird. In diesem Zusammenhang greift man gern auf solche Koranverse zurück, in denen von Verteidigung die Rede ist, z.B.: „Gott sorgt für die Verteidigung derer, die glauben. Er liebt keinen, der betrügerisch und undankbar ist. Denjenigen, die bekämpft werden, ist die Erlaubnis zum Kämpfen erteilt worden, weil ihnen vorher Unrecht geschehen ist. Gott hat die Macht, ihnen zu helfen." (22,38 f.)

Ebenso weisen heutige Muslime darauf hin, dass die arabischen

Wörter „Islam" und „Salam" (Frieden) auf die gemeinsame Wurzel s-l-m zurückgehen und der Friedensgedanke daher in der Natur des Islam verwurzelt ist und dass ferner Frieden zu den wichtigen Beinamen Gottes gehört. Schließlich lautet auch der Gruß der islamischen Gemeinschaft „Friede sei mit dir".

Der Muslimbruder Sayyid Qutb legt dar, dass Krieg nur eine erlaubte Ausnahme darstelle, Frieden hingegen der erstrebenswerte Normalzustand allerdings unter islamischer Herrschaft sei:

„Dann aber, wenn sich unüberwindliche Freiheit einstellt, die Menschen nicht gewaltsam von Gottes Wort getrennt werden, nicht abgewandt werden von ihrer Religion, die Gott ihnen als eine umfassende Lebensordnung aus ersah, wenn sich auf Erden keine Gewalt erhebt, welche die Menschen anderen Herren als Allah dienen lässt; wenn die allerbeste Gerechtigkeit Wirklichkeit wird, eine Menschengruppe nicht einer anderen Gewalt antut, einer den anderen nicht versklavt, wenn tatsächliche Sicherheit entsteht für die Schwachen, welche sich selber nicht zu schützen vermögen; wenn der Gewalttäter von seiner Tyrannei ablässt und sich zu gütlicher Einigung und Waffenruhe hinwendet ... dann legt der Islam, auch wenn er über die für Notfälle gewappnete Macht verfügt, das Schwert hernieder und ruft unverzüglich zum Frieden auf."

In anderen zeitgenössischen Werken wird der Unterschied zwischen Djihad und Krieg besonders herausgestellt, wobei die Forderung erhoben wird, dass der Djihad nicht von persönlichen Interessen geleitet sein darf und nur dem Schutz der Religion und der Allgemeinheit, der Erhöhung des Wortes Gottes und der Verhinderung von Bürgerkriegen dienen soll (A. Abd Rabbihi, a.a.O., S.36). Heutige Autoren nennen mit Vorliebe drei Typen von Djihad:

Djihad gegen einen äußeren Feind
Djihad gegen den Teufel (das Böse)
Djihad gegen das eigene Selbst und die eigenen schlechten Neigungen

Diese Unterscheidung soll u.a. auch dazu beitragen, die historische Bedeutung des ersten Typs zu relativieren. Schließlich weisen einige heutige Muslime darauf hin, dass der Islam zwar Krieg und

Gewalt unter bestimmten Umständen erlaubt, dass er aber gleichzeitig die Gewaltanwendung an bestimmte Bedingungen knüpft,
Ausschreitungen gegen nicht direkt am Kampf beteiligte Personen
(Frauen, Kinder, Alte usw.) verbietet und die Kämpfenden zur Fairness auffordert. Demgegenüber sei dem Christentum als Rückzugs-
religion aus der Gesellschaft die Kontrolle über die staatliche
Kriegsführung entglitten, die nun aufgrund des Fehlens jeglicher
religiöser Normen eskalieren und immer totalitärer werden könne.

Beispiele für die Inanspruchnahme der Idee des Djihad in der Moderne

Bei den folgenden Beispielen handelt es sich nicht um kanonische
Entscheidungen über den Djihad, sondern um situationsbedingte
Äußerungen, für die es allerdings auch in der Tradition Belege gibt.

1. Djhad gegen die Kolonialmächte

Die koloniale Fremdherrschaft über fast die gesamte islamische
Welt, auf deren Ursprünge und einzelne Erscheinungsformen hier
nicht näher eingegangen werden kann, erschütterte das islamische
Selbstverständnis tief. Es ist daher nicht erstaunlich, dass islamische
Reformer als Reaktion auf diese dauernde Okkupation und Beein-
flussung islamischer Gebiete, Religion und Kultur die Idee des
Djihad wiederbelebten. Der Reformer Djamal ad-Din al-Afghani
(1839–1897) ist aufgrund der Nachwirkungen seiner antiimperia-
listischen und antibritischen Lehren einer der bedeutendsten Muslime des 19. Jahrhunderts gewesen. Sein Schüler Mohammed
Abduh (1849–1905) beeinflusste mit seinen Schriften nachhaltig die
antikoloniale Befreiung in Nordafrika. Der zum gleichen Umfeld
gehörende Denker Rashid Rida (1856–1935) rechtfertige daher den
Befreiungskampf gegen die Fremdherrscher, der sich auch gegen
Opportunisten im Inneren, die mit der Besatzungsmacht zusam-
menarbeiten, äußern kann.

Es gibt im 19. und 20. Jahrhundert viele Beispiele der Aktualisie-
rung des Djihad gegen die Kolonialmächte, teilweise werden bestimmte Kämpfe auch rückwirkend Djihad genannt, um ihren verdienstvollen Aspekt zu bekräftigen.

Ein prominentes Beispiel für den Aufruf zum Djihad stellt die
Proklamation des Sultankalifen des Osmanischen Reiches

Mehmed V. Rashid am 23.11.1914 dar. Bei diesem ziemlich wirkungslosen Aufruf zum Djihad, der sich gegen England und Frankreich richtete, war das Osmanische Reich mit dem deutschen Kaiserreich verbündet, was den niederländischen Islamwissenschaftler Snouck Hurgronje zu der ironischen Definition „Djihad made in Germany" veranlasste.

Nach dem ersten Weltkrieg führten die Enttäuschungen über die von den Kolonialmächten versprochenen, aber nicht erfüllten Versprechen auf ein arabisches Großreich sowie die Fortsetzung der Kolonialpolitik durch die Mandatsmächte zu verschiedenen Aufstandsbewegungen. Bis in einige Verfassungen der 60er- und 70er-Jahre wird daher der Befreiungskampf als Djihad gesehen: „Wir verankern diese Grundlagen und Prinzipien zu einer Verfassung, die unseren Djihad organisiert und schützt. Wir verkünden heute diese Verfassung, deren Bestimmungen aus dem Innersten unseres Kampfes hervorgehen ... und aus den ewigen Werten, um deren Verteidigung willen unsere Märtyrer gefallen sind, und aus den Träumen der Schlacht, in die sich unsere Väter und Großväter sowohl in der Süße des Sieges als auch in der Bitterkeit der Niederlage stürzten."

Der ehemalige ägyptische Präsident Anwar as-Sadat sagte seinerzeit anlässlich des Algerienkrieges: „Jeder Muslim und jeder Araber begrüßt den Kampf des algerischen Volks. Der schlimmste Widersacher unseres Jahrhunderts ist der Imperialismus, und Gott gebietet uns, den Teufel in uns und um uns zu bekämpfen: Der Kampf gegen den Imperialismus ist daher eine Pflicht."

Anlässlich der Verstaatlichung des Suezkanals 1956 rief der Rektor der al-Azhar-Universität zum Djihad auf, den er angesichts der Tatsache, dass es um den Schutz des Vaterlandes vor Fremdansprüchen ging, auch für die christlichen Kopten für verbindlich erklärte.

Djihad gegen Israel

Bezeichnenderweise werden bisweilen auch Kämpfe gegen Israel als Djihad legitimiert, da dieser Staat als nichtislamischer Fremdkörper und Handlanger der Imperialisten gesehen wird. Es kann hier unmöglich eine differenzierte Erörterung des Nahostkonflikts erfolgen. Im Zusammenhang mit Djihad soll nur erwähnt werden, dass der Nahostkrieg 1973 für einige arabische Politiker unter dem Kennwort al-Badr, d.h. einer wichtigen siegreichen Schlacht Mohammeds gegen die Mekkaner, stattfand und dass auch von Djihad die Rede war. Eine Broschüre, die den einzelnen muslimischen und koptischen Soldaten mitgegeben wurde, sagt Folgendes: „Söhne Ägyptens, beste Soldaten der Erde, Nachkommen der Pharaonen, unerschrockene Söhne der Araber ... ! Wir haben jedem von euch das mitgegeben, was die Offenbarung des edlen Korans, die Überlieferung der erhabenen Propheten und das Evangelium für den Djihad vorsehen ... Die Religion ist ein Hauptfaktor zur Verwirklichung des Sieges. Doch der Ruhm des Islam beruht nicht auf Tyrannei und Unterdrückung, sondern auf Gerechtigkeit, Mitleid und Fairness!"

In den Aktivitäten der Hamas und den Selbstmordattentaten hat sich im Vergleich dazu eine erschreckende Radikalisierung der Begriffe Djihad und Shahid (Märtyrer) ereignet.

Djihad gegen ungerechte Herrscher

An und für sich ist ein Djihad von Muslimen gegen Muslime untersagt. Für das Verhalten gegenüber der Obrigkeit gilt im Allgemeinen der Koranvers (4,59): „Gehorcht Gott, seinem Gesandten und denjenigen unter euch, die Befehlsgewalt innehaben." In der islamischen Geschichte gibt es dennoch eine Tradition des Widerstandes gegen Herrscher, deren Regierungsstil als Widerspruch zur wahren Lehre des Islam betrachtet wird. Beispielsweise ist die nordafrikanische und spätere spanische Dynastie der Almohaden zu nennen (12./13. Jh.), welche an der anthropomorphen Gottesvorstellung ihrer Vorgänger, der Almorawiden, Anstoß nahm. (H. Kurio, Art. Almohaden, in: K. Kreiser, W. Diem, H.-G. Majer [Hg.], Lexikon der islamischen Welt, Bd. 1, Stuttgart 1974, S.37)

Im jemenitischen Bürgerkrieg (1962–1968) betrachteten beide Parteien ihren Kampf als Djihad: Auf der einen Seite standen die Republikaner, die, unterstützt von den Ägyptern, den zaiditischen (shiitischen) Imam beschuldigten, nicht im Einklang mit der Religion und vor allem gegen die Interessen der nichtshiitischen Bürger (der Shafiiten) zu regieren.

In der späteren republikanischen Verfassung heißt es: „Das Blut der Märtyrer in langen Jahrhunderten des Kampfes gegen eine von der Norm abweichende Herrschaft und Regierung ist die Folge der Überzeugung des Volkes, dass es eine Pflicht darstellt, gegen einen ungerechten Herrscher zu Felde zu ziehen." Der Iman und das mit ihm verbündete Saudi-Arabien betrachteten wiederum die Republikaner und Ägypter als Ungläubige und erklärten den Djihad gegen sie zur Pflicht.

Eine besondere Rolle spielten die Gedanken des Djihad und des Märtyrertodes beim Widerstand gegen das Schahregime im Iran. Nach der Überzeugung der im Iran verbreiteten Zwölferschiiten wurde der 12. Imam Mohammed ihn Hasan al-Mahdi im 9. Jahrhundert in die Verborgenheit entrückt, lebte dort weiter und wird einst als Mahdi zurückkehren, um die Welt mit Gerechtigkeit zu erfüllen. Daher unterscheidet man zwischen der konkreten Realität weltlicher Mächte, die je nach dem Grad ihrer Recht- oder Unrechtmäßigkeit mehr oder weniger akzeptabel sind, und der idealen Legitimität des verborgenen Imams. Jeder Herrscher ist daher nur Treuhänder für den zu erwartenden Mahdi und muss bei seinem Erscheinen abdanken. In akuten Krisenfällen, wenn die bestehende Regierung ein unerträgliches Maß an Ungerechtigkeit erreicht hat, kann es auch vor der Ankunft des Mahdi zum offenen Aufruhr kommen. Die Entscheidung über die Rechtmäßigkeit einer Regierung liegt bei den durch eine besondere Ausbildung qualifizierten Theologen.

Neben dem Mahdiglauben gibt es ein weiteres Wesensmerkmal in der Shia, das den Kampf gegen ein ungerechtes System begünstigt. Husain, der Sohn des Kalifen Ali und damit nach shiitischer Vorstellung zweiter rechtmäßiger Imam, kam bei dem Versuch, seinen Rechtsanspruch auf die Leitung der Gemeinde durchzusetzen, ums Leben. Dieser Tod Husains, der auch in shiitischen Passionsspielen seinen Niederschlag gefunden hat, gilt bis heute als Sinnbild des Kampfes gegen Tyrannei, den jeder Gläubige als verdienstvolles Werk fortsetzen soll. Diese Vorstellung spielte beim Widerstand gegen das Schahregime eine große Rolle.

Djihad zur Erreichung wirtschaftlicher Aufbauprogramme

In neuerer Zeit werden auch die Arbeit an Aufbauprogrammen und der Einsatz zur Beseitigung sozialer Missstände und Korruption Djihad genannt. In Tunesien wurde beispielsweise die Arbeit der gesetzgebenden Versammlung, die sich als unbestechlich, wachsam, energisch und verantwortungsbewusst erweisen sollte, als großer

Djihad bezeichnet. In ähnlicher Weise erklärte der jemenitische Politiker Hasan al-Amri in seiner Rede, der größte Djihad sei der gegen sich selbst, und meinte damit unbestechliches Verhalten beim Staatsaufbau. Während des Fastenmonats Ramadan wird heute bisweilen vom Djihad gegen die eigenen Neigungen und Triebe gesprochen. Der tunesische Präsident Bourguiba betonte in einer Ansprache, dass der nationale Kampf gegen die Unterentwicklung ein Bemühen auf dem Wege Gottes ist, vergleichbar dem Djihad, der wie jener die Befreiung von Beschränkung mit sich bringt. Da die Arbeit das einzige Mittel zur Befreiung aus der rückständigen Lage darstellt, darf diese durch islamische Vorschriften nicht behindert werden. Dies ist ein Djihad, ebenso wie der Kampf mit dem Schwert. Das Land befindet sich in einem großen Djihad, wenn es „die Wirtschaftsschlacht" beginnt. Im Iran wurden allenthalben wirtschaftliche Aufbauarbeiten nach der Revolution Djihad genannt. Khomeini hatte 1978 die Bestreikung der iranischen Erdölgesellschaft als Djihad bezeichnet, da diese nur den Interessen von Ausländern diene (Chr. Rajewsky, a.a.O., S.13). Schließlich erklärt ein syrisches Religionsschulbuch der Sekundarstufe I, das eine 20 Seiten umfassende Unterrichtseinheit der Beziehung zwischen Islam und Arbeit widmet, die menschliche Arbeit als religiös verdienstvolles Werk zum Djihad.

Djihad und Terrorismus

Auch wenn sich die Mehrzahl der Muslime und Islamkundler darin einig ist, dass der Terminus Djihad im Zusammenhang mit Terroranschlägen missbraucht und manipuliert wird, muss darauf hingewiesen werden, dass Djihad bei einigen Muslimen eine Radikalisierung erfahren hat, die auch terroristische Aktivitäten legitimiert. Allerdings hat eine solche Auslegung keine Rechtfertigung aus dem Koran. Als Ausgangspunkt für diese Neuinterpretation gilt die Dissertation von Umar Abdar-Rahman an der theologischen Hochschule al-Azhar in Kairo. In dieser Schrift radikalisierte Abdar-Rahman den Begriff Djihad als bewaffneten Kampf gegen alle Ungläubigen mit dem Ziel, sie zum Islam zu bekehren. Diese Ideologie fand bei radikalen Gruppierungen rasche Verbreitung und wurde auch zur Rechtfertigung für die Ermordung des ägyptischen Friedenspräsidenten Anwar as-Sadat durch eine Terrorgruppe gleichen Namens herangezogen. Bei dieser neuen Auslegung des Begriffs wird Djihad zur sechsten Grundpflicht jedes Muslims, während er nach der Interpretation des islamischen Völkerrechts nur bei Bedarf für einen Teil der Gläubigen verpflichtend war und die Schonung von Nichtkämpfenden vorsah. Diese nicht haltbare Erweiterung der Grundpflichten wird von den islamischen Theologen weitgehend nicht anerkannt, hat aber bei einigen extremistischen Gruppen, zum Beispiel den Islamisten in Algerien und den Taliban in Afghanistan, eine verheerende Funktion übernommen. Eine weitere wichtige Person im Zusammenhang mit der neuen Djihad-Idee ist Adbullah Azzam, der Begründer der islamistischen Hamas in Palästina, der nach der sowjetischen Invasion Afghanistans junge Männer in diesem Land rekrutierte und dabei von dem aus Saudi-Arabien stammenden Millionär Usama bin Laden unterstützt wurde.

Für Abdullah Azzam setzt Djihad einen Einsatz mit der Waffe in der Hand voraus, der so lange dauert, bis ein islamisches Kalifat errichtet und alle unterdrückten Muslime in der Welt befreit sind. Für Verhandlungen ist bei seiner Auslegung kein Raum.

Zentral für ihn ist die Einheit Gottes , die er durch die gegenwärtige Weltlage beeinträchtigt sieht. Einheit Gottes bedeutet hier abgesehen von der gängigen Bedeutung eines konsequenten Monotheismus eine Bekämpfung aller Ideen oder Ideologien, die andere Werte schätzen bzw. ihnen eine gottähnliche Bedeutung zumessen.

Damit steht er in gewisser Weise in der Tradition extremer Reformbewegungen aus der islamischen Geschichte, welche unter Berufung auf die Einheit Gottes und die Idee des Djihads die jeweiligen an der Macht befindlichen Regierungen zu stürzen versuchten.

Wenn heute einige Muslime pauschal zu einem Djihad gegen „die Ungläubigen" aufrufen, haben sie den koranischen Kontext verlassen und eine Neuinterpretation des Begriffs „Ungläubige" vorgenommen. Mit „Ungläubigen" sind im Koran in erster Linie keine Juden und Christen, sondern die polytheistischen Mekkaner gemeint.

Wenn auch für manche Muslime der „materialistische Westen" oder „die gottlosen Amerikaner" ähnliche Wesensmerkmale wie die mekkanischen Gegner Mohammeds aufweisen (Leugnung der Einheit Gottes, Profitgier und Bekämpfung der wahren Gläubigen), so bleibt dies eine eigenmächtig von einzelnen Menschen vorgenommene Deutung des göttlichen Worts des Korans und der anderen Rechtsquellen – einer Deutung, zu der sie nach islamischem Verständnis gar nicht befugt sind.

Im Islam gibt es zwar keine religiöse Autorität, die einem christlichen Papst vergleichbar ist und „Ex cathedra" sprechen könnte. Einzelne Rechtsgutachten (Fatwas) dürfen zwar von den hierfür autorisierten Muftis ausgesprochen werden, aber sie sind nur für den Gläubigen bindend, der dieses Urteil akzeptieren will. Sonst ist er nicht daran gebunden und kann einen anderen Gutachter um Rat fragen.

Eine Radikalisierung der Djihad-Idee hat es zwar auch in der islamischen Geschichte immer wieder gegeben. Grundsätzlich neu und erschreckend ist gnadenlose Rücksichtslosigkeit gegenüber unbeteiligten Zivilisten und die perfekte Organisation. Doch bereits Anfang der 1960er- Jahre stellte ein tunesischer Journalist auf die Frage, ob man den Kampf gegen den Kommunismus als Djihad betrachten solle, resignierend fest: „Was soll dieser Djihad in der 2. Hälfte des 20. Jahrhunderts bedeuten? ... Haben sie Mitleid mit dem arabischen Volk, dessen Interessen von den Parteigängern der Spaltung und der Heuchelei gefährdet werden, in deren Dienst sie den islamischen Glauben mobilisieren. Seien Sie Verfechter von Mäßigung und Klugheit, und lehren Sie, dass die Ära der Heiligen Kriege vergangen ist und dass der Islam niemals durch bloße Worte gesiegt hat. Beharren jene in ihrer Verirrung, so müssen Sie den Djihad gegen sie richten: den Djihad der Aufrichtigkeit in Worten und der Aufopferung in der Tat, den Djihad unserer besonnenen muslimischen Vorfahren."

Durch die Selbstmordattentate hat auch der islamische Märtyrergedanke eine neue Dimension erfahren. Sich mit seinem Leben und Besitz für Gott einzusetzen, galt immer als verdienstvoll, vor allem im shiitischen Islam. Doch gilt Selbstmord im Islam als schwere Sünde und ist daher verboten. Die ersten Selbstmordattentate im Zusammenhang mit dem israelisch-arabischen Konflikt wurden – laut Henner Kirchner, Islamwissenschaftler an der Universität Gießen – in den 1980er- Jahren von einer links orientierten libanesischen Organisation verübt. Erst später wurden ähnliche Aktionen von den im Südlibanon lebenden shiitischen Muslimen im Kampf gegen das israelische Militär unternommen. Vom Libanon wanderte die Methode der Selbstmordattentate nach Palästina über und wurde von der im Verlauf der ersten Intifada gegründeten Hamas übernommen. Bei den Anschlägen in den USA im September 2001 handelte es sich wiederum um ein neues Täterprofil. Die Öffentlichkeit war u.a. deshalb erschüttert, weil es sich nicht um unterprivilegierte Lagerinsassen, sondern um junge Männer mit Hochschulabschluss handelte, die vorher als ehrbare unauffällige Mitbürger aufgetreten waren.

In der islamischen Welt hat sich eine Diskussion um die Frage entzündet, ob es sich bei diesen Taten um einen zu verurteilenden Selbstmord oder ein verdienstvolles Martyrium handele. Der oberste Rechtsgelehrte von Saudi-Arabien, Abdel-Aziz ash-Shaikh, verurteilte diese Taten als schlichten Selbstmord. Andere Theologen, wie beispielsweise Said Tantawi, der Rektor der al-Azhar-Universität, sieht den Sachverhalt des Martyriums nur gegeben, wenn ein Anschlag sich ausschließlich gegen Soldaten richtet und Frauen, Kinder und Zivilisten nicht gefährdet werden. Dies trifft für die meisten Attentate nicht zu, womit sie ausgehend von dem Koranvers 5,32 („Wer einen Menschen, der keine Gewalttat im Land verübt hat, tötet, ist, als ob er die ganze Menschheit getötet hätte") nicht nur zu verurteilender Selbstmord wären, sondern auch den Tatbestand des Mordes erfüllen. Schließlich argumentiert der Mufti von Jerusalem, dass sich Palästina im Kriegszustand befände und daher solche Vergeltungsaktionen rechtens seien. Dieser Standpunkt wird auch von den geistlichen Führern der Hamas vertreten.

Fazit

Das Bild vom grundsätzlich gewalttätigen und fanatischen Islam kann nicht generalisiert werden. Einerseits begünstigt die Vorstellung des kleinen Djihad als militärischer Einsatz zur Durchsetzung des Wortes Gottes, verbunden mit dem Glauben an die gewaltsame Verbesserbarkeit der Welt sowie die Verbindung von religiöser und politischer Argumentation die Anwendung von Gewalt und die Fanatisierung von Massen. Auf der anderen Seite unterstützt die islamische Tradition aufgrund der Vorstellung des großen Djihad und der zahlreichen Verse über Barmherzigkeit und Vergebung sowie heutiger Interpretationen des Djihad als defensive und gewaltfreie Aktion den Toleranzgedanken. Hinzu kommt das ganzheitliche islamische Menschenbild, das Gewaltanwendung unter bestimmten

Umständen regelt und einschränkt, sowie Argumente, den Frieden als Normalzustand zu begreifen, und die bereits in einigen Koranversen angelegte friedliche Interpretation von Djihad.

Die heute zunehmende Ablehnung des europäisch-westlichen Einflusses in den islamischen Ländern ist einerseits mit dem Erstarken der Re-Islamisierung bzw. Islamismus verbunden. Zum anderen liegen dieser Einstellung aber auch psychologische und kulturelle Motive zugrunde. Viele Staaten des Nahen Ostens haben als Gegenreaktion auf die Kolonialzeit einen ausgeprägten Nationalstolz auf ihre vorkoloniale Geschichte entwickelt: „Wenn die Geschichte richtig benutzt und in Anspruch genommen wird, kann sie einen positiven Einfluss auf die Bildung des nationalen Bewusstseins bei verschiedenen Völkern in der heutigen Zeit haben. Es ist also natürlich, dass wir in unserer Lage und aus dem Wunsch heraus, eine sichere, blühende, nationale Existenz aufbauen zu wollen, uns auf unseren vergangenen Ruhm stützen und ihm das entnehmen, was in unserer Jugend ein Gefühl der Stärke, Würde und Kühnheit entstehen lässt ..." (Qustantin Zuraiq: Wir und die Geschichte [arab.], Beirut, 2. Aufl. 1963, S. 103) Die Überzeugung von der großen Bedeutung der eigenen Nation ist eine typische Erscheinungsform. Sie dient u.a. dazu, den Zusammenhalt der Bevölkerung zu festigen. Die besondere Hervorhebung der eigenen Kultur, Geschichte und Religion wird erst problematisch, wenn sich diese Überzeugung zu einem übersteigerten Selbstgerechtigkeitsgefühl entwickelt und mit Ethnozentrismus und Fremdenhass verbunden ist. „Wir sehen jedoch auch, dass neben dem positiven aufbauenden Einfluss der Geschichte eine negative schädliche Wirkung existiert, die als Werkzeug zur Entzündung von Hass und Bürgerkriegen zwischen verschiedenen Gruppen eines Volkes oder mehrerer Völker benutzt wird oder als Mittel zur Unterstützung der herrschenden Ordnung, ihrer Rechtfertigung und übermäßigem Lob und Preis ihrer Existenz dient." (ebd.) Das krankhaft übersteigerte Selbstbewusstsein einer Nation oder Gruppe, das die Psychologen Gruppennarzissmus nennen, dient nicht selten dazu, Mängel auszugleichen. Besonders die sozial Schwächeren schöpfen bisweilen aus der Verherrlichung ihrer Kultur ein Selbstwertgefühl, das ihre unerfüllten materiellen Bedürfnisse kompensiert. Man vergisst die eigene niedrige Stellung leichter, wenn man als Mitglied einer bedeutenden Nation an ihrem Ruhm Anteil haben darf. Wird der Gegenstand des Stolzes durch Kritik von außen beeinträchtigt, dann begünstigt dies eine aggressive Verteidigungsbereitschaft. Typisch ist ferner, und nicht nur auf den Nahen und Mittleren Osten beschränkt, die Schuld an wirtschaftlichen und sozialen Problemen gesellschaftlichen Randgruppen oder „Sündenböcken" anzulasten. Beliebte Sündenböcke sind im Nahen Osten die Zionisten und die ehemaligen Kolonialmächte bzw. die Vertreter des heutigen Imperialismus. Auf diese Weise lenkt man teilweise die Empörung über innenpolitische Missstände auf auswärtige Ziele. Dies trägt zweifellos zur Fanatisierung der Massen bei. Nur sollte man gerechterweise die Ursachen einer solchen Aggressionsbereitschaft nicht im Islam suchen.

Eine Intensivierung des Dialogs ist gerade in der heutigen Zeit notwendiger als je zuvor. Denn nur durch besseres Kennenlernen der islamischen Religion und des Korans lässt sich der immer noch unterschwellige Vorwurf entkräften, der Koran sei ein Handbuch für „Heiligen Krieg" und Terror bzw. politischen Umsturz.

Literatur: Carsten Colpe: Zur Bezeichnung und Bezeugung des „Heiligen Krieges" I und II, in: BThZ (Berliner Theologische Zeitschrift) 1 (1984) S. 45–47 u. 189–214 – Christiane Rajewsky: Der gerechte Krieg im Islam, in: Der gerechte Krieg: Christentum, Islam, Marxismus, Frankfurt 1980 – Albrecht Noth: Heiliger Krieg und heiliger Kampf in Islam und Christentum, Bonn 1966 – Ders.: Der Islam und die nichtislamischen Minderheiten, in: W. Ende/U. Steinbach: Der Islam in der Gegenwart, München 1996[4], S.684ff.– Rudolph Peters: Jihad in classical and modern Islam. A reader, Princeton 1996. – Ders.: Jihad. In: The Encyclopedia of Religion, hg. von Mircea Eliade, New York/London 1987 – Michael Pohly/Khalid Duran: Osama bin Laden und der internationale Terrorismus, München 2001 – Bernd Reinert: Der islamische Begriff des Heiligen Krieges (dschihad), in: Fritz Stolz (Hg.): Religion zu Krieg und Frieden, Zürich 1985 – Monika und Udo Tworuschka: Der Koran und seine umstrittenen Texte. Düsseldorf 2002.

Islam und Menschenrechte

So wie manche christliche Theologen und abendländische Denker in der Erklärung der Menschenrechte eine direkte Auswirkung christlicher Vorstellungen und Prinzipien sehen, vertreten einige

Muslime die Ansicht, dass diese oder ähnliche Ideen auch in ihrer Tradition vorhanden seien. Sie betonen, dass das Bemühen um Freiheit, Gleichheit und Gerechtigkeit nicht erst seit der Neuzeit im christlichen Europa und den USA einsetzte, sondern dass auch Muslime von jeher für diese Werte kämpften. Man wehrt sich also gegen den auch in anderen Bereichen anzutreffenden Eurozentrismus, der davon ausgeht, dass alle fortschrittlichen geistigen und technischen Errungenschaften ihren Ursprung im christlichen Abendland haben. Alle Universalreligionen besitzen eigene Vorstellungen von Menschenrechten. Das islamische Recht hat zweifellos dazu beigetragen, die Religion des Propheten zu einer der tolerantesten Religionen der vorindustriellen Kultur werden zu lassen. Seit der Französischen Revolution kennen wir aber eine weiterentwickelte Stufe der Toleranz, deren Anforderungen die ursprüngliche islamische Botschaft nicht mehr in allem entspricht. Heute beziehen sich im christlich-islamischen Bereich die Menschenrechte insbesondere auch auf die Autonomie des Individuums gegenüber dem Staat. Im Islam aber ist eine Einschränkung der Staatsgewalt nicht in gleicher Weise denkbar.

Andererseits hat der unverkennbare Niederschlag der antiken und mittelalterlichen Denkweise in einem Teil der islamischen Strafjustiz dazu geführt, dass dem Islam eine mangelnde Sensibilität für die Menschenrechte nachgesagt wird. Die alltägliche Praxis mancher Gesellschaften, die sich als islamisch ausgeben, verstärkt diesen Eindruck. Hinzu kommt, dass in den meisten Verfassungen islamischer Länder die Menschen- und Grundrechte zwar theoretisch verankert sind, in der Praxis jedoch oft dagegen verstoßen wird, weil die Demokratisierung nicht genügend weit fortgeschritten ist. Es ist zutreffend, dass der Koran den Ursprung aller Rechte auf Gott zurückführt und daher den bekannten Grundsatz der Aufklärung „Der Mensch ist das Maß aller Dinge" nicht teilt. Dennoch hat schon der Koran, wie 1981 auf einer Internationalen Gelehrtenkonferenz in Paris herausgefunden wurde, nicht weniger als 20 grundlegende Menschenrechte formuliert: Das Recht auf Leben, Würde und Freiheit des Menschen, auf Schutz gegen Übergriffe und Misshandlung, das Recht auf Asyl, Minderheitenschutz, Hausfrieden, soziale Sicherheit und Arbeitsschutz sowie auch (mit Einschränkungen) Glaubensfreiheit.

Beispiele:

⇨ Menschenwürde: „Wir haben Adams Kinder Würde verliehen." (17,70)

⇨ Schutz des menschlichen Lebens: „Wenn ein Mensch einen anderen tötet, so bedeutet das genauso viel, als ob er alle Menschen getötet hätte. Und wenn einer einen Menschen am Leben erhält, so bedeutet das genauso viel, als ob er alle Menschen am Leben erhalten hätte." (5,32)

⇨ Recht auf Leben, Freiheit und Sicherheit: „Euren Eltern sollt ihr Gutes tun; ihr sollt eure Kinder nicht aus Furcht vor Armut töten; denn wir wollen schon für euch und für sie Sorge tragen. Ihr sollt euch nicht den schändlichen Verbrechen nähern, weder öffentlich noch geheim. Ihr sollt nach göttlichem Verbot niemanden töten, da Gott das Leben unverletzlich machte, es sei denn die Gerechtigkeit erfordert es." (6,151)

⇨ Verbot von Foltern und grausamen Strafen: „Niemand soll durch Feuer gezüchtigt werden." (Bukhari II: Kapitel „Unterdrückung. Absatz: Hilf deinem Bruder)

⇨ Sicherung des Lebens und der Versorgung: „Es ist dafür gesorgt, dass du nicht zu hungern und nackt zu sein brauchst und nicht durch Durst oder Hitze zu leiden hast." (20,119f.)

⇨ Willkürliche Einmischung in den privaten Bereich: „Gläubige, betretet keine fremden Häuser, ohne zu fragen, ob ihr gelegen kommt (...) Und wenn ihr niemanden antrefft, so tretet nicht ein." (24,27f.)

⇨ Freiheit der Bewegung und der Wahl des Wohnsitzes: „Geht doch über die Erde hin und seht, wie Gott Geschöpfe hervorbrachte und die Schöpfung immer wieder von neuem hervorruft." (29,21)

⇨ Asylrecht: „Und wer wegen der Religion Gottes auswandern muss, der wird manchen auf Erden zu demselben gezwungen sehen und doch hinlänglich versorgt finden." (4,1012)

⇨ Zum Arbeitsrecht: „Der Prophet sagte: ‚Gott möchte, dass jeder die von ihm zu verrichtende Arbeit gut macht'." (Überlieferung) „Gott verlangt von niemandem mehr, als er leisten kann." (7,42) Und: „Jeder wird danach eingestuft, was er getan hat." (6,132)

⇨ Recht auf Besitz und Verpflichtung durch Besitz: „O die ihr glaubt, spendet von dem, womit wir euch versorgten, bevor ein Tag kommt." (2,255)

Kritisch ist anzumerken, dass die Koranverse und Überlieferungen aus ihren literarischen und geschichtlichen Zusammenhängen herausgelöst wurden und dass es sich weniger um die Formulierung universaler Menschenrechte als um situative ethische Aufforderungen handelt. Ins Kreuzfeuer westlicher Kritik ist die Frage der Glaubensfreiheit und Todesstrafe geraten, nicht zuletzt unter dem Eindruck der Rushdie-Affäre. In 2,257 heißt es: „Es gibt keinen Zwang im Glauben." Jedoch wurde dieses Prinzip islamischer Toleranz hauptsächlich auf den Bekehrungsverzicht von Juden und Christen und später auch anderer Religionsgemeinschaften angewandt. In der Tat hat das islamische Recht dazu beigetragen, die Religion des Propheten zu einer der tolerantesten Religionen der vorindustriellen Ära werden zu lassen, vor allem was Minderheiten betrifft. Zum Beispiel schrieb Ali, der Schwiegersohn Mohammeds und 4. Kalif an Malik ibn Harith anlässlich dessen Ernennung zum Gouverneur von Ägypten: „Möge dein Herz den Einwohnern deiner Provinz gegenüber mit Barmherzigkeit und Liebe erfüllt sein! In den Bürgern, die an Gott glauben, sollst du Brüder gemäß dem Glauben sehen. Jene aber, die nicht glauben, sollst du als deinesgleichen gemäß der Schöpfung behandeln."

Bei dem Recht auf Glaubensfreiheit handelt es sich jedoch nicht um ein innerislamisches Recht. Wenn auch nicht im Koran verankert, so wird entsprechend dem islamischen Recht ein vom Islam abgefallener Mann mit dem Tode und eine Frau mit Gefängnis bestraft. Diese Strenge ist aus der Konfrontation des Islam mit einer feindlichen Welt, wie sie in der Frühgeschichte des Islam bestand, verständlich. Glaubensabfall war damals eine Fahnenflucht oder ein Verrat an der Gemeinschaft, die um ihre nackte Existenz kämpfte. Eigentlich hat diese strafrechtliche Strenge in der heutigen Situation ihre Bedeutung verloren, was aber gerade im Zuge der Re-Islamisierung anders gesehen wird.

Was die Todesstrafe betrifft, so kann man generell sagen, dass viele Muslime keine Bedenken sehen, diese bei bestimmten Vergehen anzuwenden.

Literatur: Gudrun Krämer: Gottes Staat als Republik. Reflexionen zeitgenössischer Muslime zu Islam, Menschenrechten und Demokratie, Baden-Baden 1999 – A. Falaturi, M. Muranyi und B. Tibi: Die Menschenrechte im Islam. In: G. Schultz (Hg.): Islam – Herausforderung an West und Ost, Altenberge 1981, S. 68–98

Islam und Strafjustiz

Seit Beginn der Re-Islamisierung erfährt man immer wieder aus den Massenmedien, dass aufgrund der Wiedereinführung des islamischen Strafrechts Delikte wie Mord, Raub, Vergewaltigung, Ehebruch, Homosexualität sowie Alkohol- und Drogenmissbrauch durch Auspeitschen, Abschlagen von Händen und Füßen oder Hinrichtung bestraft werden. Solche Maßnahmen erregen verständlicherweise unser Befremden und unsere Abscheu. Hinter diesen Strafen steht ein – verglichen mit dem abendländischen – unterschiedliches Rechtsverständnis. Der Islam geht von unterschiedlichen Pflichten des Menschen gegenüber seinem Schöpfer und seinem Mitmenschen aus. Diese Unterscheidung bestimmt auch das Rechtsverständnis, so dass von einem göttlichen und menschlichen Recht gesprochen wird. Neben Gott und dem Individuum stellt die Gemeinschaft die dritte den Rechtsvollzug bestimmende Größe dar. Dabei werden die gesellschaftlichen Rechte im Islam nicht als soziale, sondern als göttliche Rechte bezeichnet. Als Verletzung des göttlichen Rechts gilt eine bestimmte im Koran festgelegte Kategorie von Straftaten, welche die Gesellschaft gefährden können: Alkoholgenuss, Straßenraub, schwerer Diebstahl, widerrechtlicher Geschlechtsverkehr, falsche Bezichtigung der Unzucht. Aufgabe der islamischen Justiz ist es, diese Delikte im Namen Gottes zu bestrafen. Normalerweise liegt die Rechtsprechung in der Zuständigkeit des Richters (Kadi), der sein Urteil auf der Grundlage von Geständnissen des Angeklagten, Zeugenaussagen und Gutachten von Rechtsgelehrten stützt. Nach Ansicht der Rechtsgelehrten ist eine Überführung des Angeklagten eigentlich nur nach dessen Geständnis möglich. Um Fehlurteile auszuschalten, berücksichtigt das islamische Recht auch die Zurechnungsfähigkeit und Strafmündigkeit des Beklagten. Ebenfalls soll die Glaubwürdigkeit der Zeugen einer strengen Prüfung unterzogen werden. Gerade bei Sexualverbrechen werden strenge Maßstäbe an die Zeugen gelegt. So kann eine Frau nur des Ehebruchs überführt werden, wenn vier Zeugen dies beeiden. Falsche Anschuldigungen werden streng bestraft (24,2). Erhebt der Ehemann den Vorwurf, so muss er ihn fünfmal beeiden und zieht sich im Fall einer Falschaussage den Fluch Gottes zu. Ebenso kann die Frau fünfmal ihre Unschuld beteuern. Das Urteil liegt dann im Ermessen des Richters. Ein wichtiger Grundsatz des islamischen Rechts ist der unbedingte Schutz des menschlichen Lebens: „Wenn ein Mensch einen anderen tötet, so bedeutet das genauso viel, als ob er alle Menschen getötet hätte, und wenn einer einen Menschen am Leben erhält, so bedeutet das genauso viel, als ob er alle Menschen am Leben erhalten hätte." (5,32) Ein weiteres Vergehen, das in den Bereich der göttlichen Gesetze fällt, ist der Glaubensabfall vom Islam. Privatrechtliche Delikte, wie z.B. Verbrechen gegen Leib und Leben, gehören in die Sphäre des menschlichen Rechts. Bei Verleumdung, Körperverletzung oder Totschlag dürfen der Betroffene oder dessen Erben das Strafmaß festsetzen. In der Regel einigen sich beide Familien, ob die Todesstrafe oder Blutgeld bzw. eine andere Sühne gefordert wird. Geschah die Tat nicht vorsätzlich, darf der Schuldige nicht mit dem Tod bestraft werden. Zu einer dritten Gruppe von Vergehen, die das göttliche und menschliche Recht zugleich betreffen, gehören gemeinschaftszerstörende Delikte wie Raubüberfall, Unruhestiftung und die Bedrohung Wehrloser, die durch Hinrichtung, Abhacken von Händen oder Füßen oder Verbannung bestraft werden. Der Strafvollzug basiert auf dem Grundsatz, dass weder Gott noch der Staat den Rechtsanspruch des Menschen beschneiden dürfen und es ebenso der islamischen Justiz nicht gestattet ist, das göttliche Recht zu missachten. Jeder Fall soll genau geprüft und Zeugen sollen befragt werden. Ein wichtiges Prinzip lautet: „Jede Art von Zweifel verbietet den Strafvollzug." Außerdem soll man trotz der Forderung nach Gerechtigkeit wenn möglich Milde walten lassen: „Ausgenommen sind diejenigen, die ihre Tat ernsthaft bereuen, bevor ihr Gewalt über sie habt. Ihr müsst wissen, daß Gott barmherzig ist und bereit zu vergeben." (5,34) „Wenn ihr verzeiht, Nachsicht übt und vergebt, folgt ihr damit dem Beispiel Gottes. Gott ist barmherzig und bereit zu vergeben." (64,14)

Literatur: A. Falaturi: Rechtstraditionen und Strafrechtsjustiz im Islam. In: Axel Buchholz und Martin Geiling (Hg): Im Namen Allahs. Der Islam – eine Religion im Aufbruch?, Frankfurt/Main u.a. 1980, S. 59–69.

Die Situation in Deutschland

Mitten unter uns leben nach jüngsten Erhebungen rund 3 Millionen Muslime. Von den 3 Millionen Muslimen sind die Mehrheit Türken. Es folgen Muslime aus dem Balkan und arabische Muslime (vor allem Marokkaner, Pakistaner und Tunesier, Ägypter, Syrer). Weitere Muslime kommen aus Schwarzafrika und Fernost sowie aus dem Iran. Bei einer kleineren Gruppe handelt es sich um deutschstämmige Muslime. Das macht den Islam nach Protestanten und Katholiken zur drittgrößten Religionsgemeinschaft in Deutschland. Die überwiegende Mehrheit der hier lebenden Muslime bekennt sich zu einer der vier Rechtsschulen des sunnitischen Islam. Das trifft auch für die Türken zu, bei denen es sich vorwiegend um Anhänger der hanafitischen Rechtsschule handelt. Außerdem gibt es Shiiten. Sie sind in der Mehrzahl türkische Alewiten und Anhänger der iranischen Staatsreligion der Zwölfershia. Nicht alle hierzulande lebenden Muslime sind Gastarbeiter wie die Majorität der Türken. Insbesondere unter den Iranern finden sich viele Kaufleute und Ärzte. Ebenfalls gibt es z. B. Studenten aus islamischen Ländern an unseren Hochschulen sowie einige islamische Lehrer an unseren Schulen. In erster Linie sind es aber zweifellos die türkischen Muslime, die unser Bild vom Islam prägen und mit denen die Konflikte des Zusammenlebens entstehen. Aufgrund der ungleichen Verteilung auf Stadt und Landgebiet gibt es in den Ballungsräumen bereits Schulen, in denen die Mehrzahl der Kinder aus muslimischen Elternhäusern stammt.

Zwar wird der Islam nicht mehr wie früher nur als Religion von Gastarbeitern und Asylsuchenden wahrgenommen. Dafür gilt er zunehmend als Ursache von extremistischen Auseinandersetzungen und bewaffneten Konflikten. Doch längst hat sich der Islam hierzulande als respektable Größe etabliert und den Geruch von Hinterhof-Moscheen abstreifen können. Eine neue Generation junger muslimischer Erwachsener ist herangewachsen, die hier geboren und zur Schule gegangen ist, teilweise Universitäten besucht hat und selbstbewusst ihren angemessenen Platz in der Gesellschaft fordert.

Ein kurzer geschichtlicher Überblick

Zu den wohl ersten Muslimen in Deutschland zählen türkische Kriegsgefangene aus den Jahren 1686 bis 1698, deren Zahl bis in die

Hunderte ging. Einige Muslime konvertierten zum Christentum, lebten später in Franken, Bayern, Sachsen. Die übrigen kehrten in ihre Heimatländer zurück. Wer hierzulande als Muslim lebte und starb, hinterließ im besten Fall eine Grabstätte. Die ältesten erhaltenen und bekannten Grabstätten bzw. Grabsteine sind die des sechsjährigen Mustaf in Brake von 1689 sowie die von Hammet und Hassan in Hannover von 1691.

Ein Herzog aus dem heutigen Lettland überreichte dem Preußenkönig Friedrich Wilhelm I. 20 türkische Gardesoldaten als Geschenk. Daraufhin gab der König den Auftrag, einen Saal neben der Garnisonskirche in Potsdam in einen Gebetsraum umzuwandeln.

In den Collectaneen des Samuel Gerlach (1711–1786), die 1883 in den Mitteilungen des Vereins für die Geschichte Potsdams abgedruckt wurden, ist zu lesen: „Den 22 großen Türken, welche dem in der Folge unglücklichen Herzog von Curland, in dem Kriege, welchen Russland mit den Türken führte, in die Hände gerathen waren und die dieser Herzog 1739 unserm Könige zum Präsent machte, ward, ihren Muhamedanischen Gottesdienst abzuwarten im Königlichen Waysenhause auch ein eigenes Zimmer angewiesen, und wer weiß, was der König mehr gethan hätte, wenn er sie hätte behalten wollen, sie wurden aber aus Königlicher Großmuth allesammt wieder auf freyem Fuß gestellet und mit Geschenken wieder in ihr Vaterland zurück geschickt." (S. 179f).

Dies war die Grundsteinlegung für die erste muslimische Gemeinde, die ihre Rechtfertigung aus einem königlichen Dekret (1731) bezog. Muslimische Soldaten der verschiedensten ethnischen Couleur beteiligten sich an den folgenden Preußenkriegen. Andere Muslime kamen als Kriegsgefangene nach Deutschland.

1740 schrieb Friedrich der Große an den Rand einer Eingabe aus Frankfurt/Oder, ob ein Katholik in der evangelischen Stadt Bürgerrecht erwerben dürfe, die berühmt gewordenen Zeilen: „Alle Religionen sind gleich und gut, wenn nur die Leute, die sich zu ihnen bekennen, ehrliche Leute sind. Und wenn die Türken (...) kämen und wollten hier im Lande wohnen, dann würden wir ihnen Moscheen (...) bauen".

1760 wird der erste preußische Heeres-Imam erwähnt, Leutnant Osman, Prediger der „preußischen Mohammedaner". Seit 1763 gab es in Berlin eine ständige osmanische Gesandtschaft. Der dritte osmanische Gesandte, Ali Aziz Efendi, verstarb am 29. Oktober

1798. Zu seiner Bestattung stellte der preußische König ein Gelände zur Verfügung – nach einem Geländetausch der Grundstein des bis heute erhaltenen islamischen Friedhofs am Columbiadamm. Die erste Moschee auf deutschem Boden ist die so genannte „Rote Moschee" in Schwätzingen. Wie alle orientalisierenden Bauten jener Zeit wurde sie weder als Gebetsstätte konzipiert noch genutzt. Nach 1870/71 wurde sie von kriegsgefangenen kranken Muslimen als Gebetsstätte verwendet.

Der Erste Weltkrieg brachte das Osmanische Reich auf die Seite des Deutschen Reichs. Wiederum kamen Militärs und Kriegsgefangene nach Deutschland. Bei Berlin entstanden zwei Lager zur Internierung muslimischer Gefangener aus den alliierten Streitkräften. Propaganda und regelrechte Umerziehung sollte sie dazu bringen, auf osmanischer Seite erneut in den Krieg einzutreten. In einem dieser Lager errichtete man 1915 die erste „richtige" Moschee Deutschlands. Der Holzbau wurde 1925/26 wegen Einsturzgefahr abgebrochen; allein die „Moscheestraße" und einige Soldatengräber erinnern heute daran. Mit dem Ende des Krieges blieb eine Reihe muslimischer Exilanten und Flüchtlinge in Berlin. Nach dem Ersten Weltkrieg gründeten Muslime aus 41 Nationen die „Islamische Gemeinschaft Berlin".

Durch den Zuzug von Studenten, Akademikern und Intellektuellen entfaltete sich bald ein reges islamisches Gemeindeleben, dem sich deutsche Konvertiten anschlossen und von dem heute noch die 1924 grundgelegte Wilmersdorfer Moschee zeugt. Diese Moschee steht für eine besondere Richtung des Islam: die Ahmadiyya-Gemeinschaft. Sie gab von 1924 bis 1940 die Zeitschrift *Moslemische Revue* heraus, und einer ihrer Imame legte 1939 die erste deutsche Koranübersetzung aus muslimischer Feder vor.

1927 wurde ebenfalls in Berlin das „Zentralinstitut Islam Archiv-Deutschland" und 1932 die deutsche Sektion „Islamischer Weltkongress" ins Leben gerufen. Letztere übernahm die Funktion eines Dachverbands für die rund 1000 muslimischen Bürger im Deutschen Reich.

Die Muslime in Berlin organisierten sich in mehreren Vereinen. Nicht alle islamischen Vereine konnten sich der politischen Instrumentalisierung durch die Nationalsozialisten entziehen. Sie alle gingen jedoch im Zweiten Weltkrieg unter. Bevor der Großmufti von Jerusalem mit den Nazis paktierte, durften Christen und

Juden sogar Mitglied der „Deutsch-Muslimischen Gesellschaft" in Berlin werden. Diese von Nafi Djalabi gegründete Gesellschaft wollte „das Verständnis für den Islam (...) fördern" und die „Kameradschaft unter den Muslimen in ganz Europa pflegen". Der an der Technischen Universität Charlottenburg studierende Syrer gehörte zu den herausragenden Muslimen in Deutschland. Aus ungeklärten Gründen wurde er 1933 ermordet, vermutlich von Nazischergen. Die Deutsch-Muslimische Gesellschaft war bekanntermaßen „Zufluchtsort für Kurfürstendammjuden", reiche Deutsche mosaischen Glaubens. Auch war der kosmopolitische Zuschnitt des Vereins den Nazis suspekt.

Nach Kriegsende sammelten sich die verbliebenen Muslime um die Wilmersdorfer Moschee, deren Bedeutsamkeit jedoch mehr und mehr verblasste.

Die nächste Phase islamischer Gemeindegründungen geht auf die Zeit nach dem Zweiten Weltkrieg zurück. Sie betrifft den „deutschsprachigen Islam", womit in erster Linie Muslime mit deutscher Staatsangehörigkeit gemeint sind. In den fünfziger Jahren ließen sich Ahmadis aus Großbritannien in Hamburg nieder. Dort gründeten sie 1955 die *Ahmadiyya Bewegung in der Bundesrepublik Deutschland e.V.* Ein Überbleibsel aus der Kriegszeit bildete die 1958 in München gegründete *Geistliche Verwaltung der Muslimflüchtlinge in der Bundesrepublik Deutschland e.V.* Bei dieser Vereinigung handelt es sich um einen Betreuungsverein für ehemalige Wehrmachtsangehörige muslimischen Glaubens, vor allem vor den Russen nach Süddeutschland geflohene Muslimflüchtlinge.

Die seit langem in Hamburg ansässigen iranischen Händler und Kaufleute schufen sich 1961 ihre eigene Moschee an der Außenalster. Mit der Einreise von Studenten und Akademikern entstanden noch vor der Anwerbung islamischer Arbeitsmigranten in den 1960er-Jahren in Aachen und München die bis heute bekannten Islamischen Zentren. Sie boten hauptsächlich arabischen Studenten ein Forum.

Die bedeutende muslimische Minderheit unserer Tage geht jedoch im Wesentlichen auf die Arbeitsmigration zurück, die erstmalig Männer und Frauen aus islamischen Ländern in größerer Zahl nach Deutschland führte und den Grundstein zu einer dauerhaften muslimischen Präsenz mittlerweile in der dritten Generation legte.

Die nun neu gegründeten Vereine mit enger Bindung an das jeweilige Mutterland versuchten als soziale und religiöse Kontaktstelle Heimatgefühle in einer fremdsprachigen und außer-islamischen Umwelt zu vermitteln.

Deshalb übernehmen die Moscheen heutzutage mehrere Aufgaben: Gebets- und Ruheplatz, Ausbildungsstätte und Koranschule. Ein breit angelegtes Seminarangebot, das Alphabetisierungskurse, Nähkurse, Hausaufgabenhilfe umfasst, rundet das Angebot ab. Bibliotheken, Lebensmittelgeschäfte und Teehäuser befinden sich oft in unmittelbarer Nähe der Moscheen.

Viele Muslime fühlen sich in unserer Gesellschaft immer noch ausgegrenzt, in ihren Speisegeboten und Kleidervorschriften nicht ernst genommen. Trotz Bemühungen auf beiden Seiten gibt es auch auf deutscher Seite Vorbehalte gegen Muslime. Der Vorwurf, der Islam sei frauenfeindlich und gewalttätig, scheint nur schwer zu widerlegen zu sein.

Der Islam in Europa und Deutschland wird auch als Herausforderung an die muslimische Seite betrachtet. Wenn viele Muslime die Konfrontation mit der säkularisierten westlichen Welt als Gefahr sehen, so bietet die europäische Diaspora auch die Chance, den Islam befreit von volkstümlichen Interpretationen zu sehen. Manche Reform könnte nicht „im Widerstand gegen", sondern unter Ausnutzung der Möglichkeiten des modernen Rechtsstaates verwirklicht werden.

Grundsätzliche Probleme des Zusammenlebens

Für Muslime bedeutet Leben in Deutschland nicht nur die Begegnung mit einem fremden Land, sondern auch den Verlust einer vom heimatlichen Brauchtum und vom Islam geprägten Lebensform. Zu der menschlichen Entwurzelung kommen bald als weitere Negativerfahrungen: das Empfinden, sozialer Ungerechtigkeit ausgesetzt zu sein, die Angst vor Diskriminierung, Rechtsunsicherheit und die Sorge um Arbeitsplatz und Aufenthaltsgenehmigung.

Die Hauptprobleme der in Deutschland lebenden Muslime lassen sich folgendermaßen zusammenfassen: An oberster Stelle der Forderungen steht sicher die Einführung eines islamischen Religionsunterrichts, der auch in unseren Medien immer wieder diskutiert wird.

Muslime wünschen sich darüber hinaus noch mehr eigene Gebeträume in Fabriken und in öffentlichen Gebäuden, um ihr Pflichtgebet fünf Mal am Tag zu beten und an wichtigen Feiertagen zusammenzukommen. Sie möchten, dass ihre religiösen Festtage genauso anerkannt werden wie die christlichen. Auch werden Stimmen laut, die für Männer und Frauen getrennte Badezeiten in öffentlichen Bädern fordern.

Einbürgerung

Das Leben in einem nichtislamischen Land bringt für manche strenggläubigen Muslime grundsätzliche Probleme mit sich. Andererseits gibt es sogar Stimmen, die den Erwerb einer nichtislamischen Staatsangehörigkeit gestatten, wenn eine wirtschaftliche oder andere Notwendigkeit dazu besteht.

Seit den September-Attentaten des Jahres 2001 ist auch das Misstrauen gegenüber den bei uns lebenden Muslimen gewachsen. Organisationen oder Personen werden kritisch unter die Lupe genommen und nach ihrer Verfassungstreue befragt. Für viele stellt sich die Frage, ob der Islam es Muslimen überhaupt gestatte, friedlich in einem nichtislamischen Staat zu leben und dessen Gesetze zu achten. Mathias Rohe kommt in seinem beachtenswerten Buch „Der Islam – Alltagskonflikte und Lösungen. Rechtliche Perspektiven" zu folgendem Schluss: „Wenn auch der Aufenthalt von Muslimen in nichtmuslimischem Territorium für das klassische islamische Recht eine Sondersituation darstellte und Auslandsaufenthalte vorwiegend unter dem Aspekt des nützlichen Handeltreibens erörtert wurden, so bestand schon damals keine strenge Polarität zwischen islamischem Gebiet und Feindesland. So gilt entsprechend der Bestimmungen für „Vertragsgebiet", dass ein Muslim sich den dortigen Gesetzen unterwerfen muss, wenn er selber im Gastland sichere Aufenthaltsbedingungen erhält. Er muss insbesondere Verträge einhalten und Schädigungen vermeiden. Der von Muslimen geschaffene „Europäische Rat für Rechtsgutachten und Studien" betonte 1997, dass in nichtislamischen Ländern lebende Muslime – aus der Sicht der Sharia – verpflichtet seien, Person, Ruf und Vermögen der Nichtmuslime als unantastbar zu begreifen. Unter anderem wurde dabei an die Auswanderung der Muslime nach Äthiopien zur Zeit Mohammeds erinnert, die von dem dortigen christlichen Herrscher freundlich aufgenommen wurden und Asyl erhielten. Voraussetzung für das Beachten der Gesetze des Gastlandes ist die Möglichkeit, die eigenen Grundpflichten frei ausüben zu können.

Als beispielhaft gelten die von der islamischen Religionsgemeinschaft Hessen e. V. herausgegebenen Grundlagen des Islam. Darin wird dargelegt, dass die Sharia zwischen Rechtsnormen des islamischen Staatswesens einerseits und individuellen Geboten andererseits unterscheidet. Für Muslime in Hessen sei deshalb die Beachtung des hessischen bzw. deutschen Rechtssystems legitim. Die zu beachtenden individuellen Gebote (Grundpflichten, Bekleidung, Ernährung, Moral) fallen nach deutschem Recht in den Bereich der Religion und genießen daher den Schutz der Religionsfreiheit.

Der Islam biete demnach keine grundsätzliche Begründung für eine Missachtung von Rechtsregeln.

Wirtschaftsrecht

Das klassische islamische Recht beinhaltet zwei Vorschriften, die in Konflikt zu den international üblichen Formen des Wirtschaftslebens geraten können. Im Koran gilt Handel als erlaubt, Riba hingegen als verboten. Während eine zunehmende Zahl von Rechtsgelehrten unter Riba Wucherzinsen versteht, ist wohl noch die Mehrheit der Überzeugung, dass jede Form von Zinsnehmen untersagt ist.

Zeitgenössische Juristen versuchen den Sinn der Riba-Vorschrift neu zu erforschen und den Verhältnissen der Zeit anzupassen. Sie berücksichtigen den Zeitwert von Kapital. Zinsanteile sollen nur den Wertverlust des Kapitals durch Inflation und Verwaltungskosten abdecken. Nach der Auslegung werden auch Verzugszinsen als legitimer Schadensersatz anerkannt. 1989 hat der Mufti von Ägypten ein Fatwa erlassen, demzufolge auch verzinsliche Staatsschatzbriefe nicht gegen das Riba-Verbot verstoßen. Seine Ansicht ist jedoch in der islamischen Welt nicht unumstritten.

Ferner sind dem Muslim Glücksspiel und Spekulationsgeschäfte untersagt. Dies kann bei zahlreichen Bankgeschäften und dem Abschluss von Verträgen mit noch nicht im Einzelnen feststehenden Vertragsleistungen zum Problem werden. Dabei werden Vorstöße dahingehend unternommen, die Gesamtheit der Versicherten mit zu berücksichtigen, was die Wahrscheinlichkeit des Eintritts bestimmter Schäden vergrößert und den Vorwurf der Spekulation entkräftet.

Auch der Wirtschaftsverkehr hat bereits auf die Bedürfnisse traditionell denkender Muslime reagiert. Deutsche und Schweizer Banken bieten islamische Aktienfonds zur Geldanlage an, bei denen Geschäfte mit Glücksspiel, Alkohol, verzinslichem Kredit, Versicherungen oder religiös illegitimer Sexualität ausgeschlossen sind. Gewinne werden nicht ausgeschüttet, sondern direkt wieder investiert.

Speisegebote

Der Islam kennt „reine" und „unreine" Speisen. Prinzipiell verboten ist dem Muslim der Verzehr von Schweinefleisch und der Genuss alkoholischer Getränke.

Als ein wichtiger Grund für dieses Verbot gilt die gesellschaftszerstörende Kraft des Alkohols. Trotzdem wird eine gewisse nützliche Wirkung des Alkohols nicht verneint. Heute wird im Zuge der Re-Islamisierung in islamischen Ländern besonders streng auf die Einhaltung des Alkoholverbots geachtet. Alkohol enthaltende Arzneien gelten hingegen weitgehend als erlaubt.

Grundsätzlich sollten Werkskantinen, Mensen, Kasernen, Krankenhäuser, Kindertagesstätten, Jugendherbergen, Internate und Gefängnisse ein Menü anbieten, das auch von Muslimen gegessen werden kann. Schweinefleisch, also auch Speck, Schinken und die meisten Wurstsorten, sind Muslimen ebenso verboten wie Schalentiere, Schrimps, Krebse, Langusten oder Hummer und Kriechtiere, also auch Schnecken. Diese Frage wird jedoch von den einzelnen Rechtsschulen unterschiedlich bewertet. Shafiiten und auch Hanafiten in Bangladesch erlauben Shrimps.

Ferner muss berücksichtigt werden, dass auch Gelatine Fleisch enthält und daher Wackelpudding und Gummibärchen für viele Muslime nicht erlaubt sind. Allerdings gibt es Rechtsgutachten, die den Verzehr von Gelantine gestatten. Auch die Rinde mancher Käsesorten enthält Schweinefleischprodukte und kann daher problematisch sein.

Rituelles Schlachten

Zwar werden die Speisegebote der hier lebenden Muslime zunehmend berücksichtigt, doch waren bis vor kurzem die Probleme des rituellen Schlachtens nicht hinreichend geklärt. Muslimen ist prinzipiell nur der Verzehr von Fleisch aus rituell vollzogenen Schlachtungen erlaubt. Alle Produkte, die Blut enthalten, sind verboten. In Deutschland dürfen nach dem Tierschutzgesetz Tiere nur nach vorheriger Betäubung geschlachtet werden, während viele Muslime meinen, dass eine Betäubung das richtige Ausbluten des Tieres verhindere. Außerdem könne das Tier während der Betäubung sterben, wodurch das Fleisch unbrauchbar würde. Nicht zu Unrecht machten Muslime darauf aufmerksam, dass der jüdischen Religionsgemeinschaft das Schächten nicht-betäubter Tiere als religionsbedingt notwendig gestattet ist. Kritiker wiesen darauf hin, dass jüdische Schächter eine dreijährige Ausbildung absolvieren müssen, während beispielsweise beim islamischen Opferfest viele islamische Haushaltsvorstände ihr eigenes Opfertier schlachten.

Mathias Rohe führt aus, dass das islamische Recht selber einen Ansatz zur Lösung bietet: In einer Prophetenüberlieferung heißt es: „Wenn ihr nun tötet, tötet recht, und wenn ihr nun schlachtet, schlachtet recht. So soll jeder von euch seine Klinge schärfen und sein Opfer zur Ruhe bringen." Ahmad von Denffer vom Islamischen Zentrum München interpretiert die geschärfte Klinge als „mit geringstem Schmerz" und als Zustand der Ruhe ein Schlachten „ohne Beängstigen." Damit sei die Affinität zum Schutzzweck der Tiere §§ 4,4a TierSCHG gegeben. Am 15. Januar 2002 wurde das grundsätzliche Schächtverbot für Muslime in einem Urteil des Bundesverfassungsgerichts aufgehoben, was von muslimischer Seite als wichtiger Schritt zur Gleichstellung der islamischen und jüdischen Religionsgemeinschaft gewertet wurde, jedoch auf die heftige Kritik einiger Tierschützer stieß.

Fatwas des ägyptischen Großmuftis und Rektor der al-Azhar-Universität aus dem Jahr 1982 und des Türkischen Präsidiums für Religionsangelegenheiten in Ankara sowie eine Verlautbarung der Islamischen Weltliga in Djidda von 1989 gestatten bereits das Schächten von Tieren mit Elektrokurzzeitbetäubung. Doch strenge Muslime akzeptieren diese Entscheidung nicht, und viele Hocas, also Geistliche, regeln das Problem vor Ort.

Es gibt auch islamische Stimmen, die Importfleisch aus Ländern mit christlicher oder jüdischer Prägung als für Muslime erlaubt betrachten, auch wenn die Tiere vorher mit Elektroschocks betäubt wurden. Viele Muslime importieren auch Fleisch aus islamischen Ländern, wenn sie befürchten, dass das ihnen hier angebotene Fleisch nicht vorschriftsmäßig geschlachtet wurde. Doch dies gilt für viele als Notlösung.

Generell muss bedacht werden, dass die Schächtriten bei Juden und Muslimen auf gewachsenen religiösen Überzeugungen basieren und nicht von tierfeindlicher brutaler Gesinnung zeugen. Beispielsweise untersagte ein Rechtsgutachten des „Europäischen Rates für Rechtsgutachten und Studien" den Verzehr von Hühnern aufgrund der unmenschlichen Tierhaltung, die oft zum Tode führt. Generell verweisen Muslime auf Massentierhaltung, Tiertransporte und Tierversuche in unserer Gesellschaft, wenn man ihnen Verletzungen des Tierschutzes im Zusammenhang mit dem Schächten vorwirft. Rohe betonte bereits vor dem 15.01.02, dass die islamische Schächtvorschrift ein religiöses Gebot sei und Muslime daher ein Recht auf eine Ausnahmegenehmigung hätten. Ihrerseits sollten die Muslime auf illegales „Schlachten im Hinterhof" verzichten, um ihrerseits einen Beitrag zur rechtskulturellen Einheit zu leisten.

Die Häute der geopferten Tiere werden in der ganzen Welt von islamischen Wohlfahrtsorganisationen eingesammelt und verwertet. Das nicht von der eigenen Familie verzehrte Fleisch wird an bedürftige Muslime verteilt, einige Organisationen konservieren solches Opferfleisch in Deutschland und schicken es an bedürftige islamische Länder. Für Muslime ist das Tieropfer und gemeinsame Feiern sehr wichtig und vertieft die Solidarität unter den Gläubigen.

Freistellung von der Arbeit aus religiösen Gründen

Die meisten Arbeitgeber gestatten keine Unterbrechung für das fünf Mal am Tag einzuhaltende Pflichtgebet. Deshalb gibt es Fatwas (Rechtsgutachten), die das Zusammenlegen von Gebeten gestatten, so dass unterlassene Gebete nachgeholt werden können. Auch die Raumfrage stellt ein weitgehend ungelöstes Problem dar, obwohl mehrere Universitäten einen Gebetsraum zur Verfügung stellen; auch Krankenhäuser und größere Betriebe unternehmen zunehmend Schritte in diese Richtung.

Feste feiern

Während die hohen christlichen Feste in Deutschland offizielle Feiertage sind, haben die hier lebenden Muslime kein Anrecht auf Freistellung von der Arbeit anlässlich ihrer Feiertage. Sowohl das Fest des Fastenbrechens am Ende des Monats Ramadan als auch das Opferfest dauern drei bzw. vier Tage und können nur richtig gefeiert werden, wenn die ganze Familie in der Moschee und zu Hause zusammenkommen kann. Auch die Beschneidungs- bzw. Hochzeitsfeier sind mehrtägige Feste, zu denen bisweilen sogar ins Heimatland gereist wird.

Da das islamische Mondjahr 11–12 Tage kürzer ist als unser Sonnenjahr, wandern die islamischen Feiertage durch unser Jahr und fallen nicht immer auf dasselbe Datum. Ein Festlegen bestimmer islamischer Feiertage im Kalender wäre daher auch bei gutem Willen nicht möglich. Wenn auch Kinder bisweilen auf Antrag schulfrei erhalten (Hessen) oder Erwachsene bezahlten Urlaub, so ist die Freistellung in vielen Betrieben aus Produktionsgründen schwierig.

Probleme im Schulalltag

Der Koran gebietet anständigen Frauen, sich außerhalb des Hauses schamvoll zu kleiden und den Busen zu bedecken. Er schreibt jedoch keinen Gesichtsschleier vor.

Das Tragen des Kopftuches hat in einigen europäischen Ländern zu kontroversen Diskussionen geführt. Es gibt in Deutschland türkische Schülerinnen, die überzeugt mit Kopftuch in der Schule erscheinen, und andere, welche dieses Kleidungsstück als nicht verpflichtend betrachten. Behörden neigen dazu, das Tragen von Kopftüchern nicht nur als Symbol des Islam, sondern gleichzeitig als Symbol eines reaktionären Islam zu begreifen. Deshalb wurde einer muslimischen Lehrerin das Tragen des Kopftuches in der Schule verboten. Viele Muslime fühlen sich durch solche Argumente verletzt. Sie führen an, dass das Anlegen des Kopftuches als Zeichen des Bekenntnisses mit dem Tragen eines christlichen Kreuzes verglichen werden kann. Man muss auch berücksichtigen, dass sich Muslime bei uns in einer Diasporasituation befinden und sich daher intensiver der eigenen Tradition zuwenden, als sie es in ihrem Heimatland täten. Nach Rohe besteht in Deutschland rechtlich kein Hinderungsgrund, freiwillig ein Kopftuch zu tragen.

In der Schule gibt es häufig Probleme beim koedukativen Sportunterricht oder bei der Teilnahme von muslimischen Mädchen bei Klassenfahrten. Beides untersagen muslimische Eltern aus Angst, dass der gute Ruf, die Ehre der Mädchen beschädigt würde. Prinzipiell befürwortet der Islam Schwimmunterricht für beide Geschlechter, andererseits nehmen Muslime Anstoß an freizügigen Badeanzügen. Ein nach Jungen und Mädchen getrennter Sport- und Schwimmunterricht könnte das Problem möglicherweise beheben. Ob die Teilnahme einer weiblichen muslimischen Begleitperson auf Klassenfahrten elterliche Bedenken zerstreuen können, müsste im Einzelfall geklärt werden.

Alten- und Krankenfürsorge

Respekt gegenüber älteren Menschen ist bereits im Koran verankert und gehört auch zu den wesentlichen Merkmalen islamischer
Erziehung. Die Unterbringung älterer Menschen in Heimen ist in
der islamischen Welt, wo man sich bemüht, Eltern und Großeltern
in der Familie zu betreuen, noch nicht üblich. Sie nimmt aber aufgrund von beengtem Wohnraum oder aus finanziellen Gründen
langsam zu. Für viele länger bei uns lebende Muslime ist das Heimatland „Besuchsland" geworden, während sie in der BRD gearbeitet und einen Rechtsanspruch auf Rente erworben haben. Doch
unsere Alten- und Pflegeheime sind bisher wenig auf die Bedürfnisse andersgläubiger Menschen eingestellt. Vereinzelt werden Vorstöße unternommen. In Duisburg hat man ein ungewöhnliches Projekt
ins Leben gerufen: ein Altenheim für deutsche und türkische Bewohner, das neben Kapelle einen nach Mekka gerichteten Gebetsraum mit
Waschgelegenheit und getrennte Küchen für glaubensgemäßes Ko-
chen vorsieht. Auch die großen Wohlfahrtsverbände wie die Caritas
und das Diakonische Werk oder das Deutsche Rote Kreuz bereiten
mit gezielten Projekten Migranten auf das Älterwerden vor.

Nicht nur ältere Muslime haben Probleme, sich bei Krankheiten
an nichtmuslimische Ärzte oder Therapeuten zu wenden. Daher
ziehen sie oft einheimische Wunderheiler zu Rate.

Jede Therapie sollte auf alle Fälle die Angehörigen mitein-
beziehen, denn die Bedeutung der Familie ist für Orientalen
noch zentraler als bei uns. Viele Krankheiten von Muslimen in
unserem Land resultieren aus Heimweh, Arbeitsüberlastung,
Isolation oder ungewohnter Ernährung. Typische Erkrankungen
sind daher Magen- und Darmstörungen oder psychische Erkrankungen wie Angstneurosen.

Auch Krankenhausaufenthalte stellen Muslime vor Probleme.
Oft verstehen sie aufgrund von Sprachschwierigkeiten nicht genau
die Diagnose und Behandlung. Hinzu kommt, dass Muslime Kranke nicht allein lassen und sie umso häufiger besuchen, wenn sie
schwer erkrankt sind. Für muslimische Kranke sind diese Besuche
hilfreich und fördern den Genesungsprozess, doch die hiesige
Besuchszeitenregelung sowie die Bedürfnisse der nichtmuslimischen Zimmergenossen stehen diesem Wunsch entgegen.

Bestattung

Ein weiteres wichtiges Problem für Muslime besteht darin, ihre Toten glaubensgemäß zu bestatten. Ein Muslim darf nicht auf einem nichtislamischen Friedhof bestattet werden, noch ein Nichtmuslim auf einem islamischen Friedhof. Allerdings sind im Notfall nichtislamische Friedhöfe erlaubt.

Da die deutschen Rechtsvorschriften bislang nicht auf islamische Bedürfnisse eingerichtet sind, überführen viele Muslime ihre Verstorbenen in ihre Heimatländer, was aber auch oft ein Kostenproblem darstellt.

Die Bestattungsvorschriften für Deutsche und Muslime variieren. In islamischen Ländern ist es – vermutlich aufgrund der Hitze – Vorschrift, die Toten innerhalb von 24 Stunden zu beerdigen.

Der gewaschene und parfümierte Tote wird nur in Tücher gehüllt ohne Sarg beigesetzt, obwohl ein Fatwa die Verwendung von Holzsärgen in Ausnahmefällen erlaubt. Auch die Bestimmung, dass Gräber nur einmal benutzt werden dürfen, schafft in Deutschland Probleme, da hier die Pacht meistens nach 30 Jahren erlischt. Zunehmend werden Muslimen heute bestimmte Plätze auf städtischen oder evangelischen Friedhöfen zur Verfügung gestellt. Doch bei eigenem Grundstückskauf kann die Ausrichtung der Gräber nach Mekka besser gewährleistet werden.

Genau vorgeschrieben sind ferner die rituelle Waschung des Toten, die Verrichtung des Totengebets und die Lagerung des Körpers sowie die Rollen von Männern und Frauen bei der Begräbnis-Zeremonie. Der Tote wird auf die rechte Seite mit dem Gesicht gen Mekka ins Grab gelegt. Möglich ist auch die Rückenlage, wobei der angehobene Kopf in Richtung Kaaba ausgerichtet sein soll. Wenn die räumlichen Bedingungen dies nicht gestatten, muss man im Grab eine Nische aushöhlen.

Nicht jeder Boden ist für ein Grab geeignet, er darf zum Beispiel nicht durch Grundwasser verunreinigt sein. Auch die Grabmaße entsprechen nicht der deutschen Norm; denn die Tiefe des Grabes bemisst sich nach der Höhe der „Menschenbrust."

Das Grab darf nicht zubetoniert werden, weil oft Erde auf dem Grab angehäufelt wird. Steine, auf denen Lebensdaten, Koranverse oder auch ein Halbmond eingemeißelt sind, findet man auch am Fußende. Lampen und Blumenschmuck sind nicht üblich. Aber es gibt den Brauch, dass Frauen die Gräber an Feiertagen mit Grün bedecken. Grün ist nicht nur die „heilige Farbe" des Islam; sie gilt auch als Symbol des Lebens.

Gräber sollen nicht von der Familie besucht werden, nur Männern ist ein gelegentlicher Besuch gestattet, der an die eigene Sterblichkeit erinnern soll.

Die Einführung eines islamischen Religionsunterrichts

Die Einführung eines islamischen Religionsunterrichts wurde in letzter Zeit kontrovers diskutiert. Die einen weisen auf den Anspruch hin, einen solchen Unterricht einzuführen. Andere formulieren Ängste, dass dadurch fundamentalistische Tendenzen in die Schulen eindringen könnten. In einigen Bundesländern findet die religiöse Unterweisung im Rahmen des muttersprachlichen Ergänzungsunterrichts statt. Viele islamische Verbände halten Korankurse in der Landessprache und in deutscher Sprache ab.

Ein Islamunterricht als ordentliches Lehrfach brauchte qualifizierte, der deutschen Sprache mächtige Lehrer. Ferner muss berücksichtigt werden, dass das gesamte Schulsystem unter der Aufsicht des Staates steht, dass die Erziehungsberechtigten über die Teilnahme des Kindes bestimmen dürfen und dass der Religionsunterricht mit Ausnahme der bekenntnisfreien Schulen ordentliches Lehrfach ist.

Gruppen und Organisationen

Mehrere staatsunabhängige Gruppierungen haben sich in zwei Dachverbänden zusammengeschlossen:

1. Der Islamrat für die Bundesrepublik Deutschland (IR) in Bonn
2. Der Zentralrat der Muslime in Deutschland (ZDM) in Eschweiler

Beide verstehen sich als Interessenvertretung und Beratungs- und Beschlussorgan mehrerer Gruppen. Ihr Ziel ist es, Ansprechpartner für deutsche Behörden zu sein, zum Beispiel bei der Frage eines islamischen Religionsunterrichts.

1. Der Islamrat

Der Islamrat der Bundesrepublik Deutschland wurde 1986 in Berlin gegründet. In seinem Wappen befindet sich der halbe Reichsadler auf grauem Hintergrund sowie die Hälfte des weißen Halbmonds und ein Stern auf rotem Hintergrund. Als Schriftzug befindet sich oberhalb des Wappens auf Arabisch der Koranvers 3,19: „Wahrlich, die Religion bei Gott ist der Islam."

Der Islamrat hatte eine gemeinsame Satzung mit der deutschen Vertretung des Islamischen Weltkongresses unterzeichnet, doch nach Divergenzen zu diesem die Verbindung gelöst und 1992 in Soest den „Islamischen Weltkongreß ap T.", d.h. altpreußischer Tradition, neu gegründet. Dessen alte Satzung wurde 1994 als gemeinsame Satzung für den „Islamischen Weltkongreß (ap T) und den „Islamrat der Bundesrepublik Deutschland" unterzeichnet. Der Bezug zur preußischen Tradition sollte dem Islam einen historischen Platz in der deutschen Geschichte zugestehen.

Ziele des Islamrats sind die offizielle Anerkennung des Islams, Einführung eines Religionsunterrichts für muslimische Kinder an Schulen und den Muslimen zu islamgerechtem Verhalten zu verhelfen.

Zum Islamrat gehören elf Bundes- und sechs Landesverbände:

⇨ Islamische Gemeinschaft Djamaat un-Nur e.V mit ihrem Bund Moslemischer Pfadfinder Deutschlands (BMPD)

⇨ Islamische Gemeinschaft Milli Görüs (IGMT) mit ihrem Jugendverband

⇨ Moslemisches Sozialwerk in Europa (IGMT)

⇨ Zentrum der Erforschung von Wirtschaft und Sozialordnungen (IGMT)

⇨ Islamischer Weltkongreß (apT) Deutschland

⇨ SDA (Dachverband bosnischer Gemeinschaften)

⇨ Dachverband der Türkisch-Islamischen Vereine in Deutschland

⇨ Verband islamischer Jugendzentren

⇨ Gemeinschaft der Ehli-Beyt-Vereine in Deutschland

⇨ als selbstständige Landesverbände die Islamischen Föderationen Bremen, Hamburg, Niedersachsen, Berlin, Baden-Württemberg und Bayern

⇨ außerdem sieben regionale und lokale Vereinigungen

AMGT bzw. IGMG

Die größte Organisation, die zum Islamrat gehört, ist die Milli Görüs (sprich: Görüsch).

AMGT („Avrupa Milli Görüs Teskilatlari" = Vereinigung der Nationalen Weltsicht in Europa) e.V. mit Hauptquartier in Köln. Sie wurde 1985 gegründet. Die AMGT leitet sich aus dem Zusammenschluss von elf Landesverbänden mit zurzeit rund 350 Gemeinden her. Ziele von AMGT: Verbesserung der Lebenssituation türkischer Arbeitsemigranten und ihrer Familien. Aufbesserung des kulturellen Angebotes. Vor allem Orientierungshilfe zur Identitätsbestimmung. Seelsorgerische Betreuung in den Gemeinden, teilweise religiöse Aus- und Weiterbildung und darüber hinaus Dialog mit allen gesellschaftlichen Gruppen.

AMGT ist hierarchisch und zentralistisch organisiert. Es gibt überall in Deutschland und Europa Ortsvereine. Diese sind wiederum zu Regionen zusammengefasst und haben jeweils einen Leiter, der Kontakt zur Kölner Zentrale unterhält. Durch eine große Anzahl von Veröffentlichungen in Print- und AV-Medien bemüht sich AMGT über die türkischen Mitglieder hinaus auch andere Muslime zu erreichen.

Die AMGT änderte am 11. Juni 1995 ihren Namen in IGMT (Islamische Gemeinschaft für nationale Weltsicht) und schuf für die Verwaltung ihrer Liegenschaften einen eigenen Verein, die EMUG (Europäische Moscheebau- und Unterstützungsgemeinschaft).

Die „Milli Görüs" gilt als der vielseitigste islamische Verband in Europa. Sie verfügt nach eigenen Angaben über 2098 Vertretungen, d.h. Moscheevereine, Jugend- und Studentenorganisationen und Frauengruppen in Europa. Zwischen der IGMT und der Refah Partisi (Wohlfahrtspartei) bestehen enge Beziehungen. Diese Beziehungen haben der Vereinigung den Vorwurf, islamistisch zu sein, eingebracht. Erklärtes Ziel der Milli Görüs ist es, das laizistische System in der Türkei durch ein gerechtes islamisches zu ersetzen.

Meinungen gehen auseinander, ob es sich bei der Milli Görüs um eine religiöse, eine politische oder um eine Wirtschaftsorganisation handelt. Zu Milli Görüs gehören außer der bereits erwähnten EMUG das Institut für Internationale Pädagogik und Didaktik (IPD) und die Deutschsprachige Islamische Frauengemeinschaft (DIF), das „Institut für Internationale Pädagogik und Didaktik" (IPD), das „Muslimische Sozialwerk", dessen Ausgangspunkt die Betreuung von Ford-Arbeitern in Köln war, sowie das „Islamische Institut zur Erforschung von Wirtschafts- und Sozialordnungen e.V." und die „Islamische Union Europa e.V." (IUE). Letzterer wurde als einziger Gemeinnützigkeit zuerkannt.

Milli Görüs arbeitet auch mit nicht-religiösen Vereinigungen zusammen. Der Verband sitzt zum Beispiel im Vorstand des RTS („Rat der Türkischen Staatsbürger"), der 1996 gegründet wurde. Die IGMT bietet ein breit gefächertes Programm an von Korankursen über Hausaufgabenhilfe, Sprachunterricht und Computerkurse. Großen Wert wird auf die Pflege und Stärkung einer islamisch-türkischen Identität gelegt, die sich bewusst von der als dekadent und unmoralisch bewerteten westlichen Gesellschaft fernhält. Die IGMT spricht sich ausdrücklich gegen Terror und Gewalt aus. Stattdessen will sie ihre Ziele auf legalem Weg erreichen.

Der Kaplan-Verband

Der Kaplan-Verband hat sich als eine prinzipiell gewaltbereite Gruppierung erwiesen. Bei den „Tebligis", „Propagandisten" handelt es sich um eine Splittergruppe, entstanden aus der Trennung von der Milli Görüs, geleitet von dem als „Ayatollah von Köln" bezeichneten und im Mai 1995 verstorbenen Cemaleddin Kaplan. Wegen seiner antilaizistischen Forderungen wurde er als Müfti von Adana 1980 entlassen. Er stand unter starkem Einfluss der iranischen Revolution. Geplant war der Umsturz der derzeitigen Regierung und die Einführung einer islamischen Verfassung.

Eine erneute Spaltung erfolgte 1987 in einen Kaplan- und Polat-Zweig. Insgesamt ist der Einfluss des Verbands schwindend. Er hat nur noch um die 1.100 Anhänger, besitzt aber trotzdem immer noch einen hohen Bekanntheitsgrad.

2. Zentralrat

Der Zentralrat der Muslime in Deutschland (ZMD) wurde am 27. November 1994 gegründet. Er ging aus dem „Islamischen Arbeitskreis Deutschland" hervor. Vorsitzender ist zurzeit der saudische Arzt und Islamwissenschaftler Dr. Nadeem Elyas, Ehrenmitglieder sind Cat Stevens, jetzt Yusuf Islam, Dr. Murad Winfried Hofmann, Axel Ayub Köhler und Fatima Grimm.

Der Zentralrat sieht seine Hauptaufgabe, Dialog- und Ansprechpartner für den deutschen Staat und die deutsche Gesellschaft zu sein. Der Zentralrat vertritt auch eine Reihe von Mitgliedsvereinen, welche den Muslimbrüdern nahestehen. Ebenso hat er Arbeitsgruppen für die Bereiche Umweltschutz, Tierschutz, Medienarbeit, Kindergarten und Religionsunterricht sowie für die Bestimmung des islamischen Festkalenders im „Deutschen Islamwissenschaftlichen Ausschuss der Neumonde des Zentralrats der Muslime in Deutschland".

Der Zenralrat weist darauf hin, dass er multinational ist und mit seinen 18 Dachorganisationen „eine breite Masse der Muslime in Deutschland" vertritt:

⇨ Bundesverband für Islamische Tätigkeiten e.V.
⇨ Deutsche Muslim-Liga Bonn e.V. (DML Bonn)
⇨ Deutsche Muslim-Liga Hamburg e.V. (DML Hamburg)
⇨ Haus des Islams (HDI)
⇨ Islamische Arbeitsgemeinschaft für Sozial- und Erziehungsberufe (IASE)
⇨ Islamische Gemeinschaft deutschsprachiger Muslime
⇨ Freunde des Islam Berlin
⇨ Islamische Gemeinschaft in Deutschland e.V. (IGD)
⇨ Islamische Gemeinschaft in Hamburg (IGH)
⇨ Islamisches Zentrum Aachen e.V. (IZA)
⇨ Islamisches Zentrum Hamburg e.V. (IZH)
⇨ Islamisches Zentrum München e.V. (IZM)
⇨ Muslimische Studentenvereinigung in Deutschland e.V. (MSV)
⇨ Union für in europäischen Ländern arbeitende Muslime e.V. (UELAM)
⇨ Union der Islamisch-Albanischen Zentren in Deutschland (UIAZD)
⇨ Union der Türkisch-Islamischen Kulturvereine (ATIB)
⇨ Union muslimischer Studentenorganisationen in Europa e.V. (UMSO)
⇨ Verband der Islamischen Kulturzentren (VIKZ)
⇨ Vereinigung islamischer Gemeinden der Bosniaken in Deutschland (VIGB)

Das islamische Zentrum Hamburg (IZH)

Das IZH ist das Hauptzentrum der Shiiten in Deutschland, hauptsächlich aus dem Iran, aber auch aus Afghanistan, Pakistan, Irak und Libanon. Das IZH vertritt in seinen Schriften die offizielle iranische Ideologie, aber einige Imame sind auch interreligiös aktiv und arbeiten in der Shura Hamburg mit, einem Zusammenschluss von 48 Verbänden. Ihr Zentralorgan „Al-Fadjr" (die Morgendämmerung) erscheint monatlich.

Türkisch-Islamische Kultur-Vereine ATIB
Die ursprüngliche Bezeichnung „Avrupa Türk Islam Birligi" gilt als überholt. Die drittgrößte türkisch-islamische Gruppierung heißt jetzt Türkisch-Islamische Kulturvereine. Der Dachverband ist TIKDB „ Avrupa Türk Islam Kültür Dernekleri Birligi", die „Union der türkisch-islamischen Kulturvereine in Europa".

Ihr Emblem ist ein von goldenen Sonnenstrahlen umgebener roter Kreis mit einem weißen Halbmond und Stern. Im Zentrum ist eine weiße Moschee abgebildet.

Die ATIB bezeichnet sich selbst als Dachverband von 122 Vereinen mit 11.000 Mitgliedern und beschäftigt sich mit den Problemen der in Deutschland lebenden türkischen Muslime. Sie vertritt eine dialogoffene Einstellung, veranstaltet Ausstellungen, Studienreisen in die Türkei, Volksabende, Theater, Straßenfeste.

Nach ihrer Selbstdarstellung sind sie vor allem tätig in den Bereichen: Koranunterweisung, soziale Hilfeleistungen, Hilfen zur islamischen Lebengestaltung.

Hauptaktivitäten: Deutschkurse für Ausländer, Nähkurse für Frauen, Computerkurse, Türkischunterricht für Deutsche, politische Bildung für Türken.

ATIB kritisiert zwar die ungleiche Behandlung von Türken und Deutschen vor deutschen Gerichten, die Möglichkeit der Abschiebung aus geringfügigem Anlass sowie das fehlende Wahlrecht, sind aber insgesamt aufgeschlossen und dialogbereit.

ADÜFTE
ADÜFTE: „Föderation der türkisch-demokratischen Idealistenvereine in Europa". Ihre Ideologie ist radikal konservativ und nationalistisch. ADÜTDF steht der Nationalen Arbeitspartei nahe und hat ca. 10.000 Mitglieder.

Das „Islamische Zentrum Aachen" steht Saudi-Arabien nahe. In der bedeutenden Moschee treffen sich allem Studenten verschiedenster islamischer Länder.

„Islamisches Zentrum München". Diese Gemeinschaft stellt die zahlenmäßig größte Vereinigung deutscher Muslime dar.

Zentralorgan: „Al-Islam".

Neu gegründet wurde der „Islamische Arbeitskreis". Dabei handelt es sich um einen Zusammenschluss der größten islamischen Gruppierungen. Jede Gruppe ist in diesem Arbeitskreis autonom.

Gemeinsam setzt man sich aber für allgemeine muslimische Probleme (Schächten, Religionsunterricht) ein. Sprecher des Arbeitskreises: Dr. Axel Köhler.

In Hamburg gibt es ein „Bündnis der Islamischen Gemeinden in Norddeutschland."

ANF

Die ANF (Avrupa Nizam-i- Alem Federasyon („Föderation der Weltordnung in Europa") bezeichnet sich auch als „Türkisch-Islamisches Kultur- und Erziehungszentrum Dergah e.V."

ANF besitzt 22 Vereine in Deutschland und weitere mindestens elf in den Niederlanden, in Dänemark, der Schweiz, Belgien, Frankreich und Österreich. Dergah ist die Bezeichnung für ein großes Derwischkloster. Dennoch ist ANF keine Sufi-Organisation. ANF, die mit der nationalistischen türkischen Großen Einheitspartei („Büyük Birlik Partisi") in Verbindung steht, organisiert auch Pilgerfahrten nach Mekka.

DML BONN

Die sehr kleine Deutsche Muslim-Liga (DML) besteht seit 1952 und wurde in das Hamburger Vereinsregister eingetragen. Ihr Gründungsmitglied Scheich Bashir Dultz verließ Hamburg und gründete die „Deutsche Muslim-Liga Bonn". Sie versteht sich als Brücke zwischen Deutschland und der islamischen Welt und den muslimischen Neueinwanderern. Sie will den Menschen helfen, die in ihrem Lebensumfeld Zeugnis für ihren islamischen Glauben ablegen. Die Liga versteht sich außerdem als Vertreterin der Interessen von Muslimen deutscher Staatsangehörigkeit, steht aber Menschen aus aller Welt offen. Scheich Bashir steht als Leiter dem as-Safinah-Orden vor.

DITIB–Türkische Union der Anstalt von Religion

Neben dem Islamrat und dem Zentralrat ist DITIB die dritte Organisation, aber nicht mit den beiden Dachverbänden vergleichbar.

DITIB („Diyanet Isleri Türk-Islam Birligi"): „Türkisch-Islamische Union der Anstalt für Religion e.V." ist eine halbstaatliche Gruppierung, die zunächst in Berlin als Regionalverband gegründet wurde und heute als eigenständiger Verein mit eigener Satzung mit als der wichtigste Ansprechpartner der deutschen offiziellen Stellen gilt. Bei DITIB handelt es sich um einen 1985 gegründeten Ableger der obersten türkischen Religionsbehörde Diyanaet. DITIB wurde vom türkischen Staat gegründet, um eine Alternative zu den in der Zwischenzeit entstandenen antikemalistisch und antilaizistisch eingestellten Gruppen (so Milli Görüs, Islamisches Kulturzentrum) zu bieten. DITIB versteht sich als Dachverband, in dem rund 600 Vereine organisiert sind. Die Organisation verfolgt das Ziel, die gesamte türkische Bevölkerung zu erreichen und zugleich deren Nationalbewusstsein als Bürger des türkischen Staates zu stärken. DITIB ist der einzige Verband, der den laizistischen Staatsislam der Türkei vertritt und daher von den meisten anderen islamischen Organisationen in Deutschland nicht anerkannt wird. Ihre Einstellung ist regierungskonform.

Der Beirat, der auch die Vorstandsmitglieder ernennt, besteht aus fünf Religionsbeauftragten des „Präsidiums für Religionsangelegenheiten" in Ankara, das auch die Imame entsendet, die an deutschen Moscheen als Vorbeter tätig sein dürfen. Rund 400 Imame werden für drei bis vier Jahre vom türkischen Staat nach Deutschland geschickt. DITIB organisiert die jährlichen Wallfahrten nach Mekka und unterhält Ausbildungsstätten für Jugendliche.

DITIB versteht sich als politisch neutral. Da sie jedoch dem türkischen Staat untersteht, ist sie auch von dessen politischen Entwicklungen abhängig.

DITIB veröffentlicht über die in Ankara ansässige „Türkische Stiftung für Religiöse Angelenenheiten" einige Bücher in deutscher Sprache. Der thematische Schwerpunkt liegt auf dem Leben Mohammeds, Koran und Gebet sowie Geboten und Verboten.

Bis vor kurzer Zeit forderte DITIB einen islamischen Religionsunterricht in türkischer Sprache. Inzwischen fordert man diesen Unterricht in deutscher Sprache.

Dem mystischen Islam nahestehende Gruppierungen

Der Islam kennt auch mystische Traditionen, den Sufismus. Der Sufismus verdankt seinen Namen vermutlich dem Wollgewand, das die Mystiker in Anlehnung an die Kleidung christlicher Mönche trugen. Die Anhänger der verschiedenen Tariqa („Orden") heißen auf Persisch Derwische („Arme") bzw. in derselben Bedeutung auf Arabisch Faqire. Sie unterstehen der geistigen Führung eines Pir (pers. „Meister") oder Scheichs (arab. „Meister"). Es ist Aufgabe des Schülers, sich auf eine Verbindung zum Scheich zu konzentrieren, der wiederum mit seinen geistigen Ahnen verbunden ist. Mancher Sufi hat den inneren Aufstieg vom menschlichen zum göttlichen „Ich" als „Wanderung" oder „Reise" der Seele auf dem mystischen Heilspfad gedeutet. Der Murid („Schüler"), „derjenige, der den Willen hat", lässt sich von seinem Lehrer führen. Ziel der meditativen Seelenreise sind Liebe und Erkenntnis Gottes sowie Fana („Entwerden") in Gott. Endgültiges Ziel ist Baqa („Bleiben", „Dauern in Gott"). Von der unsichtbaren Anwesenheit und Leitung der Meditation durch den Scheich wird ausgegangen, in einigen Sufi-Traditionen symbolisiert durch das Ausbreiten eines weiteren Felles in den Sitzkreis. Die Zusammenkünfte beginnen, nach erfolgter ritueller Reinigung, meist mit der Awrad-Lesung. Sie besteht aus Schutzgebeten, Koranversen und anderen Formeln. Eine besondere Rolle spielt die Shahada („Glaubenszeugnis"). Vor allem der erste Teil wird später im Dhikr (eine Form des „Gottgedenkens" in Verbindung von Gebeten und körperlichen Übungen) auch körperlich nachvollzogen. Die äußere Form des Dhikr unterscheidet sich je nach Ordenstradition und ist kulturell unterschiedlich geprägt.

Diese Gruppierungen von Scheichs und ihren Schülern, die Orden, werden in der islamischen Mystik meist nach ihrem Gründer benannt, mit dem die Mitglieder durch eine ununterbrochene Initiationskette verbunden sind. Erste Bruderschaften entstanden im 12./13. Jh. und verbreiteten sich in der ganzen islamischen Welt. Typisch für Bruderschaften sind abgesehen von der Dhikr-Meditation eine bestimmte Kleidung. Neue Bruderschaften entstanden dadurch, dass ein Scheich eine neue Sufipraxis einführte, die dann von seinen Schülern und Enkelschülern fortgesetzt wurde. Es gibt lokal begrenzte Bruderschaften, aber auch einige international verbreitete mit Tausenden von Mitgliedern

Unter den in Deutschland vertretenen sunnitischen Orden sind zu nennen: die Süleymanli, die im Verband Islamischer Kulturzentren (VIKZ) organisiert sind, sowie die Nakshbandiya, die Darqawiya, die Shadhiliya mit dem Safinah-Orden, die Burhaniya, die Cerrahiye (Dscherrachiya), die Mevleviye, die Chistiya und die Rifaliya.

Die Süleymanli

Der Derwisch-Orden der Süleymanci ist ein in den 1930er- Jahren in der Türkei entstandene Abspaltung der Nakshbandiya. Bereits 1973 kümmerten sich „Schüler des Süleyman Efendi" um die religiöse Betreuung von türkischen Gastarbeitern und die Organisation von Korankursen. Schon früh erkannten sie die Notwendigkeit, dass die muslimische Religionsgemeinschaft als Körperschaft des öffentlichen Rechts anerkannt werden müsse. Am 19. Juni 1980 gründeten sie ihre Dachorganisation „Verband Islamischer Kulturzentren" (VIKZ). Sie werden auch „Süleimanlisten" genannt. Dieser religiöse Orden der Süleymanlis ist vor allem als Korankursbewegung in Erscheinung getreten. Auch der „Verband der islamischen Kulturzentren" sah seine hauptsächliche Aufgabe darin, die Kinder der türkischen Arbeitsmigranten im Koranlesen zu unterrichten. Nur ein „innerer Kreis" ist in die mystischen Geheimlehren des Ordens eingewiesen. Als in der Türkei alle Orden von Atatürk verboten wurden, war die Zugehörigkeit zu den Süleymanlis in der Türkei tabuisiert. Mittlerweile bekennen sich selbst angesehene Politiker zu diesem Orden. Auch die anderen Dachorganisationen scheinen diesen Orden allmählich zu respektieren. Der Verband ist zentralistisch organisiert. Die Hauptverwaltung hat ihren Sitz in Köln. Die regionalen Zentren sind jeweils Zweigstellen der Zentrale.

Die Nakshbandiya

Der Orden der Nakshbandiya ist in Deutschland in zwei große Lager gespalten. Der Zweig der Menzilci, der den Ruf besitzt, antichristlich zu sein, unterhält in Deutschland insgesamt 55 Dergah-Vereine mit etwa 750 Mitgliedern (Dergah = größeres Derwischkloster). Seit 1991 untersteht der Orden Mehmet Ildirar. Die Zentrale befindet sich in Castrop-Rauxel und trägt den Namen „FATIH Glaubens- und Kulturzentrum GmbH".

Die zweite Gruppe sammelt sich um den Scheich Nazim Adl al-Haqqani al-Kubrusi. Seine Anhänger, die nicht nur aus Deutschland, sondern auch aus England, der Schweiz und aus Österreich stammen, nennen sich „Yeni Osmanlari" (Neue Osmanen). Die Gruppe, die auch den Dialog mit dem Christentum sucht, eröffnete 1996 in Kall-Sötenich (Nordeifel) die „Osmanische Herberge", die ein Restaurant, Gästezimmer und Tagesräume enthält.

Nurculuk und Fethullahi

Die Nurcu nennen sich seit einiger Zeit in arabisierter Form Djamaat un-Nur („Gemeinschaft des Lichts"). Es handelt sich um eine kleine, missionarisch sehr aktive islamische Organisation aus der Türkei, die etwa 30 Lehrhäuser (Medresen) in Deutschland unterhält. Die Schriften ihres Gründers, des kurdischen Religionsgelehrten Said Nursi (1873–1960), insbesondere sein Risale-Nur („Abhandlung vom [geistigen] Licht"), spielen eine bedeutende Rolle in dieser Bewegung. Nursi deutete den Koran auf dem Hintergrund des modernen Zeitalters neu, trat für eine Symbiose von Wissenschaft und Religion ein. Für die Nähe der Nurculuk-Bewegung zur islamischen Mystik sprechen meditative Andachtsformen sowie die Benutzung eines Evrad („Gebets"-Büchleins) zur täglichen Wiederholung bestimmter Schutzformeln. Die Nurculuk-Bewegung ist kein Orden, und es gibt auch keine Führung durch einen Scheich. Wegen ihrer antisäkularen Bestrebungen hatten sie lange unter Verfolgung in der Türkei zu leiden.

Ihr Vorsitzender ist Rüstem Ülker in Köln. Die Nurculuk ist das zweitgrößte Mitglied des Zenralrats. Zu ihr gehört auch der „Bund moslemischer Pfadfinder Deutschlands", der mit der „Deutschen Pfadfinderschaft Sankt Georg" zusammen tätig ist.

Fethullah Gülen Hoca Efendi hat sich um eine moderne Deutung der Schriften Said Nursis bemüht und so als Reformer einen Namen gemacht. Er gilt als islamisch-konservativ, demokratisch gemäßigt und dennoch dialogorientiert. In Deutschland gibt es rund 70 Bildungseinrichtungen, die ihm nahestehen. Das bekannteste ist das „Zühre-Bildungszentrum" in Düsseldorf, das offiziell „Türkisch Deutscher Sozialdienst und Bildungsverein e.V." heißt.

Mevleviye

Die Mevleviye ist ein geistig hochstehender Orden, der dem bekannten Sufi-Mystiker Djalal ad-Din Rumi nahesteht. Bei uns in Deutschland vertreten ist dieser Orden in dem Derwisch-Konvent Trebbus. Der Ordenscheich Abdullah Dornbrach nahm mit 19 Jahren den Islam an und begab sich anschließend in die Lehre des Nakshbandischeichs Zekkeriya in die Türkei. Dann wurde er nach dem Ende seiner Lehrzeit von seinem Scheich an andere Orden verwiesen, um sein Wissen zu vertiefen. Nach 16 Jahren in verschiedenen Derwischklöstern erhielt er von fünf verschiedenen Orden die Lehrerlaubnis. Die Ordensgemeinschaft ist zu einem festen Bestandteil der Ortsgemeinde Trebbus geworden.

Einige Orden, wie z.B. die von Scheich Bashir Dultz geleitete „Tariqa as-Safinah" und die Burhaniya (beide Abkömmlinge der nordafrikanischen Shadhiliya) sind auch Christen gegenüber offen, obwohl diese nicht zum inneren Kreis des Ordens gehören dürfen.

Literatur: HdR–Ursula Spuler-Stegemann: Muslime in Deutschland, Freiburg i.Br. 1998 – Mathias Rohe: Der Islam – Alltagskonflikt und Lösungen. Rechtliche Perspektiven, Freiburg i.Br. 2001, S. 87ff.

Aleviten

Die Aleviten führen sich auf die Zeit der Entstehung des Islam zurück. Sie sind in Anatolien und Balkanländern verbreitet. Ihr Name leitet sich von Ali (gest. 661) ab, dem Schwiegersohn Muhammads. Neben Gott und Ali verehren sie die zwölf Imame, d.h. die Prophetenfamilie. Zusätzlich zum Koran spielt die Schrift, der Buyruk (türk. „Das Gebot"), eine Rolle. Von den fünf Säulen beachten sie vor allem das „Glaubenszeugnis". Das fünfmalige Pflichtgebet kennen sie in der üblichen islamischen Form nicht. Zum Ritus gehören Musik und ritueller Semah-Tanz. Aleviten fasten 12 Tage während des Trauermonats Muharram. Die Wallfahrt ist für sie kein religiöses Gebot. Jährlich finden mehrere Cems („Versammlungen") statt, an denen Männer und Frauen gleichberechtigt teilnehmen. Die religiöse Leitung liegt traditionell in den Händen der Dedes: Nachfahren Alis, welche die wahre Lehre vertreten. Aleviten essen auch das Fleisch nicht-rituell geschlachteter Tiere. Die Frauen kleiden sich weniger streng als ihre türkisch-sunnitischen Geschlechtsgenossinnen, tragen keine Kopftücher. Gleichberechtigung aller Menschen, von Mann und Frau sowie der Glaubensgemeinschaften, Solidarität mit den Armen, Kampf gegen Unrecht und Unterdrückung sind ethische Hauptwerte der Aleviten.

Die in der Türkei traditionell zwischen Sunniten und Aleviten bestehenden Spannungen bestehen auch in Deutschland. Etwa 20-25% der türkischen Bevölkerung sind Aleviten, ca. 20% von ihnen Kurden. In Deutschland wird die Zahl der Aleviten auf ca. eine halbe Million geschätzt (entspricht ca. 30% der Türken). Die Aleviten sind überwiegend in 95 (Stand 2002) alevitischen Gemeinden (Alevi Kültür Merkezi) organisiert, welche die „Föderation der Aleviten Gemeinden in Deutschland" (Almania Alevi Birlikeri Federasyonu) bilden.

Ausblick

Trotz Islamismus bleibt Dialog wichtig. Gerade die Religionen besitzen eine besondere Autorität, Leben, Freiheit und Würde des Menschen zu postulieren und religiös ethisch zu begründen. Viele Christen und Muslime teilen die Überzeugung von der Gleichheit und Würde aller Menschen. Liebe, Barmherzigkeit und Gerechtigkeit haben nach ihrer Überzeugung letztlich größere Macht als Hass, Feindschaft und Eigeninteressen. Beide Religionen vereint ein Gefühl der Verpflichtung, an der Seite der Armen und Bedrückten zu stehen, gegen die Reichen und Ausbeuter.

Frieden gilt also beiden als erstrebenswert, wenn auch die Voraussetzungen unterschiedlich sind.

Trotz dieses Friedenswunsches bleiben Konflikte und gewaltsame Auseinandersetzungen an der Tagesordnung.

Konflikte eskalieren sogar dadurch, dass die religiöse Argumentation ins Spiel kommt.

Dabei gehen die Ansichten auseinander, ob die Religionen selbst die Ursache des Konflikts darstellen. Säkular eingestellte Betrachter neigen zu der Auffassung, dass die eigentliche Ursache der Konflikte ein Kollidieren wirtschaftlicher und politischer Interessen sei. Andere eher fundamentalistisch eingestellte Betrachter sehen eine Ursache in der Unvereinbarkeit von Religionen und Werten, einem Kampf der Kulturen.

Zugegebenermaßen wird bei religiöser Rechtfertigung eines Konflikts gern auf Anspielungen aus der jeweiligen Religionsgeschichte zurückgegriffen, und damit werden heftigste Leidenschaften freigesetzt. Das liegt nicht nur daran, dass Religion zentral für die sinnstiftende Funktion des Menschen sein kann und es bei religiösen Menschen tiefe Beunruhigung hervorruft, wenn alles das, was durch ihre religiösen Überzeugungen Sinn erhielt, nun in seiner Existenz bedroht scheint.

Die Religionswissenschaftler Richard Friedli und Christian Jäggi haben in einer Studie nachgewiesen, dass gerade strenggläubige Christen militanter und gewaltbereiter als weniger fromme Christen sind (Ausnahmen besonders friedliche Gruppierungen wie Quäker und Mennoniten). Personen mit autoritärer Einstellung sind nationalistischer und gewaltbereiter eingestellt. Konservativismus geht nicht selten eine enge Verbindung zu Ethnozentrismus ein. Eine streng religiöse Gesinnung steht oft auch in Zusammenhang mit streng richtenden Einstellungen gegenüber Verbrechern, Sträflingen, Prostituierten, Homosexuellen und lehnt Amnestie und Versöhnung ab.

Damit es zur Gewalt kommt, muss die Bedrohung für die kommunale Identität einer Gruppe eine bestimmte Schwelle überschreiten. Demagogen erfüllen dann die Aufgabe, einerseits das Verfolgungspotenzial zu aktivieren und andererseits die Verfolgungsangst zu steigern. Durch die Spirale von Drohung und Gegendrohung wird die Verfolgungsangst geschürt, bis es zur Eskalation von Gewalt kommt. Religion kann dann dem Konflikt zwischen Gruppen größere emotionale Intensität und Triebkraft verleihen, als es Sprache, Nation und andere Kennzeichen ethnischer Identität zu tun vermögen.

Viele Großreiche wurden und werden durch ein ausgeklügeltes System von Unterdrückung und Toleranz zusammengehalten. Brechen diese Strukturen auseinander, kommt es zu Spannung und Konflikten, wenn die einzelnen Teile dieses Reiches sich bei der Unabhängigkeit auf ihre eigene kulturelle und religiöse Identität besinnen, so etwa in der ehemaligen Sowjetunion.

Das bedeutet: Angeblich religiöse Konflikte werden oft von ethnischen Konflikten überlagert.

Zwar geht es in der Religion um die Liebe Gottes, die Liebe zu den Mitmenschen, um Mitgefühl mit Unterdrückten, um das Streben nach Frieden. Und dennoch wird Gewalt ausgeübt, um diese Ziele durchzusetzen.

Was kann man daher tun, dass Religionen sich stärker auf ihr friedensstiftendes Potenzial als auf ihre gewaltfördernden Aspekte besinnen?

1. Eine noch stärkere Besinnung auf die Gemeinsamkeiten in den einzelnen Traditionen ist nötig. Religionen definieren sich mehr nach dem, was sie trennt, als durch das, was sie eint. Die Gläubigen wissen auch oft nur das, was bei den anderen anders ist.

2. Bei dem heutigen Wiedererwachen der religiösen Identität handelt es sich oft um ein Erstarken kultureller und nationaler Identitäten. Hier werden die Konflikte nicht selten dadurch geschürt, dass eine ethnische Mehrheit eine Minderheit im Namen der Religion unterdrückt und die Religion so missbraucht. Sind die Vertreter

von Religionen nicht gleichberechtigte Partner im Dialog, ziehen sie sich zwangsläufig in eine aggressive Defensivhaltung zurück. Manche Gläubige fühlen sich von den Kräften der Modernisierung und Globalisierung ohnehin schon in ihrer Identität bedroht. Daher reagieren gerade diejenigen unsicher und aggressiv, die sich schwach und in der Defensive fühlen.

Wenn aber politische Voraussetzungen dafür geschaffen werden, dass sich Religionen als gleichberechtigte Partner im Dialog gegenüberstehen, kann diese Angst und damit die Aggression abgebaut werden.

3. Religionen würden einander näher kommen und damit mehr Friedenspotenzial entwickeln, wenn Religionsmissbrauch nicht nur in der fremden, sondern auch in der eigenen Tradition nachgewiesen und verurteilt wird. Gerade hier haben wir es oft mit einer doppelten Moral zu tun. Wir sind schnell bereit, die Gewaltbereitschaft bestimmter islamischer Gruppen und ihren Religionsmissbrauch anzuprangern, und dies sicher oft zu Recht. Aber wird dabei nicht die Gewaltbereitschaft fundamentalistisch eingestellter Angehöriger anderer Religionen vergleichsweise weit weniger erwähnt?

4. Religionen sollten ihren Wahrheitsanspruch nicht exklusiv definieren. Nur weil für mich die eigene Religion die subjektiv beste ist, muss sie es nicht objektiv für die ganze Menschheit sein. Dann kann ich den anderen in seinem religiösen Glauben ernst nehmen und achten, ohne meine eigene Glaubensüberzeugung preiszugeben. Das bedeutet im optimalen Fall auch, die Vorbilder und Helden der anderen Tradition zu würdigen und ernst zu nehmen.

Literatur: R. Friedli/ U. Jäggi: Der Einfluss spiritueller/ religiöser Erfahrungen in Konfliktsituationen. In: J. Lähnemann (Hg.): Weltreligionen und Friedenserziehung, Wege zur Toleranz, Hauling 1989, S.178–189. – M. und U. Tworuschka: Der Koran und seine umstrittenen Aussagen, Düsseldorf 2002.

ANHANG

Einige wichtige Denker und Reformer des 19. Jahrhunderts

1. Rifaa Rafi at-Tahtawi (1801–1873)

At-Tahtawi war ein ägyptischer Gelehrter, Schriftsteller und Aufklärer, der von 1826–31 als Imam der ägyptischen Studienmission in Paris fungierte und später eine Schrift über seine Reiseeindrücke veröffentlichte. Er setzte sich u.a. mit der französischen Revolution und der Verfassung von 1830 auseinander und beschrieb Sitten und Gebräuche seines Gastlandes.

At-Tahtawi stand in Diensten des Vizekönigs Ismail (1863–1879), schrieb seine Werke also in einer Phase der Europabegeisterung. Für at-Tahtawi waren Mohammed Ali und der Khedive Ismail wohlwollende Herrscher, ohne deren Führung Ägypten nicht den Anschluss an den Fortschritt gefunden hätte. Sie hätten Ägypten aus seiner Isolation befreit, an Europa angebunden und so von der Unwissenheit geheilt und eine moderne Entwicklung ermöglicht. Tahtawi stellte Überlegungen vor, die von späteren Denkern weiterentwickelt wurden. Für ihn war der Wandel ein Grundprinzip der Gesellschaft und der Herrscher mitverantwortlich für diesen Wandel. Die Sharia sollte entsprechend den Erfordernissen der Zeit neu ausgelegt werden und der Herrscher sich mit den Vertretern der Wissenschaften zum Beispiel auf den Gebieten Landwirtschaft, Industrie und Medizin beraten. Das Allgemeinwohl sollte durch eine gute Ausbildung und wirtschaftlichen Fortschritt verwirklicht werden. Der Regent darf absolut regieren, aber er muss das Gesetz respektieren. Die Bürger müssen dem Herrscher als Repräsentanten Gottes gehorchen. Dieser ist wiederum Gott verpflichtet. Die Gesellschaft soll einerseits den Willen Gottes verwirklichen und andererseits den Wohlstand in dieser Welt sichern. Wohlstand ist für ihn mit der Idee des Fortschritts verbunden, zum Beispiel auf den Gebieten Landwirtschaft und Erziehung. Ein neuer Begriff bei at-Tahtawi ist „hubb al-watan" (Vaterlandsliebe), die das Hauptmotiv für den Aufbau einer zivilisierten Gesellschaft darstellt. At-Tahtawis „hubb al-watan" weist Parallelen zu Ibn Khalduns asabiyja im Sinne eines Solidaritätsbandes der Gesellschaft auf, bezieht aber die aktive Rolle des Bürgers mit ein. At-Tahtawi lebte in einer günstigen Zeitspanne, in der die Beziehungen zwischen der islamischen und westlichen Welt noch nicht entscheidend durch den Kolonialismus und spätere politische Spannungen belastet waren. Selbst die Besetzung Algeriens durch Frankreich sah er nicht kritisch, weil Europa für ihn Wissenschaft und technischen Fortschritt repräsentierte. Wenn er auch die politische Gefahr unterschätzte, so hatte er doch gewisse moralische Einwände gegen den Westen, weil in Frankreich nur an die Vernunft geglaubt würde. Europäer, die wissenschaftliche Erkenntnisse vermitteln, sind für ihn daher als „Entwicklungshelfer" willkommen, solange sie die religiösen Grundlagen und die Sharia nicht antasten. In gewisser Weise sei diese Übernahme ein später Ausgleich für die Errungenschaften, welche die Europäer von den Arabern früher übernommen hätten. Eine sehr aufgeschlossene Einstellung zeigte er gegenüber Juden und Christen, denen als Schutzbefohlene umfassende religiöse Freiheit gewährt werden und deren Gesellschaft man suchen sollte.

Nach seiner Rückkehr aus Paris gründete er 1836 eine erfolgreiche Übersetzerschule, die allerdings 1851 geschlossen wurde. Wegen aufrührerischer Tätigkeit musste at-Tahtawi in den Sudan fliehen, wo er Direktor der ersten sudanesischen Schule wurde. Nach der Rückkehr nach Ägypten war er als Übersetzer und Schriftsteller tätig, hatte aber auch einige staatliche Ämter inne. At-Tahtawi setzte sich für die Einführung eines Parlaments, kulturelle Emanzipation, ein umfassendes Bildungswesen, Gleichberechtigung der Frau und Schaffung einer modernen Industrie ein. Seine Hauptwerke sind: „Reisetagebuch über den Aufenthalt in Paris" (mit einer Übersetzung der französischen Verfassung von 1814), „Programm der ägyptischen Herzen für die Freuden der zeitgenössischen Bildung" (1869), „Treuer Ratgeber für die Erziehung der Jungen und Mädchen" (1872).

2. Khair ad-Din (1810–1889)

Khair ad-Din, der seine Jugend in Istanbul verbracht hatte, trat später in den Dienst des Beys von Tunis. 1852 wurde er vom Bey nach Paris geschickt, wo er vier Jahre blieb. Khair ad-Din war sechs Jahre Marineminister seines Landes und Mitglied einer Kommission, die 1860 eine Verfassung entwerfen sollte. Der Bey sandte ihn 1859 nach Istanbul, um seine Einsetzung bestätigen zu lassen. Darüber hinaus erhielt er den geheimen Auftrag, angesichts des wachsenden französischen Einflusses die Anerkennung Tunis als autonomen Teil des Osmanischen Reichs durchzusetzen. Ebenso sollte das Erbrecht der Familie Husaynid auf das Amt des Beys anerkannt werden. Die Mission scheiterte, weil der Sultan die Franzosen nicht verärgern wollte. Während der nächsten

20 Jahre versuchte Khair ad-Din, den französischen und osmanischen Einfluss in Balance zu halten. 1867 schrieb er seine These über die Regierung. Vier Jahre später wurde er Premierminister und verwirklichte in dieser Zeit viele Reformen auf dem Gebiet der Verwaltung, religiösen Stiftungen und Gerichtshöfe. Nachdem seine politische Karriere in Tunis beendet war, ging er nach Konstantinopel, wo er Einfluss bei Abdülhamid II gewann und 1878 Großwesir wurde.

In seinem Werk „Der geradeste Weg, um die Bedingungen des Staates zu kennen" untersucht er die Ursachen der Stärken und Schwächen des sozialen Gemeinwesens. Er wollte Institutionen und Ideen von Europa übernehmen und die orthodoxen Muslime davon überzeugen, dass dies nicht im Widerspruch zur Sharia stünde. Die Macht des Herrschers sollte durch die Sharia und Beratung begrenzt sein. Die islamische Umma war für ihn so lange stark, als die Sharia geachtet wurde. Nach einer Hochblüte kam es zum Niedergang und dann zu einer Wiederherstellung bei den frühen Osmanen, bis es zu einem erneuten Zerfall kam. Die Umma kann nur zu ihrer Stärke zurückfinden, wenn erkannt wird, wo die Stärke und der Erfolg Europas liegen. Dabei kommt den Gelehrten, den Ulama, eine besondere Rolle zu, die sich mit den Staatsmännern beraten sollen. Sowohl für at-Tahtawi als auch für Khair ad-Din bestand das Hauptanliegen darin, Anschluss an die moderne westliche Welt zu finden und gleichzeitig Muslime zu bleiben.

3. Ahmad Khan (1817–1898)

Zu den unkritischen Bewunderern Europas gehörte der 1817 in Delhi geborene indische Denker Ahmad Khan. Er war lange Zeit als Richter an einem islamischen Gerichtshof tätig und schrieb Abhandlungen über islamische Religion und Geschichte.

Wie auch in anderen Teilen der islamischen Welt kam es in Indien zu antieuropäischen Aktionen, obwohl es christlichen Missionaren in diesem Land seit 1813 gestattet war, öffentlich zu predigen und der Disput zwischen muslimischen und christlichen Gelehrten in der Moghul-Stadt Agra 1854 große Berühmtheit erlangte. Denn die Spannungen zwischen den britischen Kolonisten und der lokalen Industrie nahmen infolge der repressiven Steuerpolitik zu. Die East India Company annektierte zahlreiche indische Fürstentümer, wie auch Awadh mit der Hauptstadt Lukhnow. Daraufhin erhoben sich in der Stadt Meerut drei Regimenter gegen die britische Oberhoheit. Die drakonischen Strafmaßnahmen, mit denen die Engländer den Aufstand von 1857 niederschlugen, machten tiefen Eindruck auf Ahmad Khan. Er bemühte sich, die Beziehungen zwischen Briten und indischen Muslimen zu verbessern. Khan verfasste mehrere Schriften, um die Engländer davon zu überzeugen, dass der Aufstand nicht alleinige Schuld der Muslime war. Gleichzeitig wollte er seinen Glaubensbrüdern klar machen, dass der Islam keinen Krieg gegen die britischen Nichtmuslime zur Pflicht mache. Zu diesem Zweck interpretierte er den Begriff Djihad neu. Für ihn sind die Gläubigen nicht zum Djihad verpflichtet, wenn Nichtmuslime islamisches Gebiet besetzen, sondern nur, wenn sie an der Ausübung ihrer religiösen Pflichten gehindert werden. Indirekt vertrat er damit die Trennung von Religion und Politik. Den Rebellen gelang es, kurzfristig Bahadur I als sah von Hindustan einzusetzen; aber die moderne Ausrüstung der Kolonialtruppen verhinderte einen Sieg. Nach der Auflösung der East India Company wurde Indien 1858 als britisches Vizekönigreich direkt der Krone unterstellt.

Dies tat Ahmads Khan positiver Einstellung keinen Abbruch. Vor allem wollte er den Islam jedoch gegen die Angriffe der westlichen Kritiker verteidigen und andererseits zu einer akzeptablen Religion für Muslime mit europäischer Bildung machen. Der Islam war für ihn eine natürliche rationale Religion. Einen Widerspruch zwischen Koran und Naturgesetzen schloss er aus. 1869 reiste er nach England, wo er zum unkritischen Bewunderer der Kolonialherren Indiens wurde. Wegen seiner Verdienste um das Empire erhob man ihn in den Adelsstand. Wieder nach Indien zurückgekehrt, gründete er 1878 nach dem Vorbild der Universitäten Oxford und Cambridge das Mohammedan Anglo-Oriental College in Aligarh. Ahmad Khan wurde trotz seiner reformerischen Ideen aufgrund seiner britenfreundlichen Einstellung von muslimischer Seite oft kritisch gesehen.

4. Djamal ad-Din al-Afghani (l839–1897)

Der islamische Gelehrte, Publizist und Politiker al-Afghani stammte aus Assadabad bei Kabul. Al-Afghani hatte seinen Geburtsort wohl deshalb verheimlicht, weil dieser seine shiitische Herkunft verraten und seinen Einfluss in sunnitischen Ländern beeinträchtigt hätte. Sein bewegtes Leben führte ihn nach Indien, den Hedjaz, Irak und Afghanistan und schließlich 1871 nach Kairo. 1857 pilgerte er nach Mekka. 1871–79 lehrte er an der al-Azhar in Kairo, wo er in scharfem Konflikt zu den konservativen muslimischen Kreisen geriet, was zu seiner Ausweisung aus Ägypten führte. Seine Opposition sowohl gegen den europäischen

Kolonialismus als auch gegen tyrannische und feudale Strukturen des Osmanischen Reiches sowie gegen konservative theologische Kreise zwangen ihn, seinen Aufenthaltsort oft zu wechseln, so dass er zeitweilig in Indien, Afghanistan, der Türkei, Ägypten und Europa lebte. Al-Afghani begründete den Gedanken eines Reformislams und der Vereinigung der islamischen Völker durch die Beilegung von Meinungsverschiedenheiten zwischen Sunniten und Shiiten. Seine Ideen veröffentlichte er u.a. in seiner Schrift „Widerlegung der Materialisten" (1881). Seine freisinnige Deutung des Islam war von der Idee einer Erneuerung der islamischen Staaten unter gleichzeitiger Wahrung der eigenen religiösen und kulturellen Identität beseelt. Obwohl er westlichem Gedankengut relativ offen gegenüberstand, ging er davon aus, dass die islamische Religion selbst alles Wesentliche zur Erneuerung enthielt. Zu seinen Lebzeiten der Kritik orthodoxer islamischer Theologen ausgesetzt, gilt er heute als einer der bedeutendsten Denker des Islam im 19. Jahrhundert.

Der zunehmende britische Einfluss während der Regierungszeit des Khediven Taufiq (1879–1892) hatte seine antikolonialistische Einstellung noch verstärkt. Nachdem ihn sein öffentliches Auftreten ins Exil nach Paris verbannte, gab er dort zusammen mit Mohammed Abduh die Zeitschrift „al-urwa al-wutqa" (Das feste Band) heraus – ein Begriff, der koranischen Ursprungs ist. Diese Zeitschrift wurde in Ägypten wegen ihrer panislamischen und antibritischen Tendenzen verboten. 1889 reiste er auf Einladung von Schah Nasir ad Din in den Iran, wo er, ähnlich wie zuvor in Ägypten – junge Intellektuelle um sich sammelte. Mit diesen tauschte er nicht nur reformerische Ideen aus, sondern plante sogar den Umsturz der Regierung. Um abermaliger Verbannung zu entgehen, suchte er in dem Heiligtum Shahzadah Abd al-Azim südlich von Teheran Zuflucht, bis er 1891 verhaftet und in den Irak deportiert wurde. Von dort und später von London aus setzte er seine oppositionellen Aktivitäten fort. Die vom Schah einem britischen Unternehmen gewährte Tabakkonzession war zum Symbol ausländischer Einmischung geworden und hatte zu Protesten geführt, an denen auch al-Afghani beteiligt war. Als al-Afghani von Abdülhamid I nach Istanbul eingeladen wurde, hoffte der vielgereiste politische Taktiker, den Sultan zu einer panislamischen Außenpolitik bewegen zu können. Dies gelang ihm jedoch nicht, und er lebte bis zu seinem Tod 1897 zu politischer Untätigkeit verdammt in Istanbul. Al-Afghanis Hauptanliegen war eine starke geeinte islamische Welt, die in der Lage war, dem europäischen Kolonialismus dauerhaft Widerstand zu leisten. Die gefährlichste Kolonialmacht war für al-Afghani England; denn die Briten verfügten abgesehen von militärischen Angriffsmöglichkeiten über subtilere Methoden der Einflussnahme. Sie säten Zwietracht unter anderen Völkern, schickten Missionare, verbreiteten Materialismus und schwächten auf diese Weise die Widerstandskraft des Gegners. Als Ursache der Stärke Europas betrachtete er Aktivität, Unternehmergeist und Rationalismus. Den von ihm vorgefundenen Islam sah er von Aberglauben und mittelalterlichen Vorstellungen entstellt. Der wahre Islam hingegen sei eine vernunftbetonte Religion, die der Wissenschaft und Technik gegenüber aufgeschlossen sei. Der dem Islam vorgeworfene Fatalismus habe nichts mit seinem wahren Wesen zu tun.

5. Mohammed Abduh (1849–1905)

Der ägyptische Theologe Abduh – aufgewachsen in einer bäuerlichen Familie – besuchte die Schule in Tanta und dann die al-Azhar-Universität in Kairo, wo er unter den Einfluss des berühmten Reformers al-Afghani geriet. Abduh wurde 1882 Chefredakteur der regierungsoffiziellen Zeitung „al-Waqai al-Misriya".

Da der Islam eine rationale Religion sei, könnte er auch die Grundlage einer modernen Gesellschaft bilden. Abduh, der an der al-Azhar-Universität studiert hatte und später selber an ihr als Lehrer tätig war, war aufgrund seiner Kritik an der ägyptischen Politik im Zusammenhang mit dem Urabi-Aufstand in Ungnade gefallen und des Landes verwiesen worden. Obwohl ihm 1888 nach seiner Rückkehr nach Ägypten die Lehrerlaubnis aus Angst, er könnte Studenten aufwiegeln, nicht zurückgegeben wurde, erhielt er 1899 das höchste religiöse Amt, das des Mufti von Ägypten. Er widmete sich der geistigen Erneuerung des Islams, der Reform des Bildungswesens und der Sharia-Gerichtshöfe. Eines seiner Hauptanliegen bestand darin, die wahren Vorschriften des Islams wiederzuentdecken und sie von den Fehlinterpretationen der Jahrhunderte zu reinigen. Dieser wahre Islam sollte die Muslime einigen und zur Auseinandersetzung mit der westlichen Zivilisation stärken. Dabei bemühte er sich um einen Mittelweg zwischen der unkritischen Übernahme alles Europäischen und dem vorbehaltlosen Glauben an die eigene Überlieferung. Er erstrebte einen Ausgleich zwischen Wissenschaft und Religion. Der Koran fordere – so Abduh – zum Gebrauch der Vernunft auf. Der Mensch könne durch den Gebrauch des Verstandes die Existenz Gottes und die Notwendigkeit von Propheten nachweisen. Dies befähige

ihn auch, solche Inhalte anzuerkennen, die über die Vernunft hinausge-
hen.

Obwohl auch er ein entschiedener Gegner der Despotie und des Fremd-
einflusses war, wirkte er nicht in gleicher Weise politisch wie Afghani.
Auch setzte er sich für eine liberale Neuinterpretation des Islam ein.
Nach seiner Ansicht stand der Islam nicht im Widerspruch zur modernen Wissenschaft. Daher bemühte sich Abduh um eine vorsichtige Annäherung beider Bereiche. Sein wichtigstes Werk ist die Risalat at-
Tauhid (Abhandlung von der Einheit arab. 1897, franz. 1962, engl.
1966).

6. Abd ar-Rahman al-Kawakibi (1849–1903)

Al-Kawakibi stammte aus einer syrischen Familie in Aleppo. Seine
Grundansichten glichen in vieler Hinsicht denen der Reformer Afghani
und Abduh. Abweichend von ihnen entwickelten sich seine Gedanken
jedoch in Richtung eines arabischen Nationalismus, obwohl er immer
ein gläubiger Muslim blieb und die Einheit der islamischen Welt nicht in
Frage stellte. Eines seiner Ziele bestand darin, die religiöse Autorität
von den Türken auf die Araber zu übertragen. Die politische Herrschaft
der Osmanen wollte er zwar nicht stürzen, aber er übte scharfe Kritik an
der damals üblichen blinden Nachahmung in theologischen und rechtlichen Fragen. Wahrer Islam bestand für ihn in politischer Freiheit und der
Gleichheit zwischen Herrschern und Beherrschten.

Einige wichtige Denker des 20. Jahrhunderts

1. Rashid Rida (1896–1935)

Der islamische Gelehrte aus dem Libanon, Rashid Rida, gehörte zum
Kreis der Reformer um Mohammed Abduh und gründete 1897 in Kairo
die wichtige Zeitschrift al-Manar (Der Leuchtturm). In seinem Werk beschäftigte er sich mit verschiedenen Fragen der islamischen Gesellschaft. In den zwanziger Jahren trat er dann entschieden für die Wiedereinführung des Kalifats nach seiner Abschaffung durch Kemal
Atatürk ein.

2. Mohammed Iqbal (1873–1938)

Mohammed Iqbal wurde in Kaschmir geboren und bereiste ebenfalls
lange und häufig Europa, wo er sich vor allem mit westlichen philoso-

phischen Richtungen beschäftigte. Er setzte sich für die Rückkehr zu einem demokratischen und sozialen Urislam ein, war aber auch gleichzeitig gegenüber liberalen Ideen aufgeschlossen. Angeregt von Nietzsche war sein Ideal eine Art Übermensch, der an einem neuen Staatsaufbau mitwirken sollte. Ein islamischer Staat nach Iqbals Vorstellungen sollte nicht eng mit nationalen oder rassischen Ideen verbunden sein, sondern bei gleichzeitiger Achtung islamischer Gebote, ausgehend vom Prinzip der Humanität und Demokratie, auch Toleranz gegenüber Nichtmuslimen wahren.

3. Michel Aflaq (1912–1989)

Aflaq stammte aus einer griechisch-orthodoxen syrischen Händlerfamilie und verbrachte große Teile seiner Studienzeit (Literatur und Philosophie) in Paris. Zusammen mit seinem Freund Salah ad-Din Bitar gründete er die Baathpartei, deren Ideologie sowohl nationalistisches als auch sozialistisches Gedankengut enthält. Im Jahre 1963 kam die Baathpartei in Syrien durch einen Militärputsch an die Macht. Drei Jahre später entstanden innerparteiliche Auseinandersetzungen. Aflaq und Bitar wurden ins Exil geschickt, während in Syrien und dem Irak zwei Zweige der Neo-Baath an die Macht gelangten. Aflaqs wichtigstes Werk ist „Fi sabil al-Baath" (Auf deine Wege zur Erneuerung, 1953).

4. Djamal ad-Din, Abd al-Nasir (Nasser) (1918–1970)

Nasser wurde als ältester Sohn eines Postbeamten in Oberägypten geboren und nahm ebenso wie Sadat schon während seiner Studentenzeit an antibritischen Aktivitäten teil. Im Jahre 1952 stürzte er mit den von ihm mitbegründeten „Freien Offizieren" die ägyptische Monarchie und wurde zwei Jahre später Präsident der ägyptischen Republik. Während seiner Regierungszeit zeigte er sich als Verfechter des arabischen Nationalismus und Anhänger der Blockfreiheit, obwohl er sich auch zeitweilig dem Ostblock annäherte. Er gilt heute im Bewusstsein vieler als einer der größten arabischen Staatsmänner.

5. Sayyid Qutb (1906–1966)

Sayyid Qutb war ein ägyptischer Publizist und führender Ideologe der Muslimbrüder. Nach seiner Promotion über das Erziehungswesen (1933) war er Schulinspektor und Erziehungsminister. 1952 wurde er Leiter der Propagandaabteilung der Muslimbrüder. Nach neun Jahren Arbeitslager wurde er 1965 erneut verhaftet, zum Tode verurteilt und hingerichtet.

Seine Werke „Soziale Gerechtigkeit im Islam" und „Islam im Schatten"
sind bis heute sehr verbreitet.

6. Ruhollah Khomeini (1902–1989)

Der bei uns eher als umstrittener Führer der islamischen Revolution im
Iran bekannte Khomeini erhielt eine traditionelle shiitisch-religiöse Er-
ziehung und erwarb sich aufgrund seiner zahlreichen Schriften einen
Namen als Experte religiöser Fragen. Seine Opposition gegen das
Schahregime, die bereits in die Regierungszeit des Vaters des letzten
Schahs zurückreicht, galt später insbesondere der Weißen Revolution
1963, die er als prowestlich und antiiranisch begriff. Zu einem endgültigen Bruch mit dem Regime kam es bei der Unterzeichnung des Abkom-
mens, das US-Bürgern Immunität vor iranischen Gerichten garantierte.
Khomeini musste den Iran verlassen und lebte mehrere Jahre im Ausland, bis er 1979 als Führer der Islamischen Revolution das Schahregime stürzte. In seinen Werken beschäftigte er sich vor allem mit der
Frage nach der geeignetsten islamischen Regierungsform bis zur Ankunft des Mahdi, mit der er die Forderung verknüpfte, dass das Staatsoberhaupt sich in religiösen Fragen auskennen und Gerechtigkeit walten
lassen müsse. Die Kontrolle über die Rechtmäßigkeit einer solchen Regierung liegt bei den Theologen. Seine radikale islamische Staatsauf-
fassung beeinflusste auch die Shiiten in anderen islamischen Ländern.
Ins Kreuzfeuer der Kritik geriet er u.a. wegen seines Todesurteils gegen
den Autor der „Satanischen Verse", Salman Rushdie.

7. Ali Shariati (1933–1977)

Shariati war ein bedeutender iranischer Philosoph, Vordenker der islamischen Revolution. Der als Sohn eines Theologen in Mazinan geborene
Gelehrte war von außergewöhnlich großer Wirkung auf das iranische
Volk, mobilisierte die junge iranische Generation für die Revolution gegen den Schah. Er vertrat aber eine undogmatische Position. Bei seinem Vater, einem bekannten Gelehrten und Mitbegründer des „Zentrums
für die Verbreitung der islamischen Botschaft" in Mashhad, erwarb Shariati früh Kenntnisse in islamischer Religion und arabischer Sprache.
Neben Arbeit und Studium entwickelte Shariati bald erstaunliche Fähig-
keiten als Redner, wurde politisch aktiv. Eines seiner ersten religiösen
Vorbilder war der Prophetengefährte Abu Dharr, dessen Biografie er
übersetzte. Für Shariati ist Abu Dharr Inbegriff eines sozial engagierten
Wahrheitssuchers. Nach dem Sturz der Mossadeq-Regierung trat

Shariati in die nationale Widerstandsbewegung ein, wurde 1958 verhaftet, verbrachte acht Monate im Gefängnis. Nach seiner Entlassung beendete er sein Studium an der Universität Maschhad. Ein Auslandsstipendium ermöglichte es ihm, seine Studien 1959 in Frankreich fortzusetzen. Während seiner Zeit an der Pariser Sorbonne, in der er auch Kontakte zu Führern des algerischen Widerstands pflegte und Frantz Fanons berühmtes Buch „Die Verdammten der Erde" (1961, deutsch 1966) in das Persische übersetzte, hatte er Kontakt zu Widerstandsgruppen gegen das Schah-Regime. Nach seiner Rückkehr in den Iran (1965) wurde er verhaftet, jedoch unter dem Druck seiner ausländischen Freunde wieder freigelassen. Das Kultusministerium verschaffte ihm eine Stelle als Landschullehrer, um ihn von den Zentren des Widerstandes fernzuhalten. Schließlich fand Shariati zeitweise eine Anstellung an der Universität. Von 1970–1973 hielt er Seminare an der religiösen Begegnungsstätte Husseinije Ershad über die gesellschaftlichen Lehren des Islam. Abermals wurde er für zwei Jahre inhaftiert. 1977 gelang ihm die Flucht ins Ausland, wo er unter mysteriösen Umständen starb. Shariati entwickelte im Kampf gegen den Kommunismus eine von der üblichen Theologendiktion sich unterscheidende dialektische Sprache von hoher Überzeugungskraft. Sie erfasste alle Bevölkerungsschichten, vor allem die junge Generation, auch junge Theologen. Shariatis besondere Fähigkeit lag darin, aus fast banalen religiösen Erzählungen Argumente für seinen Kampf gegen die Front des Kommunismus und Säkularismus zu entwickeln. Zentrale Begriffe sind für ihn Tauhid („Einheit") und Shirk („Beigesellung", Polytheismus, Götzendienst). Unter Shirk verstand Shariati jegliche Entfremdung des Menschen von Gott und dem wahren Islam: diesen durch die gesamte Menschheitsgeschichte fließenden Strom, der immer wieder reine Menschen, Propheten, hervorbrachte. Bei ihrem Kampf für die Einheit Gottes und der Gemeinschaft stellten sie sich auf die Seite der Schwachen, kämpften gegen die, welche die Einheit durch die Vergötzung falscher unislamischer Werte beeinträchtigten. Von diesem Einheitsgedanken ausgehend, kann es keine Trennung von Religion, Wissenschaft und Politik geben. Shariati sieht das Wesen des Menschen auf der Grundlage des Korans als Khalifa („Stellvertreter") Gottes. Shariati engagierte sich für die Rechte der Frauen. Ali Shariati hat die Pervertierung der Islamischen Revolution im Iran nicht mehr erlebt.

Literatur: Silvia Kaweh: Dr. Ali Shariatis Auseinandersetzung mit dem Westen und dem traditionellen Islam, Köln 1989 (unveröffentl. Magisterarbeit). – Ali Shariati: Fatima ist Fatima, hg. und übersetzt von der iranischen Botschaft in Bonn. – Ders.: Hajj, hg. und übersetzt von der Botschaft der Islamischen Republik Iran, Bonn 1983.

8. Mohammed Arkoun, (geb. 1928)

Der Algerier Mohammed Arkoun zählt zu den bedeutendsten in Europa lebenden liberalen Muslimen. Von ihm gehen nachhaltige Impulse für einen reformierten Islam aus. Geboren wurde Arkoun in Taourint-Mimoun in der algerischen Großen Kabylei. Von 1950–1954 studierte er in Oran, an der Universität von Algier, anschließend an der Pariser Sorbonne. Von 1970–1972 lehrte Arkoun an der Universität von Lyon, anschließend in Paris, wo er bis 1992 an der Sorbonne Nouvelle als „Professeur d'Histoire de la pensee islamique" lehrte (Paris III und IV). Von 1977–1988 war Mohammed Arkoun außerdem Direktor des „Institut d'Etudes islamiques" in Paris. Als Gastprofessor hielt er 1969 an der University of California (Los Angeles), am „Institut Pontifical d'etudes des arabes" in Rom, 1977–1979 in Leuven und 1988–1990 in Princeton Vorlesungen. Seine rege Vortragstätigkeit führte ihn zu den meisten Universitäten Europas, der USA und des Nahen und Mittleren Ostens. Mohammed Arkoun ist Ritter der Ehrenlegion und Träger zahlreicher akademischer Auszeichnungen. Sein umfangreiches Schriftenverzeichnis reicht von Koranstudien und anderen klassischen Themen bis zu seinem inhaltlichen Schwerpunkt: der Auseinandersetzung des Islam mit der Moderne.

Die wahre Wissenschaft ist für Arkoun diejenige, welche die lebendige Tradition vertieft, anwendet und verbreitet. Der Grund, warum viele Muslime dem Westen mit Misstrauen begegnen, liegt auch für Arkoun in der Kolonialzeit; denn der Imperialismus habe das arabische Denken dazu gezwungen, auf eine Ideologie des Kampfes zurückzugreifen, die ihre Erklärungsschemata aus der Klassik schöpfen muss und keine Auswirkungen der seit dem 19. Jh. einsetzenden Säkularisierung zeigt. Es gibt für Arkoun kein Wesensmerkmal im Inneren des Islam, die eine Modernisierung verhindere. Die Tatsache, dass sich politische Gruppen in der islamischen Welt der Religion als Instrument zur Legitimierung ihrer Herrschaft bedienen, habe nichts mit dem Wahrheitsgehalt dieser Religion zu tun. Das Ziel sollte darin bestehen, mehr Religionsfreiheit zu verwirklichen, nicht aber die Religion zu privatisieren. Der islamische Staat, wie ihn viele heutige islamische Fundamentalisten begreifen, kann keine dauerhafte Alternative zu den pluralistischen Staaten unseres Zeitalters werden. Die rücksichtslose Einbeziehung des Islam in die Politik beraubt diesen seiner inneren Unabhängigkeit. Die großen Religionen haben nach Arkoun einen gemeinsamen Auftrag: Sie müssen verhindern, dass Machtstreben und Profitdenken allein die Welt beherrschen. Zu diesem Zweck muss der Westen die humanistische Tradition des Islam kennen lernen und ernst nehmen. Dies gilt auch umgekehrt für den Islam. Nur so kann es zu einer Erneuerung des religiösen Denkens kommen.

9. Sadiq al- Azm (geb. 1934)

Dieser aus Damaskus stammende, säkularistisch eingestellte Philosoph löste Ende der 1960er- Jahre in Beirut durch zwei Bücher einen Sturm der Entrüstung aus. In seinem Werk „Selbstkritik nach der Niederlage" (Beirut 1969) kritisierte er die Neigung politischer und religiöser Kreise, den Grund für das militärische Versagen gegenüber Israel einseitig in einer amerikanisch-israelischen Verschwörung zu suchen, während die eigentliche Macht in den USA von den „angelsächsischen Protestanten" ausgehe. Ebenso wehrte er sich gegen die Behauptung konservativer Kreise, dass die Krise der modernen Welt darauf zurückzuführen sei, dass man sich vom wahren Islam abgewandt habe.

Noch größere Empörung rief sein Buch „Kritik des religiösen Denkens" (Beirut 1969) hervor, in dem er die Rolle des Islam in der zeitgenössischen Gesellschaft und die Neigung muslimischer Gelehrter kritisierte, den Islam für ihre politischen Zwecke zu instrumentalisieren. Auf besonderes Unverständnis stieß ein Kapitel, in dem al-Azm von der „Tragödie des Satans" sprach. Dabei nahm er auf den koranischen Schöpfungsbericht Bezug, in dem Gott die Engel auffordert, sich vor dem Menschen niederzuwerfen, weil er ihnen aufgrund der Entscheidungsfähigkeit zwischen Gut und Böse überlegen sei. Doch Iblis (Satan) weigert sich, weil er voraussahnt, dass der Mensch zu Verbrechen und Zerstörung fähig ist. Daraufhin wird Iblis von Gott als gefallener Engel verstoßen. Laut Azm stand Iblis wegen des Konfliktes zwischen Gehorsam und Wahrheit in einer tragischen Situation und ist daher weniger zu hassen als zu bemitleiden.

Al-Azms Buch wurde beschlagnahmt und der Autor vor Gericht gestellt. Obwohl er freigesprochen wurde und eine Zweitauflage mit den Prozessakten im Anhang erschien, konnte der Gelehrte seine Lehrtätigkeit nicht mehr aufnehmen. Später lebte er in Damaskus und war u. a. Gastprofessor in den USA. Al-Azm, der sich später auch für Salman

Rushdie einsetzte, befürwortet die Trennung von Staat und Religion, betrachtet Säkularismus als Prinzip und nicht als Werturteil über Religion.
Literatur: Sadiq al-Azm: Unbehagen in der Moderne. Aufklärung im Islam, 1993. – Ders.: Kant's theory of time, 1967 – Stefan Wild: Gott und Mensch im Libanon. Die Affäre Sadiq al-Azm. In: Der Islam 48 (1972) S.206ff.

10. Mahmud Taha (1909–1985):

Der islamische Reformer, Mystiker und Politiker wurde in der Nähe von Rufaa im Sudan geboren. Seine Familie stand in der sufisch-mystischen Tradition des Qadariya-Ordens. Mahmud Taha selbst gehörte keiner Bruderschaft an. Er studierte an der Schule für Ingenieurwesen des 1902 von der britischen Kondominiumsverwaltung begründeten Gordon Memorial College in Khartum. 1936 erwarb er am Gordon College den Grad eines Bauingenieurs, arbeitete als Wasserbauingenieur für die sudanesische Eisenbahn. 1945 gründete er zusammen mit einigen Intellektuellen die „Republikanische Partei" (Al-hizb al-djumhuri), zu deren Vorsitzenden er gewählt wurde. Diese Partei trat für einen unabhängigen Sudan als föderalistische demokratische und sozialistische Republik ein, in der die Verwirklichung individueller Freiheit sowie politische, wirtschaftliche und rechtliche Egalität als höchste Ziele des Staates gelten sollten. Ihre Konzeption war islamisch. Sie begriffen ihre Ideen als zeitgemäßes Verständnis der ewigen Grundlagen von Koran und Sunna. Die Sharia hielten sie für weitgehend überholt. Ihre Gültigkeit erkannten die Republikaner nur für das 7. Jh. an. Die Sharia mit Din („Religion") zu identifizieren, bedeutete für sie eine heillose Verwechslung. Anders als die Muslimbrüder hatten sie keinen islamischen Einheitsstaat vor Augen. Sie strebten eine föderalistische demokratische Republik an, da eine Islamisierung keinen nationalen Frieden garantieren und zwangsläufig die Opposition des Südens hervorrufen würde.
Weil er sich für die Unabhängigkeit seines Landes einsetzte, wurde Mahmud Taha von der britischen Kolonialverwaltung für zwei Jahre inhaftiert. Schon während der Haft beschäftigte er sich mit Gebetsübungen und mystischen Techniken. Nachdem er 1951 nach Khartum zurückgekehrt war, veröffentlichte er mehrere Schriften über seine neue Sicht des Islam. Gleichzeitig widmete er sich politischen Aufgaben. 1965 erhob die Republikanische Partei gegen die Bestrebungen Einspruch, eine islamische Verfassung einzuführen. Sie stellte diesem Vorhaben ihr eigenes Verständnis von „islamisch" gegenüber. Kritik übte

Taha auch daran, dass der Verfassungsentwurf Nichtmuslimen und Frauen nicht die gleichen Rechte einräumte. Taha wurde daraufhin 1968 vom Hohen Sharia-Gericht des Sudans angeklagt und des Abfalls vom Islam beschuldigt. Unter anderem hätte er die Notwendigkeit des Pflichtgebets geleugnet. Mahmud Taha hatte vielmehr erklärt, das Gebet wäre ein wichtiges religiös-gesetzliches Gehorsamsgebot, aber letztlich nur ein Mittel, um zur vollkommenen Vereinigung mit Gott zu gelangen. Die Verurteilung hatte jedoch keine Konsequenzen, da die damalige sudanesische Verfassung keine Verurteilung wegen Apostasie vorsah. Vier Jahre nach dem Prozess erteilte die Al-Azhar-Universität in Kairo auf Wunsch der Gegner ein Rechtsgutachten, dass seinen Unglauben bestätigte. Drei Jahre später erfuhr der Vorwurf der Apostasie gegen Taha neue Aktualität durch ein Gutachten der „Islamischen Weltliga".

Als nach der Machtergreifung Numeiris am 25.5.1969 alle Parteien verboten wurden, nannten sich Taha und seine Anhänger „Republikanische Brüder". Weiterhin übten sie an der Regierung Kritik, setzten sich aber auch für die „nationale Versöhnung" zwischen Regierung und Opposition ein (1977). Nachdem Numeiri jedoch 1983 in den so genannten „Septembergesetzen" die Sharia als Staatsgesetz einführte, bezeichnete Taha diese Maßnahme als „Schande und Erniedrigung für den Islam und das sudanesische Volk". Taha wurde verhaftet. Als man ihn im Dezember 1984 freiließ, organisierte er Protestkundgebungen. Abermals wurde er inhaftiert, vor Gericht gestellt und verurteilt.

Taha ging es um eine „Weiterentwicklung" (Tatwir) der Sharia. Während andere Reformer die Zeit des Propheten und der ersten vier Kalifen als ideale Urzeit betrachteten, stellten für Taha nur die Bestimmungen der mekkanische Periode unvergängliche Wahrheiten dar. Bereits in Medina jedoch habe Mohammed Verordnungen erlassen, die durch die damaligen Verhältnisse bedingt waren, darum also keine unbegrenzte Gültigkeit besäßen. Die heutigen Muslime sollen zur ursprünglichen mekkanischen Botschaft zurückkehren und die im Koran verborgene „zweite Sendung" herausfinden. Die erste Sendung (Zeit in Medina) kenne Zwangsbekehrung von Nichtmuslimen, Kampf gegen Ungläubige, Sklaverei und die Ungleichheit von Mann und Frau. Die zweite Sendung (mekkanische Zeit) propagiere individuelle Freiheit, Gleichheit der Besitzansprüche, Gleichberechtigung der Geschlechter sowie rechtliche Gleichheit von Muslimen und Nichtmuslimen: „Das grundlegende Prinzip im Islam ist, dass jeder Mensch frei ist; denn Freiheit ist ein natürliches Recht, dem die Pflicht zum verantwortlichen Umgang mit der Freiheit entspricht. Das grundlegende Prinzip im Islam ist die Gemein-schaftlichkeit des Besitzes zwischen allen Menschen. Das grundlegende Prinzip im Islam ist vollkommene Gleichberechtigung zwischen Männern und Frauen."

Die Auffassung einer „zweiten Sendung" wird von der Mehrheit der Muslime abgelehnt. Für sie ist der gesamte Koran offenbartes Wort Gottes. Die Bevorzugung der mekkanischen gegenüber den medinensischen Suren widerspricht darüber hinaus dem islamischen Prinzip der Abrogation, wonach bei Widersprüchen die später offenbarte Sure verbindlich ist. Fragt man nach der Akzeptanz der „zweiten Sen-dung" bei der sudanesischen Bevölkerung, so genossen Tahas Ansichten zwar den Respekt zahlreicher Vertreter der intellektuellen Elite, erreich-ten jedoch die breite Masse nicht. Vorwiegend stammten seine Gefolgsleute aus der gebildeten Mittelschicht. Als Berufsgruppen unter den führenden Mitgliedern waren Professoren, Rechtsanwälte, Journali-sten sowie Studierende vertreten.

Als Taha am 18.1.1985 nach dem Vorwurf des Abfalls vom Islam und der Feindseligkeit gegen den Staat gehängt wurde, war die Empörung in der westlichen Welt einmütig. Auch viele Muslime betrachteten Taha als Märtyrer und erklärten den 18. Januar zum Tag der Menschenrechte. Während die einen ihn „Afrikas Gandhi" nannten, mit Thomas Morus verglichen und die Gerichtsverhandlung als Inquisition bezeichneten, beglückwünschten andere Numeiri zur Hinrichtung des „Feindes Gottes und Ketzers".

Literatur: Johann Christoph Bürgel: Allmacht und Mächtigkeit. Religion und Welt im Islam, München 1991. Anette Oevermann: Die „Republika-nischen Brüder" im Sudan. Eine islamische Reformbewegung im 20. Jahrhundert, Frankfurt am Main 1993. – Mahmoud Taha: The second message of Islam, Syracus/New York 1987.

Einige wichtige islamische Ämter

1. Emir/Amir

(Arabisch Amir: bedeutet „Befehlshaber, Statthalter, Fürst") Ursprünglich war Amir Titel unabhängiger islamischer Stammesführer und Fürsten sowie in frühislamischer Zeit des Oberbefehlshabers der Truppen bzw. Statthalters der eroberten Provinzen. Der Titel Amir al-Muminin (Befehlshaber der Gläubigen) stellte seit Umar (634–44) ein Synonym zu Kalif dar.

Später bezog sich der Titel auf Emire, die ihr Herrschaftsgebiet souverän verwalteten und sich danach um die Anerkennung durch den Kalifen bemühten. Der Emir besaß zur Zeit der Umaiyaden große Vollmacht in Verwaltungs- und Militärfragen, die unter den Abbasiden durch die Schaffung neuer Ämter eingeschränkt wurden. Seit dem 9. Jh. begründeten einige Emire eigene Dynastien (Buyiden, Aghlabiden, Samaniden, Ikhshididen, Ghaznaviden) und beanspruchten teilweise eine gleichrangige Stellung wie die des Kalifen. Als die Machtbefugnisse der Emire in den Provinzen eingeschränkt wurden, erhielten auch niedrige Verwaltungsbeamte diesen Ttel. Heute ist Emir eine Ehrenbezeichnung für die Oberhäupter der herrschenden Familien in Saudi-Arabien und den Golfstaaten.

2. Wezir

Hierbei handelt es sich um einen hohen Verwaltungstitel fast aller muslimischen Reiche. Geschaffen wurde das Amt von den Abbasiden. Ursprünglich handelte es sich um einen privaten Berater des Kalifen, der später sehr hohe Funktionen in Verwaltung und Gerichtsbarkeit erhielt. Höchste Bedeutung erlangte das Amt unter der Herrschaft türkischer und mongolischer Dynastien. Zur Zeit der Osmanen wurde der Titel einem größeren Personenkreis zugleich verliehen und bezeichnete nicht nur den Leiter der Zentralverwaltung, sondern auch Provinzgouverneure und andere Würdenträger. Heute wird der Titel im arabischen Raum und im Iran zur Bezeichnung von Ministern im modernen europäischen Sprachgebrauch verwandt.

3. Sultan

Der Titel bezeichnete seit dem 11. Jh. den unabhängigen Herrscher eines Gebietes. Die Fatimiden nannten sich Sultan al-Islam (Sultan des Islam), und die Buyiden verwandten den Titel Sultan ad-Daulat (Sultan des Staates bzw. der Dynastie). Auch die Mamluken bezeichneten sich als Sultan des Islam und der Muslime, während die Osmanen den Titel später auch auf weibliche Mitglieder der Herrschaftsfamilie übertrugen. Ursprünglich konnte der Titel nur vom Kalifen verliehen werden.

4. Kadi

Der Titel dient zur Bezeichnung des Richteramtes im islamischen Staat. Der Kadi muss sich in der Sharia auskennen und auf der Basis der vier Rechtsquellen Urteile fällen. Er wurde von Ratgebern und Zeugen unterstützt, die für die Korrektheit des Verfahrens bürgen. Strafverfolgung in Vollstreckung des Urteils ist Aufgabe der Polizei. Für die ordnungsgemäße Durchführung der Handelsgeschäfte auf den Märkten ist der Muhtasib (Marktaufseher) zuständig.

5. Mufti

Hierbei handelt es sich um einen Gelehrten, der in Rechtsgutachten Fragen religiös-rechtlicher Natur behandelt. Das Amt, das bereits im 8. Jh. gegründet wurde, erreichte zur Zeit der Osmanen eine solche Autorität, dass europäische Reisende es als „türkisches Papsttum" beschrieben. Die Fragen, die an einen Mufti gerichtet werden, sind weniger theologisch-theoretischer Natur, sondern behandeln im Wesentlichen praktische Alltagsfragen. Da die Sharia nicht vom Menschen geändert werden darf, stellen solche Rechtsgutachten oft das einzige Mittel zur Anpassung an die moderne Zeit dar. Heute hat jedes islamische Land eigene Muftis. Im Libanon ist der „Mufti der Republik" der Vorsteher der islamischen Glaubensgemeinschaft. Das Urteil, das ein Mufti fällt, heißt Fatwa. In die Schlagzeilen geraten ist dieser Begriff, als Khomeini ein Todesurteil gegen den Schriftsteller Salman Rushdie fällte. Bei der überwiegenden Mehrheit von Fatwas handelt es sich jedoch nicht um Urteile über Leben und Tod.

6. Ayatollah

Ayatollah (wörtl. Wunderzeichen Gottes) ist ein reiner Ehrentitel im shiitischen Islam. In der Regel wird er einem Mudjtahid zuerkannt, d.h. einem Gelehrten, der aufgrund seiner Studien zur Durchführung des Idjtihad befugt ist und der infolge seines Ansehens zu einer Instanz wird, an die sich andere Theologen und Gläubige mit religiösen Fragen wenden. Nach der Revolution im

Iran erhielten diesen Titel zum Teil auch Personen, die nach klassischem Verständnis kein Anrecht darauf gehabt hätten.

Sachregister

Personenregister

Die Autorin

Dr. Monika Tworuschka, geb. 1951, ist Islamkundlerin und Autorin zahlreicher Veröffentlichungen zu den Themen Islam und anderer Weltreligionen. Ihre Schwerpunkte liegen auf den modernen Entwicklungen der Weltreligionen sowie zunehmend auch im Bereich von Kinder- und Jugendbüchern über den Islam. Sie ist Mutter von vier Kindern und mit dem Jena Religionswissenschaftler Prof. Dr. Udo Tworuschka verheiratet.